Um das Maas voll zu machen , bespricht er
mit Szepan die ...schaft für Italien.

Er fühlt sich ... acht
anderen zu ze...
und wie schwa...

Nach der Bes...
um mir das E...
teilen.

Dann bestim...
die nach de...

Es gibt kei...
Karte,
will mich
gross mach...

Er soll s...

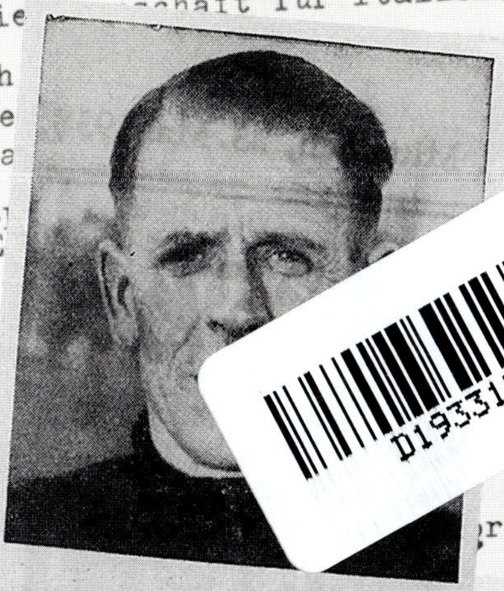

Foto: Schirner

Josef Herberger,
der Betreuer der deutschen Fußballmannschaft

Der Kurs bleibt der gleiche

...NG MIT ZWEIGETEILTER
...LIGA
BUNDESLIGA
... 16 Vereine)
SÜDWEST 16
SÜD 16
SÜDWEST 16
Nb. Sb. Wü. Bay. He. Rh. Sw. S
...S- UND OBERLIGA :
...bstieg von der Bundes...
...berliga :
... jeder der beiden B...
...ppen steigen die le...
...eine ab zur Oberlig...

Beim Zickzackspiel ...
Zickzacklinie, die be...
aber auf par...

1. Für ...

2. Leichtathletik.
Die Ausführung wird besonders

	genügend	gut
100 m Laufen mindestens	13,4 Sek.	12,8 ...
3 km Geländelauf	wird jeweils	bestim...
Hochsprung m. A.	1,35 m	1,50 ...
Weitsprung m. A.	4,75 m	5,50
Kugelstoßen 7¼ kg	8 m	9,25
Speerwerfen	30 m	36

3. Schwimmen.
...ung wird besonder...
genügend
...Min. 7:3...

...stehend. Truppen
Führung:
Strafen:
Beförderungen:

Deutsche Hochschule für Leibesübungen

Uebersichtsplan

	Mittwoch Männer	Mittwoch Frauen	Donnerstag Männer	Donnerstag Frauen
7–8	I Kleinkaliberschießen: Haupt	I II III IV V	I II III IV V	I II III IV
8–9	I Kleinkaliberschießen: Haupt; Turnspiele: Folkerts; Fußball: Nerz	Leichtathletik: Frl. Ball, Köhler; Geräteturnen: Dr. Klinge, Harms, Wälken	Fußball-Uebungsspiel: Nerz	Geräteturnen: Frl. Ball, Harms, Wälken

„Ich war ein Besessener…“

„Ich war ein Besessener…“
„…einer, der nach letzter Erkenntnis aus war.“

Sepp Herberger in Bildern und Dokumenten

Herausgegeben von
Anton Kehl

a) Einsatz des rechtem Flügels:

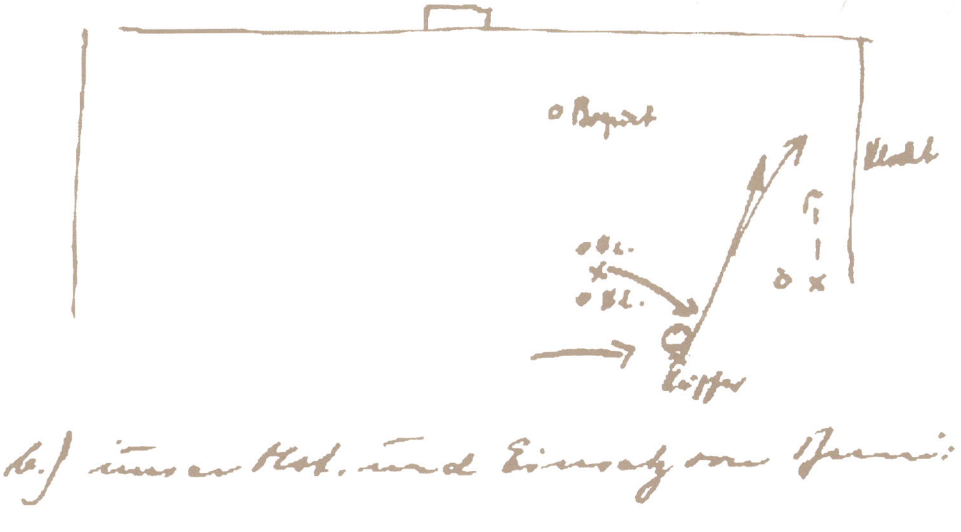

List Verlag
München · Leipzig

Wir danken der Sepp-Herberger-Stiftung des
Deutschen Fußball-Bundes (DFB) für die freundliche
Erlaubnis zur Verwendung der Dokumente und Bilder
aus dem Nachlaß Sepp Herbergers und für die
Unterstützung beim Zustandekommen dieses Bildbandes.

ISBN 3 471 79346 1

Umschlag- und Buchgestaltung:
Michael Keller, Jan Riemer, München

Umschlagphoto:
© Pressebild-Agentur Schirner, Düsseldorf

DTP:
Franzis-Druck GmbH, München

Druck und Bindung:
Mohndruck Graphische Betriebe GmbH, Gütersloh

Inhalt

Vorwort

Am 28. März 1997 wäre der legendäre Sepp Herberger 100 Jahre alt geworden. Sein Leben und Wirken ist Gegenstand dieses biographischen Bildbandes. Dieser stützt sich – ergänzt durch eigene Recherchen – auf einen umfangreichen Nachlaß. Herberger hat Zeit seines Lebens alle Zeitungsausschnitte, Briefe und Fotos, die ihn betrafen, gesammelt und archiviert. Hinzu kommt eine Vielzahl unveröffentlichter, autobiographischer Aufzeichnungen zu allen Abschnitten und Brennpunkten seines Lebens, sowie Niederschriften von Spieltaktiken und Fußballphilosophien, Beurteilungen von Spielern und Schilderungen der Spiele aus Herbergers eigener Sicht. Die annähernd 100.000 Dokumente wurden über ein Jahr lang gesichtet und ausgewertet, um diejenigen Materialien zu bestimmen, mit denen sich die Geschichte seines Lebens, seiner Fußballeidenschaft, seiner Spiele und Spieler rekonstruieren und dokumentieren läßt. Vor dem Hintergrund der Vielschichtigkeit des Materials ist das Medium des Bildbands dafür die ideale Form der Präsentation. Herberger hatte die Absicht, die Dokumente als Grundlage für die Darstellung seines Lebens in Buchform zu verwenden. Er ist damit gescheitert. Der Grund dürfte in erster Linie nicht die zu bewältigende Menge gewesen sein, sondern die Unmöglichkeit, den Charakter des Materials in der „logischen Form“ eines biographischen Textes zu erhalten. Im Bildband bleibt dagegen im Nebeneinander von Originaldokumenten mit Erläuterungen und Bildern der authentische Eindruck des gigantischen Puzzles gewahrt, mit dem Herberger Zeit seines Lebens gespielt hat. Der Leser kann darin nicht nur Herbergers Lebensweg und seine Aktivitäten anschaulich nachvollziehen. Er bekommt darüber hinaus die Möglichkeit, Herberger „über die Schulter zu schauen“ und auch Einblick in sein berühmtes »Notizbuch« zu nehmen.

Im Oktober 1997 erscheint eine erweiterte Fassung der Dokumentation, ergänzt durch Ton- und Videosequenzen unter dem Titel »Sepp Herberger: „Der nächste Gegner ist immer der schwerste“« auf CD-ROM.
Eine Reihe von biographischen Informationen sind dem Buch von Karl-Heinz Schwarz-Pich, »Der Ball ist rund – Eine Seppl Herberger Biographie«, Ubstadt-Weiher 1996, entnommen.

Man glaubt ihn zu kennen. Den kleinen Mann mit den tiefen Falten im Gesicht, typischerweise im Pepita-Mantel mit Hut auftretend. Ihn, der mit einem verschmitzten Lächeln die Geheimnisse des Fußballspiels auf den Nenner griffiger Aphorismen bringen konnte. Man kennt vielleicht auch noch Bilder, die ihn im Trainingsanzug oder im Trenchcoat zeigen, wie er das Spiel seiner Mannschaft dirigiert. Am nachhaltigsten dürfte die Szene in Erinnerung geblieben sein, in der er am 4. Juli 1954 von seinen Spielern vom Platz des Berner Wankdorf-Stadions getragen wurde – als Vater eines der größten deutschen Sporterfolge, dessen Wirkungen weit über den sportlichen Bereich hinausreichten. Will man jedoch jenseits dieser gängigen Klischeebilder mehr wissen, muß man feststellen, daß die Person Herbergers auf eine eigentümliche Art schemenhaft geblieben ist. Herberger trug dazu das Seine bei. Er hat sich, was seine Person und seine Vergangenheit betraf, Zeit seines Lebens bedeckt gehalten, genauso wie er es vermieden hat, Einblick in die Geheimnisse seiner Arbeitsweise zu geben.

Sepp Herberger vereinigt so alle Merkmale eines Mythos auf sich. Analysen zu diesem Mythos beschränkten sich in der Vergangenheit hauptsachlich auf seine Einordnung als Galionsfigur der fünfziger Jahre und des Wirtschaftswunders. Herberger ging aber zum Zeitpunkt seines größten Erfolgs bereits auf die Sechzig zu. Es fehlt in diesen Betrachtungen also in der Regel die Vorgeschichte: Wo liegen die Wurzeln und was waren die Stationen seiner Biographie? Darüber hinaus, und dies wiegt schwerer, nehmen solche Ansätze Erfolg und Popularität als Voraussetzung. Sie geben gerade keine Antwort darauf, wie diese zustandekamen: Der Erfolg wird auf diese Weise von der Sensation dominiert, in deren Bann sich alle Vorgeschichte in Anekdoten erschöpft. Das Spezifische seiner Arbeit („Was war das Besondere an ihm?", „Wie hat er es gemacht?") läßt sich so nicht erfassen.

Ziel bei der Erarbeitung der vorliegenden Dokumentation, die auf der Basis des Nachlasses von Sepp Herberger erfolgte, war es zunächst, für das Phänomen »Herberger« Erklärungen zu liefern, ohne beim »Wunder von Bern« stehenzubleiben. In einer Kombination von Selbstbeschreibungen, Dokumenten, Fotos und biographischen Kommentaren ist so die Collage einer komplexen Persönlichkeit entstanden. Als Resümee bleibt, daß Herberger vielfältige Rollen in seinem Leben in beeindruckender Perfektion verkörpert hat. Hierin liegt der Schlüssel für das Verständnis der Einmaligkeit seiner Person und seines Lebenswerks. Das Buch präsentiert deshalb das biographische Material, mit dem sich sein gesamter Lebensweg darstellen läßt, anhand verschiedener Persönlichkeitstypen, die Herberger charakterisieren.

Die dokumentarische Rekonstruktion des fußballerischen »Genies« wird darüber hinaus in Beziehung gesetzt zum zeitgeschichtlichen Hintergrund. Herberger hat alle Epochen der deutschen Geschichte dieses Jahrhunderts bis in die sechziger Jahre an prominenter Stelle aktiv miterlebt. Das Ergebnis dieses Vorgehens ist nicht nur ein biographischer Bildband. Es ist so ein Lesebuch entstanden, das dem Leser über eine Kombination von Originalmaterialien und Erläuterungen die Möglichkeit gibt, die Person Herbergers und die Geschichte des deutschen Fußballs zu verbinden. Der Band ist nicht auf eine einmalige Lektüre angelegt, er lädt vielmehr zu einer wiederholten Entdeckungsreise ein. Wenn er auf diese Weise dem Fußballbegeisterten, aber auch dem Laien zu zeigen vermag, wie Fußball gestaltet und zelebriert werden kann, hat der Bildband sein Ziel erreicht.

München, Februar 1997 — Anton Kehl

Der Magier

»Der Wirbel ist die Methode«

»El magico Don Pepe« nannten ihn die Südamerikaner ehrfurchtsvoll, den Zauberer, den Magier, der seine Spieler, wie von seiner unsichtbaren Hand gelenkt, einen vollendeten Kombinationsfußball zelebrieren ließ und sie damit zur Weltmeisterschaft führte. Die Bewunderung aus dem Kontinent der Ballkünstler galt nicht nur der hohen technischen Qualität des von Herberger gestalteten Spiels, sondern vor allem seiner Fähigkeit, die Ballfertigkeiten in ein perfekt aufeinander abgestimmtes Mannschaftsspiel umzusetzen. Herbergers Ideal war die Fußballelf als organisches System, in dem ständig die Positionen gewechselt wurden und in dem trotzdem alle Räder ineinandergriffen – »alle im Angriff, alle in der Abwehr«. Dieses Spielsystem, von Herberger in den dreißiger Jahren formuliert, fand seinen ersten spektakulären Ausdruck im Spiel der legendären Breslauelf 1937, knapp ein halbes Jahr nach seiner Berufung zum Reichstrainer. Seine Vollendung erfuhr es in den Spielen um die Fußballweltmeisterschaft 1954. Angetreten, sein Konzept perfekt umzusetzen, ist Herberger in der Lage, den von ihm propagierten »Wirbel« von Spiel zu Spiel zu verfeinern und wie magisch auf den jeweiligen Gegner zuzuschneiden. Herberger gelingt es, in seinem Spielsystem zwei an sich gegensätzliche Momente zu vereinigen. Er kreiert ein verwirrendes, unberechenbares, überfallartiges Kombinationsspiel – und schafft es, daß seine Spieler trotzdem eine wie von Zauberhand geleitete Einheit bilden.

Die Fußballphilosophie

Das Neue wurde in alle Stille vorbereitet. Der Grundstock für das Neue wurde in unseren Nachwuchslehrgängen gelegt! Hier entstand das neue Rezept des Sturmspiels um die Abwehr schachmatt zu setzen! Der Wirbelsturm!!

Gegen die festgefügte Abwehreinheit wurde die flüssige, verstän-
die Angriffsspiel als Gegenrezept erhoben wirksames Gegenrezept
erhoben. Und dieser Fluss von kurz-kurz zu lang, von Rück – Quer
und Steilpass, ~~XXXXXXXXXXXXXXXXXXXX~~ dieser überraschende Wech
sel von Kombination, Dribbling, Alleingang musste in einem Blitz
tempo sich flitzend abwickeln das die Abwehr des Gegners aufriss
und einmal aufgerissen – ihren Zusammenschluss erschwerte und
verunmöglichte.

Das wirbelnde Angriffsspiel trat seinen epochemachenden Weg an!
Unser Nationalmannschaft erhebt Anspruch darauf, als erste –
und dies nicht nur in Deutschland – diese Spielweise als die
gegebene und zweckmässigste erkannt und bewusst durch Auswahl de
~~XXXXXXXXXXX~~ hierzu geeigneten Spieler, durch zweckgemässe ~~xxxx~~
Lehre, Schulung und Training den " Angriffswirbel " als letzte
Stufe des hochentwickelten ~~Angriffsspiels~~, ~~zweckgerichteten~~
Angriffsspiel entwickelt zu haben.

»Ich schwöre auf den Angriffswirbel«

Auszüge aus einem unmittelbar nach dem Zweiten Weltkrieg von Herberger verfaßten Papier zur Situation des deutschen Fußballs und der Fußball-Nationalmannschaft. Hier umreißt er seine Fußballphilosophie, die im wesentlichen zwei Maximen folgt: der Sicherstellung der Kreativität des Spiels und der Überwindung der aufkommenden Dominanz des Abwehrblocks. Dabei wird der Begriff entwickelt, der die Leitlinie für alle seine Bemühungen um das Fußballspiel darstellt: der »Angriffswirbel«.

»Das wirklich gute Spiel kennt keinen Stillstand, und den guten Spieler sieht man immer in Bewegung. Angriff ist Abwehr des gegnerischen Spielers, und Abwehr ist Angriff auf den ballführenden Gegner. Elf Mann im Angriff, elf Mann in der Abwehr.«

Jch schwöre auf den Wirbel!

der Wege und Gassen schafft für direktes
schnelles, kurzes, weites, flaches, hohes
Spiel in engs er Zusammenarbeit,
der steil, quer, zurückoasst,
der die Flügel einsetzt, d r im tollen
Wechsel die Flügel einsetzt und in Dreiinnen
überfliesst,
der den Alleingang ebenso einmixt wie das
Dribbling und der als zielstrebiger Zusammen
arbeit zum Tor strebt und den Ball dort hin
ein. Drr Schönheit de Spiels
der auf dem Boden hält und in der Lust ihn
und Gegner meistert!

Das Wirken von Sepp Herberger als Trainer orientierte sich an einer festen Philosophie, die als Kernbegriff seiner Fußballauffassung gelten kann: das wirbelnde Angriffsspiel. Gegenüber dem athletisch geprägten, die Abwehr in den Vordergrund rückenden Spielsystem sah er es als seine vordringlichste Aufgabe an, die Spielkunst zu einem Erfolgsfaktor zu machen. Es entstand das Konzept eines variablen Kombinationsfußballs, in dem die gesamte Mannschaft fortwährend in Bewegung ist, vor allem im Angriffsbereich die Positionen permanent wechselt, und den Gegner durch immer neue, überraschende Spielzüge, »Attacken«, »Blitzangriffe« verwirrt. Darin gibt es keine klare Trennung der Aufgaben mehr. Im Moment des Ballverlustes werden alle zu Verteidigern, im Moment des Ballbesitzes zu Angreifern. Sein Ziel war ein mannschaftliches System, in dem sämtliche Teile perfekt aufeinander abgestimmt sind und diese sich sofort den blitzartigen Einfällen einzelner Spieler anpassen können – ein Konzept systematisch geförderter und umgesetzter fußballerischer Kreativität.

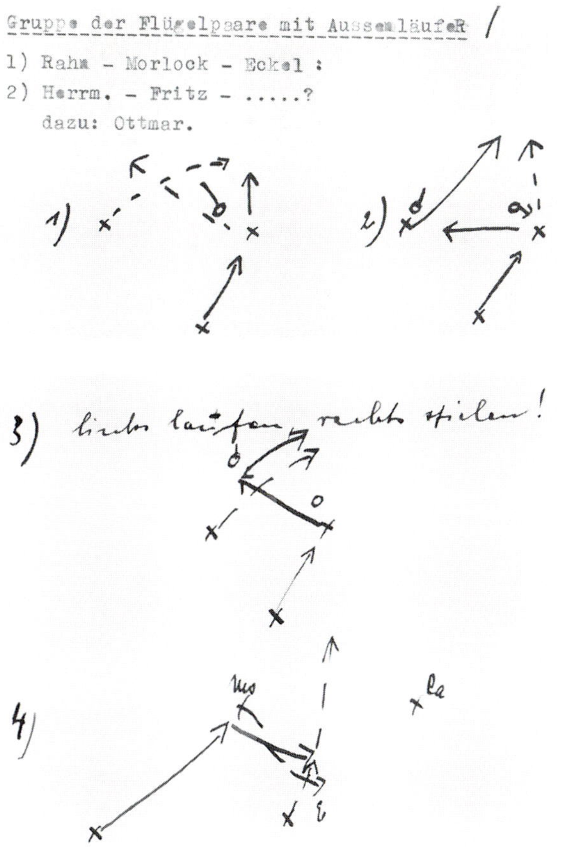

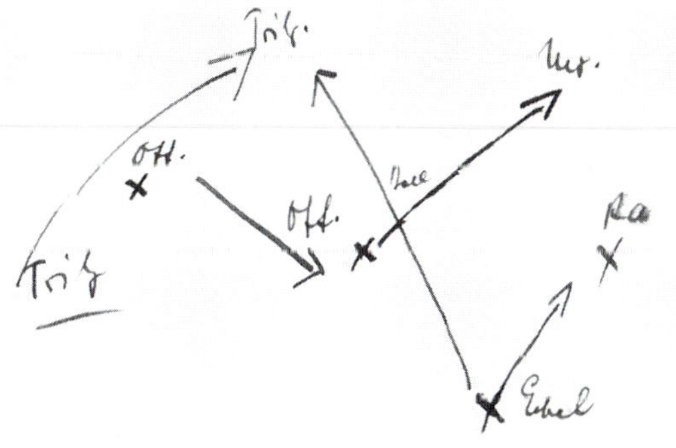

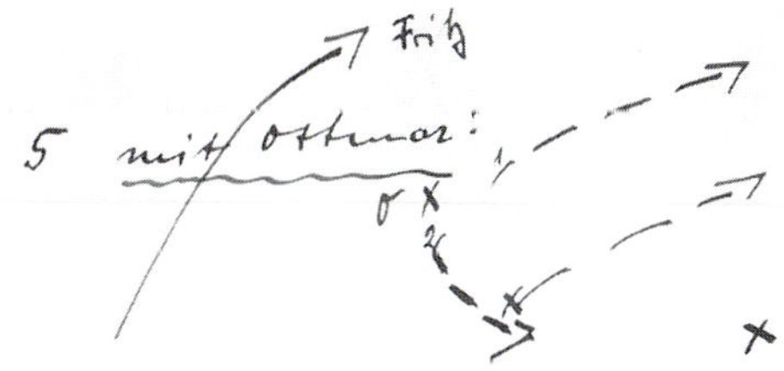

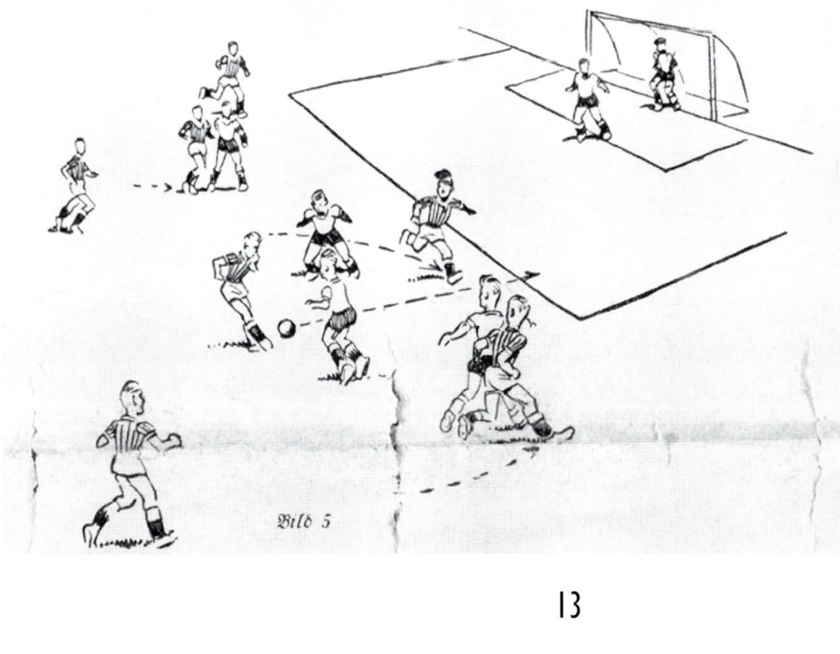

»Positionswechsel«

Skizzen zu »wirbelnden« Spielzügen für das Qualifikationsspiel zur WM 1954 gegen Norwegen am 22. November 1953 in Hamburg (5:1). Herberger notierte hier verschiedene Varianten zur Durchführung und Einübung des Positionswechsels. Die Stürmer kreuzen dabei alle gleichzeitig ihre Positionen. Den öffnenden Paß erhält dann nicht der sich unmittelbar anbietende Stürmer, sondern quer zu dessen Laufrichtung ein im Hintergrund sich freilaufender Angriffsspieler. In Herbergers Konzept sollen alle Spieler permanent rochieren, um Lücken in die Abwehr zu reißen und um das Erkennen des den Ball erhaltenden Spielers durch den Gegner zu erschweren.

Die Breslauelf

Siffling „Hat trick" und noch zwei dazu ...

Hier wird gerade das „halbe Dutzend" voll... Wieder ist der Mannheimer Siffling durchgestoßen und im energischen Nachsetzen erzwingt er den krönenden Torschuß, den wir von Dänemarks Hüter Jensen – knirscht er nicht die Zähne? – bereits abgewehrt glauben. Aber mit prachtvoller Körperbeherrschung schwingt Siffling um den Fallenden und schlägt den Ball ins verlassene Tor. Mit dieser wundervollen Leistung schloß Deutschlands Sturmführer seine einzigartige Trefferserie ab. (Photo Schirner.)

Die Uraufführung des Herbergerschen »Wirbels« erlebte Fußballdeutschland bereits 17 Jahre vor dem WM-Triumph 1954. Als am 16. Mai 1937 kurz vor 18.00 Uhr in Breslau das Länderspiel Deutschland-Dänemark beendet wurde, war Fußballgeschichte geschrieben worden. Mit 8:0 hatte die deutsche Fußballnationalmannschaft ihren Gegner in einem begeisternden Spiel vom Platz gefegt. Dieser Auftritt gilt bis heute als eines der besten Spiele einer deutschen Elf. Die Breslauelf war geboren, und der Geburtshelfer war Sepp Herberger. Seit dem 2. November 1936 hatte er offiziell zusammen mit Otto Nerz die Verantwortung für die Nationalmannschaft. Das kommende Jahr 1937 wurde eines der erfolgreichsten in ihrer Geschichte: In elf Spielen gab es zehn Siege und ein Unentschieden, bei einem Torverhältnis von 36:6.

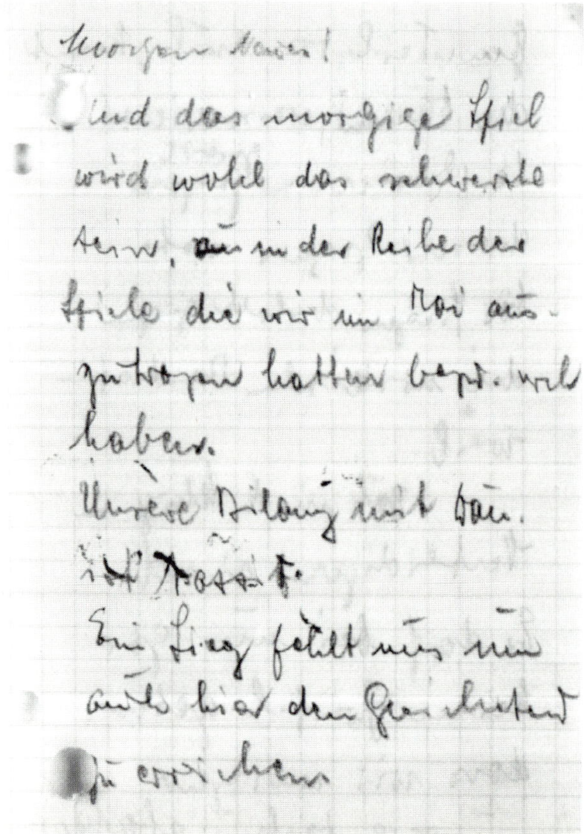

Morgen Männer!
Und das morgige Spiel
wird wohl das schwerste
sein, in der Reihe der
Spiele die wir im Mai aus-
zutragen hatten bzw. wol
haben.

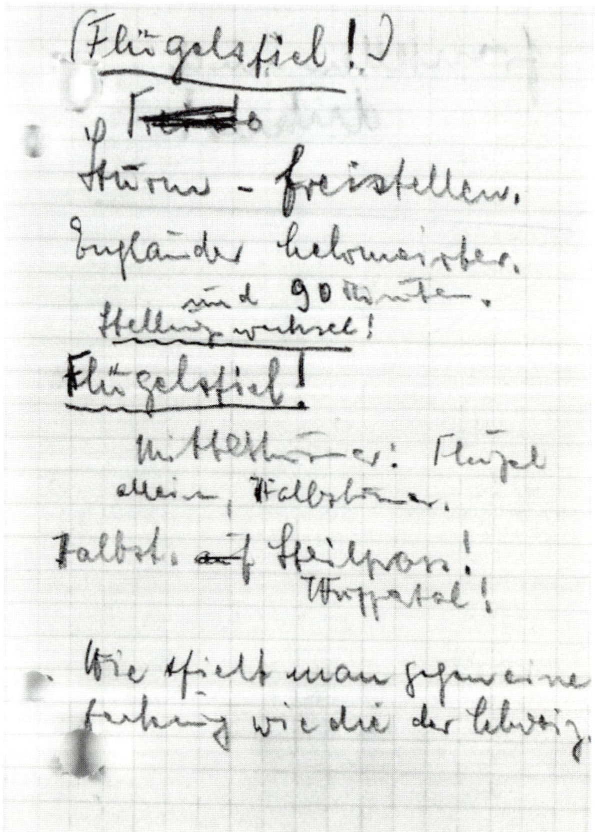

(Flügelspiel!)
Stürmer - freistellen.
Stellungswechsel!
Flügelspiel!

»Flügelspiel! Stellungswechsel! Freistellen! Direkt spielen!« Aufzeichnungen Sepp Herbergers in seinem Notizbuch vor dem Spiel der Breslauelf am 16. Mai 1937. Darin ist auch die Morgen-Ansprache am Tag davor vermerkt: »Morgen, Männer! Das morgige Spiel wird wohl das schwerste sein in der Reihe der Spiele, die wir im Mai auszutragen hatten bzw. haben.«

meistgelesenes Sport-Fachblatt Deutschlands

Fußball

Illustrierte Sportzeitung

Seit 26 Jahren: Fachblatt des Kontinents

Breslau hat Tore gesehen...

Eins und zwei und drei und vier und fünf und sechs und sieben und acht!

Hermann-Göring-Kampfbahn mit Schützenfest eröffnet

Deutschland–Dänemark 8:0

Überschrift und Bild (links oben) aus der Zeitung »Fußball« vom 18. Mai 1937. Auf dem Bild sieht man den fünffachen Torschützen Otto Siffling, wie er den dänischen Torhüter Jensen zum 6:0 umkurvt. Der Mannheimer Siffling war ein Lieblingsschüler Herbergers, ein Ballkünstler mit Torriecher, »ein Meister im Stellungsspiel, zu dem ihn sein Instinkt machte«. Herberger hatte ihn für dieses Spiel gegenüber Otto Nerz als Mittelstürmer durchgesetzt. Es wurde der Höhepunkt einer unvollendet gebliebenen fußballerischen Laufbahn. Otto Siffling starb 1939 mit 27 Jahren an einer Rippenfellentzündung. Deutschland spielte in Breslau mit folgender Aufstellung: Jakob – Janes, Münzenberg – Kupfer, Goldbrunner, Kitzinger – Lehner, Gellesch, Siffling, Szepan, Urban.

»Die Breslaufelf spielte nach meinem Konzept!«

Auf dem oberen Bild Herberger vor seinem ersten Länderspiel als Reichstrainer am 15. November 1936, links Otto Siffling. Unten die Einordnung der Breslauelf in sein Konzept. Als Herberger die Führung der Nationalmannschaft übertragen bekam, begann er deren Spiel auf sein System des variablen Kombinationsfußballs einzuschwören. Die Breslauelf wird zum »Vorgänger aller Nationalmannschaften«.

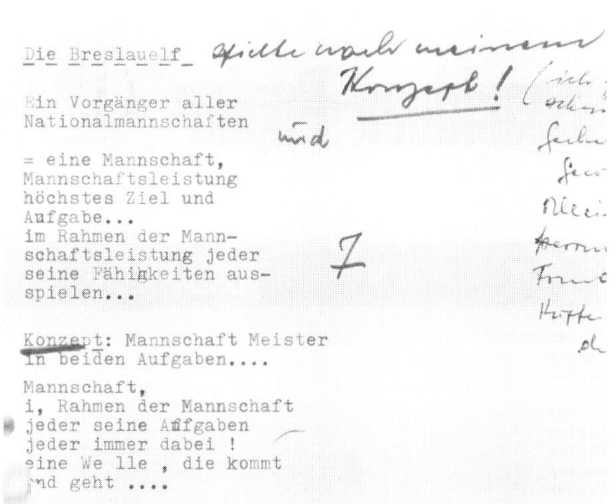

Die Breslauelf spielte nach meinem Konzept!

Ein Vorgänger aller Nationalmannschaften

und

= eine Mannschaft,
Mannschaftsleistung
höchstes Ziel und
Aufgabe...
im Rahmen der Mannschaftsleistung jeder
seine Fähigkeiten ausspielen...

Konzept: Mannschaft Meister
in beiden Aufgaben....

Mannschaft,
i, Rahmen der Mannschaft
jeder seine Aufgaben
jeder immer dabei !
eine We lle , die kommt
und geht ....

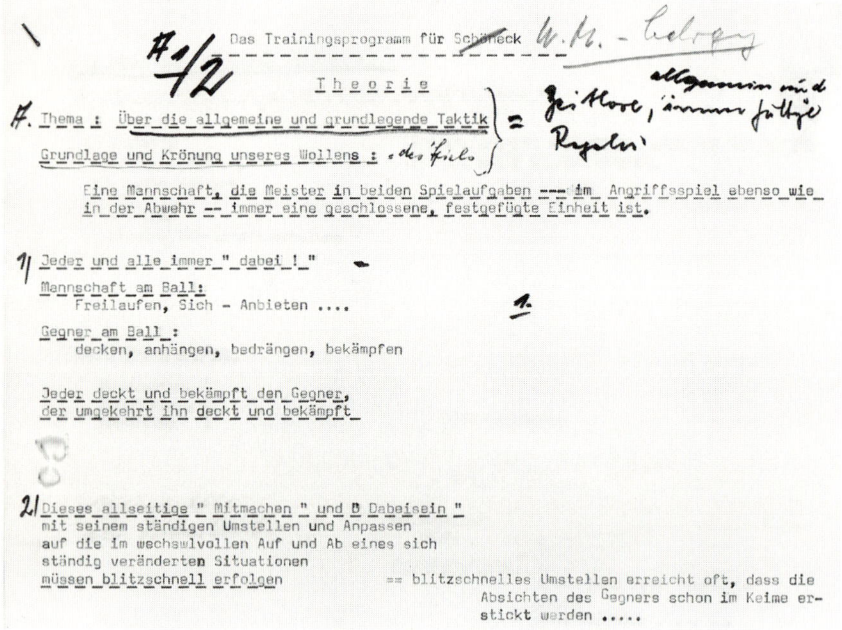

Das Trainingsprogramm für Schöneck

Theorie

Thema : Über die allgemeine und grundlegende Taktik

Grundlage und Krönung unseres Wollens :

Eine Mannschaft, die Meister in beiden Spielaufgaben --- im Angriffsspiel ebenso wie in der Abwehr -- immer eine geschlossene, festgefügte Einheit ist.

1/ Jeder und alle immer " dabei ! "

Mannschaft am Ball:
Freilaufen, Sich - Anbieten ....

Gegner am Ball :
decken, anhängen, bedrängen, bekämpfen

Jeder deckt und bekämpft den Gegner,
der umgekehrt ihn deckt und bekämpft

2/ Dieses allseitige " Mitmachen " und B Dabeisein "
mit seinem ständigen Umstellen und Anpassen
auf die im wechswlvollen Auf und Ab eines sich
ständig veränderten Situationen
müssen blitzschnell erfolgen

== blitzschnelles Umstellen erreicht oft, dass die Absichten des Gegners schon im Keime erstickt werden .....

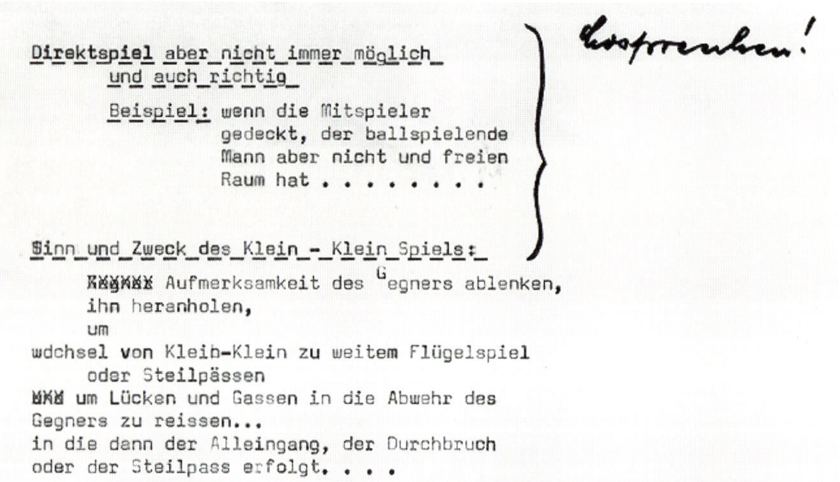

Direktspiel aber nicht immer möglich
und auch richtig

Beispiel: wenn die Mitspieler
gedeckt, der ballspielende
Mann aber nicht und freien
Raum hat . . . .

Sinn und Zweck des Klein - Klein Spiels:

XXXXXX Aufmerksamkeit des Gegners ablenken,
ihn heranholen,
um
wdchsel von Klein-Klein zu weitem Flügelspiel
oder Steilpässen
XXX um Lücken und Gassen in die Abwehr des
Gegners zu reissen...
in die dann der Alleingang, der Durchbruch
oder der Steilpass erfolgt. . . .

»Jeder und alle immer dabei!«

Aufzeichnungen Herbergers zu Themen für die Nationalmannschafts-Lehrgänge vor der WM 1954. Herberger hatte in den Jahren zuvor die Mannschaft, die er seit 1952 wenig verändert hatte, nach seinem Spielsystem geformt. »Genaugenommen waren die zurückliegenden Jahre ein einziger Lehrgang gewesen.« Nun ist er bestrebt, seinen Spielern den »Feinschliff« zur Erreichung der »absoluten Spitzenleistung« zu geben. Dazu gehören neben der Schulung des Angriffs- und Abwehrverhaltens aller Spieler Anweisungen zur Realisierung des »Wirbels«. Herberger fordert schließlich, das gesamte Spiel als eine Art pausenlose Angriffssituation zu betrachten, auch bei Standardsituationen: »Nach Spielunterbrechung – Eckball, Einwurf, Freistoß – immer wieder von neuem«.

Im Dezember 1953 stellt Herberger zufrieden fest, daß die deutsche Nationalmannschaft im abgelaufenen Jahr zeitweise Weltklassefußball gezeigt hat. Seine erklärte Absicht ist es, dieses Niveau zu halten und auszubauen: »Wir möchten gerne noch weiter kommen!« Er nimmt mit dieser Zielsetzung die Planung des Jahres 1954 auf. Alle Maßnahmen orientieren sich an einer Maxime: Die Bedingungen dafür zu schaffen, daß Deutschland im Sommer bei der WM »in 18 Tagen sechs Spiele bestreiten kann«, d.h. über die körperlichen und spielerischen Voraussetzungen verfügt, bis ins Endspiel vorzudringen. Die Vorbereitung betrachtet er unter zwei Aspekten: Seiner Mannschaft das Ziel einer unablässigen Spielbewegung über 90 Minuten zu vermitteln, »wie eine Welle, die kommt und geht«, und den langsamen Aufbau einer erwartungsfrohen Spannung, so daß die Mannschaft am Ende auf den Einsatz bei der WM »brennt«.

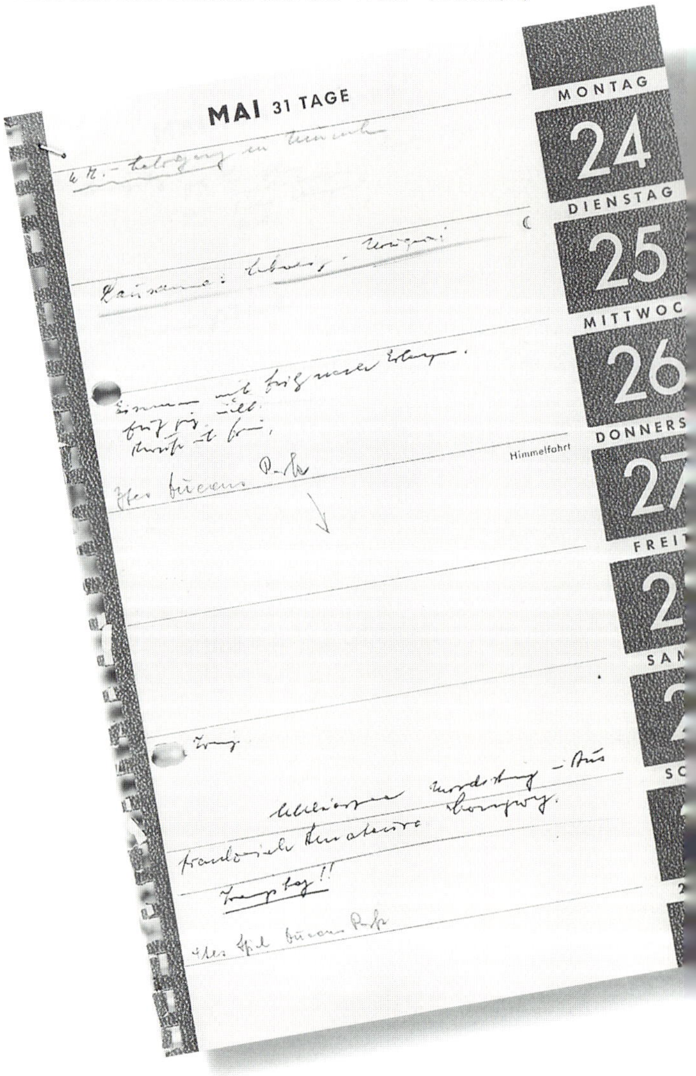

»Ich war immer mitten drin, um das wilde Feuer der Turbulenz des Ablaufs und Geschehens wachzuhalten und zu schüren und das letzte an Willens- und Körperkraft aus unseren Männern herauszuholen. Oft sind unsere Spieler nach solchen harten Tests lachend umgefallen.«

»Im Rausch der Spielfreude«

Der deutsche Kader der WM 1954 im Programmheft der FIFA (rechts) sowie ein Auszug aus dem Terminkalender Herbergers von 1954 (links). Die 22 Auserwählten benennt Herberger nach dem Lehrgang in der Sportschule München-Grünwald vom 25. Mai bis zum 3. Juni 1954. Das gesamte Vorbereitungsprogramm ist von Herberger generalstabsmäßig geplant. Während der Ligaspiele hatte er vom 3. bis 8. Mai 1954 in Obertal im Schwarzwald eine Zeit der aktiven gemeinsamen Erholung angesetzt. Hier wurde nicht trainiert, Herberger nutzte den Aufenthalt, um gezielt das »Feuer« zu schüren, indem er die Spieler immer wieder zu »freiwilligen« Beweisen ihrer körperlichen Verfassung etwa auf Wanderungen provozierte. In Grünwald wird hart an der Kondition gearbeitet. Über Pfingsten 1954 bekommen anschließend alle Spieler ein individuelles Trainingsprogramm mit nach Hause. Im abschließenden Trainingslager vom 9. bis 11. Juni in Karlsruhe-Schöneck geht Herberger daran, die Taktik der WM-Spiele abzusprechen. Außerdem baut er gezielt die Spannung der Spieler auf. Er führt »lustbetonte Spiele« durch, in denen er die Spieler »im Rausch der Spielfreude« kurzzeitig immer wieder dazu bringt, ihre Kraftreserven zu aktivieren. Vor der Abreise in die Schweiz hat er schließlich eine positive Anspannung erzeugt, in der alle dem Start der WM entgegenfiebern. Nach der Ankunft im WM-Quartier des »Hotel Belvedere« in Spiez am 11. Juni mußte Herberger sogar »wachsam die Augen offen halten, um zu verhindern, daß unsere Spieler im Vollgefühl der gewonnenen Kräfte im Trainingsablauf nicht des Guten zu viel taten.«

In der Vorrunde der WM 1954 sind die beiden gesetzten Mannschaften in der Gruppe, Ungarn und die Türkei, die Gegner der deutschen Mannschaft. Deutschland gehört bei der WM 1954 in seiner Gruppe neben Südkorea zu den »Ungesetzten«, die nicht gegeneinander zu spielen hatten. Eine weitere Besonderheit des Austragungsmodus besteht darin, daß bei Punktegleichheit nicht das Torverhältnis zur Entscheidung herangezogen, sondern ein Entscheidungsspiel fällig wird. Herberger bezieht diese Regelung von vornherein in sein Kalkül mit ein. Die Ungarn galten als die überragende europäische Spitzenmannschaft. Sie hatten wenige Wochen vor Beginn der WM der Fußballgroßmacht England mit 7:1 eine vernichtende Niederlage beigebracht. Herberger setzt darauf, daß der »Umweg« über ein Entscheidungsspiel gegen die Türkei einen sichereren Zugang zum Viertelfinale darstellte, als ihn die Hoffnungen auf einen Sieg über Ungarn verbürgen konnten.

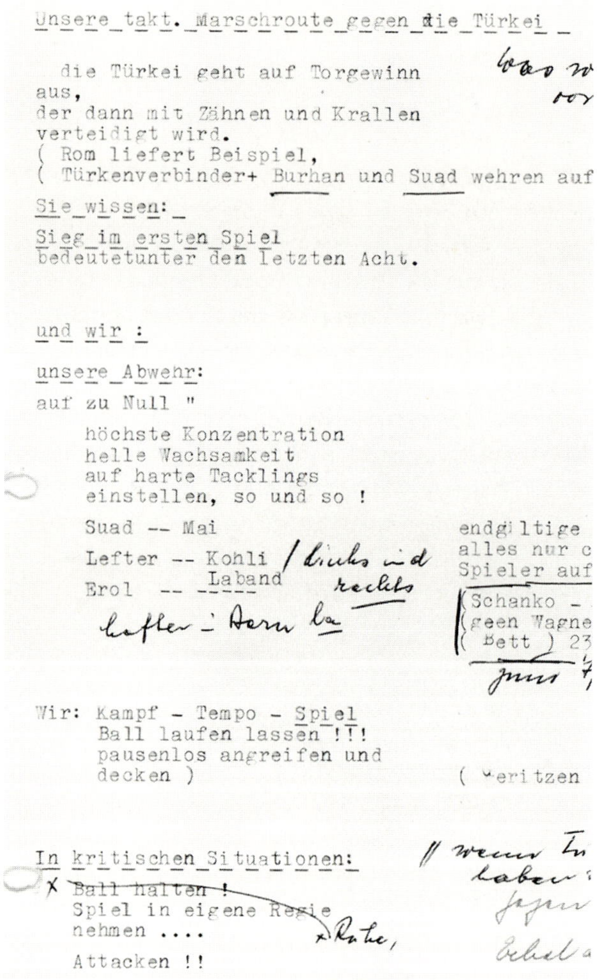

Unsere takt. Marschroute gegen die Türkei

die Türkei geht auf Torgewinn aus,
der dann mit Zähnen und Krallen verteidigt wird.
(Rom liefert Beispiel,
(Türkenverbinder+ Burhan und Suad wehren auf

Sie wissen:

Sieg im ersten Spiel bedeutetunter den letzten Acht.

und wir :

unsere Abwehr:

auf zu Null "

höchste Konzentration
helle Wachsamkeit
auf harte Tacklings
einstellen, so und so !

Suad -- Mai
Lefter -- Kohli / links und rechts
Erol -- Laband

endgültige
alles nur
Spieler auf
(Schanko -
(geen Wagne
(Bett) 23

Wir: Kampf - Tempo - Spiel
Ball laufen lassen !!!
pausenlos angreifen und
decken)

In kritischen Situationen:
~~Ball halten !~~ Ruhe,
Spiel in eigene Regie
nehmen ....
Attacken !!

Der erste Auftritt

Der erste WM-Auftritt einer deutschen Mannschaft nach dem Zweiten Weltkrieg findet am 17. Juni 1954 in Bern gegen die Türkei statt. Er bringt einen souveränen 4:1-Sieg der Deutschen. Links das 3:1 durch einen Kopfball Ottmar Walters in der 62. Minute, rechts die taktische Marschroute Herbergers zu diesem Spiel. Trotz eindringlicher Warnungen Herbergers erzielt die Türkei, die sich aufgrund des Austragungsmodus bei einem Unentschieden so gut wie sicher im Viertelfinale wähnen konnte, bereits in der dritten Minute das 1:0. Doch hatte Herberger der Mannschaft eingeimpft, in kritischen Situationen die Ruhe zu behalten. Unbeeindruckt wird die Maschinerie des deutschen Spiels aufgezogen. »Nach dem ersten Schreck über den Torverlust ging es wie ein Ruck durch unsere Leute. Sie konnten kaum erwarten, wieder anzuspielen.« Nach zehn Minuten fällt der Ausgleich durch Schäfer, die Tore in der zweiten Halbzeit entstehen aus der drückenden deutschen Überlegenheit heraus zwangsläufig. Es werden Kostproben deutscher Spielvarianten geliefert, etwa ein Alleingang von Klodt zum zweiten oder eine Blitzkombination zwischen Eckel, Fritz Walter, Schäfer und Ottmar Walter zum dritten Tor. »Prachtangriffe«, wie die Schweizer Zeitung »Sport« vermerkt.

»Am Mittwoch! Am Mittwoch!«

Aufzeichnungen Herbergers zur Situation nach dem mit 3:8 verlorenen Spiel gegen Ungarn am 20. Juni in Basel und zum zweiten Türkei-Spiel am 23. Juni in Zürich. Obwohl Herberger nach seinen Beobachtungen vor der Weltmeisterschaft zu dem Schluß kam, daß »die glorreichen Ungarn verwundbar sind,« verzichtet er zum zweiten Gruppenspiel gegen sie auf sieben Stammspieler. Er experimentiert mit Liebrich als Stopper, Toni Turek bekommt wegen Lässigkeiten im Türkeispiel einen »Denkzettel«, Fritz Walter spielt nur auf ausdrücklichen eigenen Wunsch. Herberger setzt alles auf ein Entscheidungsspiel gegen die Türkei. Unbeeindruckt von den heftigen Reaktionen der deutschen Schlachtenbummler, die schon bei der Bekanntgabe der Aufstellungen in ein Pfeifkonzert ausbrechen und sich nach der 3:8-Niederlage betrogen sehen, denkt er während des Spiels bereits an die zweite Türkei-Begegnung. Wegen der Höhe der Niederlage muß er allerdings moralische Aufrüstung betreiben. Er erinnert in einer kurzen Ansprache nach dem Spiel an die drei Tore, die die Mannschaft den Ungarn zugefügt hat, und versucht eine Trotzreaktion bei den geschonten Spielern zu provozieren. Hans Schäfer verspricht dem »Chef«: »Die putzen wir weg!« Die Strategie geht auf. Die Türkei wird vom deutschen Angriffswirbel mit 7:2 aus dem Wettbewerb geworfen. Die Zeitung »Sport« schreibt beeindruckt: »Was uns mitunter an diesem geradezu entfesselten deutschen Sturm so gefallen hat, das war seine Fähigkeit, sozusagen nach Belieben das Tempo im gleichen Angriff zu wechseln, zu variieren, wobei meistens der Aufbau gemächlich, der Abschluß aber eminent schnell ausfiel und auf Raumgewinn aus war.« Deutschland ist damit im Viertelfinale.

Mit dem Anpfiff fiel unser Angriff
wie eine Sturmflut über die türkische
Abwehr her. Jeder wollte jeden an
Siegeswillen und Angriffsgeist über-
bieten.
Wie hatte Hans Schäfer gesagt?
"Die putzen wir weg!"
Nun, er war von Spielbeginn über die
vollen 90 Minuten beispielhaft, mit-
reißend, der personifizierte "Wegputzer"
Ob im Doppelpaß mit Fritz Walter oder
einem anderen seiner Nebenleute, ob in
schnellen Läufen oder im harten Zwei-
kampf mit dem Gegner, ihn trennte keiner
vom Ball und kaum einmal gelang es, ihn
in seinen Sturmläufen zu stoppen.
Hans hatte einen ~~sehr~~ seiner großen
Tage.

Die Tragödie war zu Ende.
In der Umkleidekabine allseits
betroffenes Schweigen.
Noch gällte uns allen das wilde
Pfeifkonzert in den Ohren, mit dem
wir von unseren enttäuschten Anhängern
entlassen worden waren.

Mein Platz im Omnibus war immer der
erste beim Einstieg. Wer in den Bus kam,
mußte zuerst mich passieren. Wenn nun
einer der heute geschonten, am Mittwoch
zum Einsatz kommenden Spieler dabei war
einzusteigen, habe ich ihn leise zu mir
hergezogen und während ich ihm mit der
Innenseite des Fußes einen Kick auf
seine Sitzfläche gab, ihm zischend ins
Ohr geflüstert:

" Am Mittwoch!, am Mittwoch !! "

So geschehen mit Hans Schäfer, Ottmar
Walter, Max Morlock, Berni Klodt, Karl
Mai, Fritz Labend und Toni Turek.

»Die zwei Stunden vor dem zweiten Spiel gegen die Türkei in Zürich waren für mich die schwersten in meinem Trainerleben. Obwohl überzeugt, richtig gehandelt zu haben, konnte doch etwas schiefgehen.«

Sensationeller deutscher Sieg in Genf

Das deutsche Abwehrbollwerk um Werner Liebrich verhinderte Tor für die Jugoslawen

Schlagzeile nach dem 2:0-Sieg im Spiel gegen Jugoslawien. Die deutsche Mannschaft hatte dem Ansturm der Jugoslawen widerstanden, der nach einem Eigentor in der ersten Halbzeit immer ungestümer wurde. Werner Liebrich und Toni Turek waren die überragenden Spieler in der Abwehrschlacht. Einen blitzartigen Konter über Fritz Walter und Hans Schäfer vollendete Helmut Rahn schließlich 15 Minuten vor Schluß mit einem Bombenschuß zur Entscheidung. Die Presse wunderte sich unisono, daß nicht die Deutschen, sondern die Jugoslawen ein Opfer des »mörderischen« Tempos wurden. Herberger erklärt den Sieg dann so: »Was die Jugoslawen konnten, konnten unsere Männer auch. Jeder von uns war auch perfekt am und mit dem Ball, in welchem Maß und mit welcher mannschaftlichen Geschlossenheit sollten die Jugoslawen schnell zu spüren bekommen. Immerzu hat jeder Jugoslawe seine Beschattung, immer ist jeder Posten in unserer Abwehr besetzt und einsatzfähig, auch wenn nicht immer jeder auf seinem angestammten Posten steht. Im Übernehmen und Ablassen, im schnellen Wechsel der Positionen liegt vielleicht die Überlegenheit unserer Abwehr gegenüber dem Angriffsspiel der Jugoslawen, die Positionswechsel überhaupt nicht kennen.«

Ab dem Viertelfinale des WM-Turniers wird im sogenannten »K.o-System« gespielt, d.h. der Unterlegene scheidet aus. Gegner ist hier die Mannschaft Jugoslawiens, die in der Vorrunde dem Favoriten Brasilien ein Unentschieden abgetrotzt hatte. In dieser Begegnung offenbart sich eine faszinierende Flexibilität des Herbergerschen Spielsystems. Hatte die deutsche Mannschaft noch vier Tage zuvor in einem wahren Sturmlauf sieben Tore in einem Spiel erzielt, so ringt sie jetzt die jugoslawische Mannschaft in einem perfekten Defensivspiel nieder. Die deutschen Spieler führen nun die hohe Kunst des Abwehrspiels vor. Dem Sturmwirbel folgte der »Abwehrwirbel«, der das deutsche Tor für die Jugoslawen undurchdringlich werden ließ.

»David gegen Goliath«

Sepp Herberger während des Abspielens der Nationalhymnen vor dem Spiel gegen Jugoslawien am 27. Juni in Genf. Herberger ist eine gewisse Anspannung anzumerken, die Jugoslawen sind nicht nur in seinen Augen einer der Favoriten der WM. Für Herberger verfügen sie wegen ihrer Technik und Spielfreude »über den besten Sturm des Turniers«. Er sieht die deutsche Mannschaft deshalb als Außenseiter, als »David« gegen den seit Jahren eingespielten »Goliath«. Zudem hat er Probleme mit der Aufstellung. Der vor der WM überragende Posipal findet nicht zu seiner Form, laboriert an einer eher »seelischen« Verletzung. Herberger läßt ihn pausieren und Werner Liebrich als Stopper auflaufen.

Jugoslaviens Verteidigung wankt leicht. Abwehrspieler verhindnerte Stürmer ! Spiel aus derDefensive!! Einzige Möglic[h]keit zum Sieg! Jugos durchweg perfekte Ballkünstler, ohne Tordrang! Freigabe des Mittelfeldes, bringt sie in Spielrausch in dem Sie ihre persönliche Zweikämpfe feiren und im Rausch dieser Künsten meit Leib und Seele verfallen. Aber: Tore zähöen.

»Im Rausch ihren Künsten mit Leib und Seele verfallen«

Einschätzung der jugoslawischen Mannschaft durch Herberger. Sepp Herberger kannte den Gegner bereits vom Spiel um die Bronzemedaille bei Olympia 1952. Er schätzte sie als spielfreudige Mannschaft ein, der aber aus seiner Sicht die taktische Disziplin und der Zug zum Tor fehlten. Herberger baute ihnen deshalb eine »Falle«. Er ließ sie im Mittelfeld gewähren, um sie dann mit Blitzangriffen zu überrumpeln.

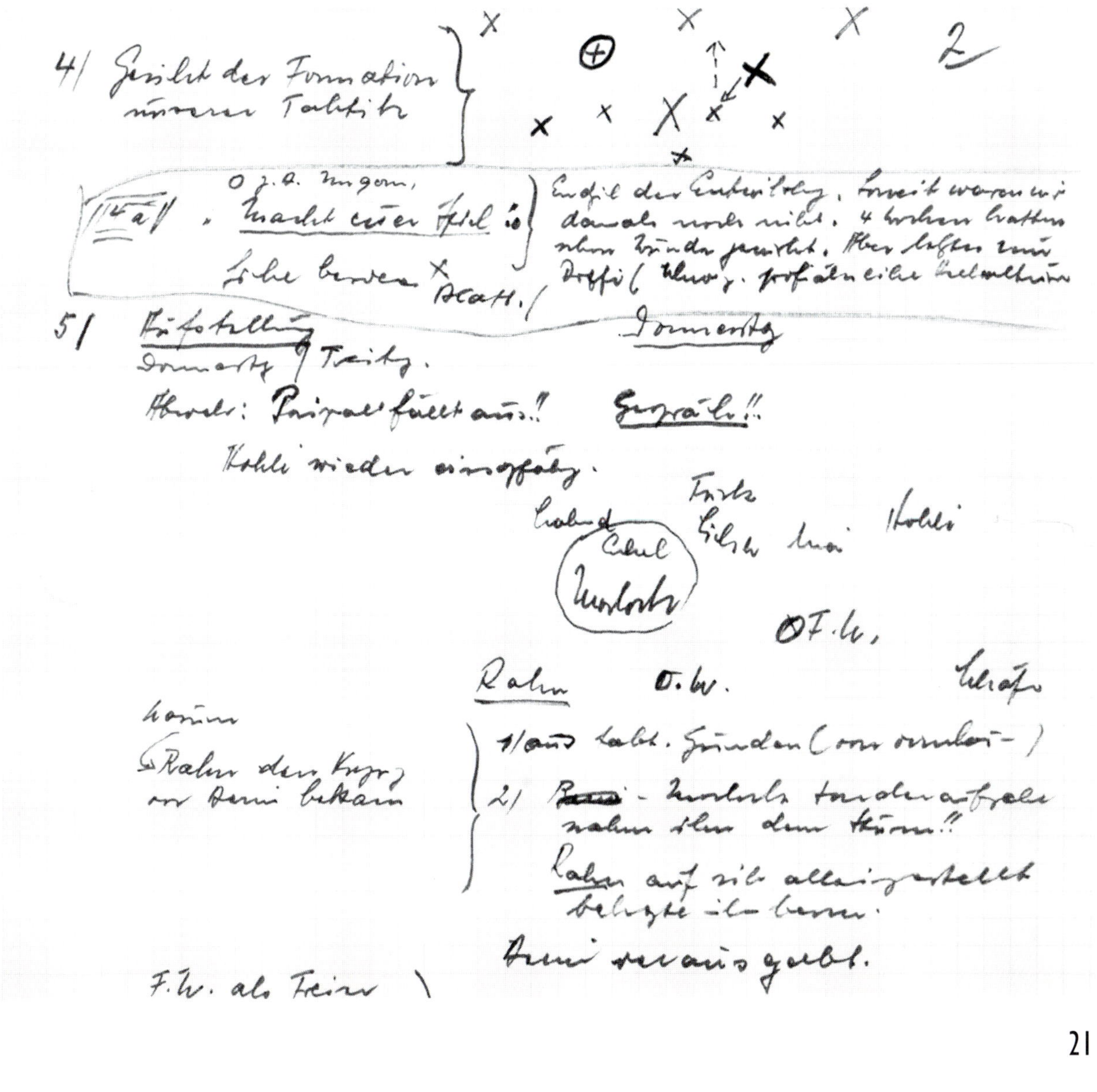

Handschriftliche Aufzeichnung Herbergers zu seiner Taktik gegen Jugoslawien. Der Geniestreich war die Preisgabe des Mittelfeldes und der Einsatz von Max Morlock als zusätzlicher »Läufer« zur Verstärkung der rechten Abwehrseite. Auch Fritz Walter hatte eine defensive Aufgabe, die Bewachung des jugoslawischen Spielmachers Cajkovski und die Ankurbelung des Spiels aus der Tiefe. Herberger stellt aber fest: »Das Spiel aus der Abwehr ist keineswegs aber nur auf das zu Null eingestellt. Das wäre Verrat am Spielgedanken.« Gleichzeitig wurde mit Helmut Rahn ein »Draufgänger« als Außenstürmer nominiert, der auch etwas auf eigene Faust unternehmen konnte. Das Konzept waren überraschende, schnell vorgetragene Steilangriffe.

Herbergers größter Triumph

Durch sensationelles 6:1 über Österreich im Weltmeisterschafts-Endspiel / Gegner Ungarn

Herbert Hoffmann drahtet aus Basel: Grandioser Kampf bis zum Schlußpfiff

Das Vorschlußrundenspiel zwischen Deutschland und Österreich im St.-Jakobs-Stadion zu Basel begann am Mittwoch mit einem Scherz. Der Ansager am Mikrophon meinte zu den 58 000 Zuschauern: „An Stelle der heute leider verhinderten Schweizer Mannschaft (die Schweiz verlor im Viertelfinale gegen Österreich 5:7!) ist freundlicherweise Österreich eingesprungen." Es endete mit einem grandiosen 6:1, das in so prachtvollem Spiel errungen wurde, daß es schwerfällt, den Bericht nicht mit Superlativen vollzustopfen. Diese Zeilen werden im nun verlassenen Stadion geschrieben, im schon beginnenden Abenddunkel auf einer Pressetribüne, auf der die Arbeiter bereits mit dem Besen in der Hand die letzten Spuren des „Papierkampfes" zusammenfegen.

. . .

Schlagzeile der Frankfurter »Nachtausgabe« vom 1. Juli 1954 zum 6:1-Halbfinaltriumph der deutschen Nationalmannschatf gegen Österreich.

Im Halbfinale der Fußballweltmeisterschaft trifft Deutschland auf Österreich. Die österreichische Nationalmannschaft ist im Laufe der WM von der heimatlichen Presse zum »Wunderteam« hochstilisiert worden. Mit 7:5 hatte sie im Viertelfinale über die Schweiz die Oberhand behalten. Man traut nun in Wien der eigenen Mannschaft den Weltmeistertitel zu. Herberger wählt für dieses Spiel die Taktik des »totalen Angriffs« und es kommt zu einem außergewöhnlichen Fußballspiel. Das Herbergersche Spielsystem, der »Wirbel«, wird in glanzvoller Perfektion zelebriert.

Wir alle: Jeder seinen Mann!
Jeder und alle immer dabei!
Vom Spielanpfiff an kein Nachlassen in der Konzentration, kein Ermüden im Einsatz, gegenseitige Aufmunterung, ständige Bereitschaft zum Einspringen auch für einen anderen, aufmuntern, zureden ....

Flügelspiel. Schwerpunkt auf dem rechten Flügel, Angriffswirbel, ständiger Wechsel auf den Positionen im Angriff, bei Vorstößen aus dem Mittelfeld (Eckel) geht ein anderer für ihn zurück, keiner ist an seinem Platz gebunden, aber jeder Platz muß besetzt sein.

Attacken aus dem Mittelfeld zuerst verhalten aber höchst wach und konzentriert und dann mit plötzlichen Vorstößen das Heil zu suchen.

Wiedergabe der Schlußbesprechung vor dem Spiel gegen Österreich am 30. Juni 1954 in Basel von Sepp Herberger. Herberger hatte als zentrale Schwäche der Österreicher die nicht gelungene Umstellung von der Raum- auf die Manndeckung ausgemacht. Insbesondere ihr Stopper, Ernst Happel, war für Herberger die Schwachstelle, da er zwar balltechnisch perfekt, aber leicht auszuspielen war. O-Ton Herberger: »Er wußte scheinbar überhaupt nicht, was seine Aufgabe war.« Mit Fritz Walter vereinbart Herberger, daß in diesem Spiel der »Wirbel« in Reinkultur gespielt wird. In den ersten zehn Minuten wollte man das Sicherungssystem von Genf anwenden, aber danach zum Angriff blasen. Alle fünf Stürmer sollten dabei ständig »unterwegs« sein, d.h. fortwährend ihre Positionen wechseln. Außerdem kann Herberger noch eine frohe Kunde vermelden: Seine »Seelenmassage« hatte Jupp Posipal – seinen in der Vergangenheit besten Abwehrmann – wieder fit gemacht. Er wird als Verteidiger eingesetzt.

Aus einem solchen Sturmwirbel heraus fiel etwa nach einer halben Stunde unser erstes Tor.
Fritz erhielt im wirbelnden Angriffsspiel auf Rechtsaussen-Position den Ball, dribbelte mit diesem an der Toraussenlinie herein, zog den linken Läufer des Gegners auf sich und kurz vor dessen Angriff folge das Zuspiel zu dem nach innen gelaufenen Hans Schäfer, der auf der Höhe des Fritz Walters nahen Torpfostens den zugespielten Ball an Zemann ins lange Toreck befördertе.

Der Wirbel in Vollendung

Wiedergabe des ersten Tors der deutschen Nationalmannschaft durch Sepp Herberger. Die österreichische Nationalmannschaft wird an diesem denkwürdigen Tag von den Deutschen an die Wand gespielt. Es dürfte kaum ein Spiel – auch nicht danach – gegeben haben, in dem der Herbergersche Angriffswirbel in einer derartigen Perfektion demonstriert wurde. Nach einem 1:0 zur Pause wird mit den Österreichern »Katz' und Maus« (Zeitung »Sport«) gespielt. In der Zeitung »Sport« fragt man denn auch: »Wie war das alles nur möglich? Wie konnte das passieren? Wenn man sich die Sache nüchtern überlegt, so scheint die Erklärung einfach zu sein: Es war der Sieg des modernen Fußballs.«

Nach einem Alleingang von Helmut Rahn kann dieser von Torwart Zeman nur mehr gelegt werden. Den fälligen Elfmeter verwandelt Fritz Walter zum 5:1.

drückende Überlegenheit unserer
Mannschaft,
meisterhaftes Direktspiel wechselt
mit Dribblings und Alleingängen,
es geht toll her im XXXXXXXX in der
gegn. Spielhäfte undin dessen Straffaum

Rahn beschäftigt die Abwehr
der Österreicher...
" die putzen wir weg !

Eckball f.Walter - diesmal
verabredungsgemäss kurz in
die Ottmare hineinläuft, Ablenkungs-
manöver - und in die vordere Eckd
Köpft..
62. Minute 4 : 1

Aufzeichnungen Herbergers zum Spielverlauf. Er vermerkt auch den Eckball von Fritz Walter, der zum vierten Tor führt. Beim zweiten Tor ging ebenfalls ein Eckball des Kapitäns voraus. Ottmar Walter lief dabei auf den vorderen Pfosten, Österreichs Torwart Zeman folgte ihm, den Ball erhielt aber Max Morlock, der einköpfte. Beim 4:1 läuft Ottmar Walter wieder auf den vorderen, »kurzen« Pfosten, keiner folgt, doch er erhält dieses Mal den Ball und setzt den Kopfball ins Tor.

»Unser Sturmwirbel lief auf höchsten Touren in scheinbar sinnlosem Durcheinander, in dem jeder unserer Angriffsspieler auf der Suche nach dem freien Raum war, alles scheinbar sinnlos durcheinander lief und das sinnvolle und planvolle Verhalten durch die verwirrende Bahn, durch die der Ball lief, gekennzeichnet war. Schöner, besser und erfolgreicher, als unsere Mannschaft in Basel spielte, kann nicht gespielt werden.«

Die Fußballöffentlichkeit ist aus dem Häuschen, doch für Herberger ist es keine Überraschung: Deutschland ist im Endspiel der Fußballweltmeisterschaft 1954. Gegner ist der hohe Favorit dieser WM, die ungarische Nationalmannschaft. Zum Zeitpunkt des Endspiels am 4. Juli 1954 ist sie seit vier Jahren und 33 Spielen ungeschlagen; eine in der Länderspielgeschichte bis dahin nie dagewesene Leistung. Sie seien aber zu besiegen, hatte Herberger nach einem Spiel der Ungarn gegen Österreich, das kurz vor der Weltmeisterschaft stattfand, der Presse erklärt. Er hatte festgestellt, daß die Ungarn ausschließlich auf Angriff setzten und die Abwehr dementsprechend vernachlässigten; dieser Mannschaftsteil war in seinen Augen nicht genügend aufeinander eingespielt. Herberger versucht diese Schwächen seiner Mannschaft zu vermitteln und fordert sie auf, das Spiel selbst in die Hand zu nehmen. Es gelingt: Deutschland wird zum ersten Mal Fußballweltmeister, das »Wunder von Bern« ist perfekt.

In jenen Tagen der Weltmeisterschaft in der Schweiz waren wir ebenfalls eine Mannschaft von absoluter Weltklasse geworden.
Wir brauchten uns in der Frage der Einzelbesetzung unserer Mannschaft mit denen der ungarischen Spieler nicht zu scheuen und waren überzeugt, daß wir auch bei einem Vergleich der Mannschaftsleistung von den anderen bestimmt nicht abfallen würden., Ja, wir glaubten uns sogar in einem wichtigen und entscheidenden Punkt der Leistungen überlegen.

Wir glaubten uns auch im Tempo des Spieles den Ungarn überlegen. Hier sahen wir eine Chance, den Fluß des ungarischen Spieles mit dem Ball zu bremsen und zu stoppen. Glaubten, durch erhöhtes, gleichbleibendes Tempospiel unser Spiel durchzusetzen.
Für dieses Vorhaben brachten wir die entsprechende Kondition und Leistungsfähigkeit mit. Wir standen im Saft und in der Kraft für volle 9o Minuten, konnten im schnellsten Tempo auch unser Spiel aufziehen und wußten uns hier gegenüber den Ungarn überlegen.
Hier lag unsere Chance und die wollten wir auch gehörig ausnutzen.
Das Endspiel in Bern würde für unseren Gegner bestimmt nicht zum Honig-lecken werden.

»Dann ist es die deutsche!«

Herberger über Einstellung und Stimmung der Mannschaft vor dem Endspiel. Die Mannschaft fühlte sich nicht als Außenseiter. Herberger hatte als Schwachstelle der Ungarn die linke Seite ausgemacht, auf der der offensiv überragende Bozsik Deckungsschwächen offenbarte. Dies wollte man mit Tempospiel, das den Ungarn generell nicht lag, über diese Seite ausnutzen. Es gelang schließlich bei allen drei deutschen Toren. Der taktisch bemerkenswerte Kunstgriff war aber das Ausschalten des ungarischen Mittelstürmers Sandor Hindegkuti. Herberger war ein Bewunderer dieses spielenden Torjägers, der sich der Bewachung immer wieder durch Ausweichen in das Mittelfeld entzog. Um gegen dessen Vorstöße aus der Tiefe gewappnet zu sein, wurde er in »Doppeldeckung« genommen. Werner Liebrich deckte ihn, wenn er sich in der Spitze aufhielt, Horst Eckel übernahm ihn, wenn er sich in die zweite Reihe zurückzog. Karl Mai kümmerte sich um den Torschützenkönig der WM, um Kocsis. Beide blieben ohne Treffer.

Dann waren wir soweit, um auf den Pfiff des Schiedsrichters zu warten, der uns aus den Kabinen rief. Zuvor kam noch Ernst Thommen, der Ausrichter der Spiele in der Schweiz, um usüber das Zeremoniell zu informieren. Danach hatten die beiden Mannschaften in einer Linie vor der Tribüne anzutreten, wobei die Nationalhymnen beider Länder gespielt werden. Nach dem Spiel hätte dann die gleiche Aufstellung zu erfolgen zum Zwecke der Siegerehrung.
Bei diesem abschließenden Akt werde dann nur noch eine Nationalhymne zu hören sein, nämlich die des Siegers.

Prompt und kess kam die Antwort:
"Dann ist es die DEUTSCHE!"
Es war ein Zeichen für die Stimmung in unserer gesamten Mannschaft.
Denn nicht etwa Helmut Rahn oder Hans Schäfer oder auch Toni Turek, sondern der bisher Sensibelste in unserer Mannschaft, niemand anders als unser Kapitän FRITZ WALTER! hatte diesen Ausspruch getan.

»Gegen diesen Schuß war kein Kraut gewachsen!«

Helmut Rahn liegt am Boden, der Ball ist hinter dem ungarischen Torwart Grosics im Netz. Es steht im Endspiel um die Fußballweltmeisterschaft 1954 im Berner Wankdorf-Stadion sieben Minuten vor Schluß 3:2 für Deutschland. Eine Flanke von Hans Schäfer hatte Boscik zu kurz abgewehrt. Rahn nahm den Ball auf, spielte einen ungarischen Verteidiger aus und hämmerte den Ball flach ins Tor. In der zweiten Halbzeit wogte das Spiel hin und her, beide Seiten hatten Chancen, wobei mit zunehmender Spieldauer sich eine konditionelle Überlegenheit der Deutschen bemerkbar machte.

Herberger gelöst nach dem Schlußpfiff neben Werner Liebrich. Auch das schnelle 2:0 der Ungarn nach nur neun Minuten – nach Abpraller von Eckel sowie Mißverständnis zwischen Kohlmeyer und Turek – hatte ihn nicht aus der Fassung gebracht. Er dirigierte Max Morlock zu Fritz Walter. »Max Morlock, nervenstark und durch nichts zu erschüttern, hatte von mir den Auftrag, ihn in einer solchen Situation wieder aufzumöbeln.« Der Erfolg ließ nicht lange auf sich warten. Deutschland zog sein Kombinationsspiel auf, und nach weiteren neun Minuten stand es 2:2.

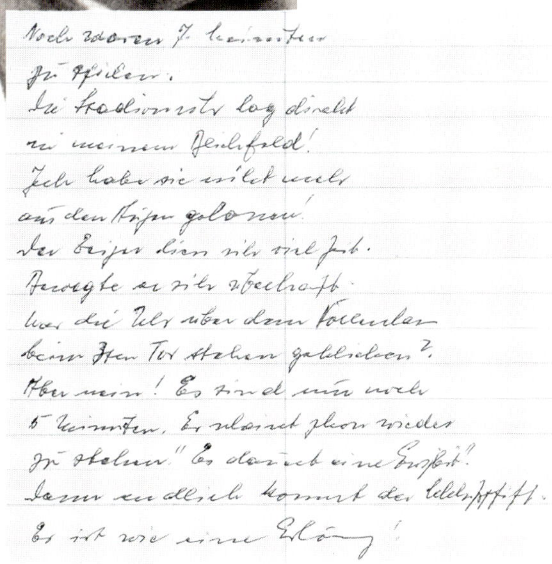

Noch waren 7 Minuten
zu spielen.
Die Stadionuhr lag direkt
in meinem Blickfeld!
Ich habe sie nicht mehr
aus den Augen gelassen!
Der Zeiger ließ sich viel Zeit.
Bewegte er sich überhaupt?
War die Uhr über dem Verteiler
beim 3ten Tor stehen geblieben?
Aber nein! Es sind nur noch
5 Minuten. Er scheint schon wieder
zu stehen. Es dauert eine Ewigkeit!
Dann endlich kommt der Schlußpfiff.
Es ist wie eine Erlösung!

»Es dauert eine Ewigkeit!« Aufzeichnungen Herbergers über seine Gefühle in den letzten sieben Minuten des Spiels.

Der (Über-) Lebenskünstler

»Das nächste Spiel ist immer das schwerste«

Der berühmte Aphorismus »Das nächste Spiel ist immer das schwerste« war nicht nur ein Instrument der Motivation, mit dem Herberger seine Spieler davor warnen wollte, sich auf gewonnenen Lorbeeren auszuruhen. In dieser Feststellung artikuliert sich die Quintessenz seiner Lebenserfahrung. Die Biographie Herbergers ist gekennzeichnet von der immerwiederkehrenden Notwendigkeit, Hindernisse für sein Fortkommen aus dem Weg räumen zu müssen. In dieser Fähigkeit, auch ungünstige Umstände der jeweiligen Zeit für die eigene Entwicklung nutzen zu können, liegt ein Geheimnis seines Erfolgs. Aufgewachsen als Arbeiterkind in der Kaiserzeit unter schwierigsten sozialen Verhältnissen, erarbeitet er sich mit eisernem Willen und unter gekonnter Ausnutzung seiner fußballerischen Fähigkeiten sein Diplom als Sportlehrer – obwohl er über keinen Abschluß einer höheren Schule verfügt. Im Dritten Reich gelingt es ihm, ohne kompromittiert zu werden, im undurchsichtigen politischen Geflecht dieser Zeit die Position des Reichstrainers zu erreichen. Nach dem Krieg schafft er es, quasi die Alleinverantwortung für den Fußball in Deutschland zu übernehmen und aus dem Nichts Mannschaften von Weltformat zu formen – auch gegen vielfache Widerstände in der Öffentlichkeit, denen er nicht nachgibt. Herberger ist nie gegen den Strom der Zeit geschwommen. Sein Prinzip war, mit ihm zu schwimmen und diesen an der entscheidenden Stelle in seinem Sinne zu beeinflussen, wobei der hochintelligente Herberger ein feines Gespür für die Möglichkeiten und Notwendigkeiten der jeweiligen Situation hatte.

Kindheit

Sepp Herberger ist ein Kind proletarischer Verhältnisse. 1897 als Sohn des Fabrikarbeiters Josef Herberger in Mannheim geboren, erlebt er als Jüngster der Familie trotz kärglicher materieller Bedingungen eine behütete Kindheit. Durch den plötzlichen Tod des Vaters im Jahr 1909 tritt jedoch eine Zäsur ein, die Herberger eine harte, entbehrungsreiche Jugend beschert. Herberger verarbeitete dieses Schockerlebnis auf seine Art: »Wenn man's leicht hat, alle Wünsche erfüllt bekommt, hat man es später schwer, sich zurechtzufinden.«

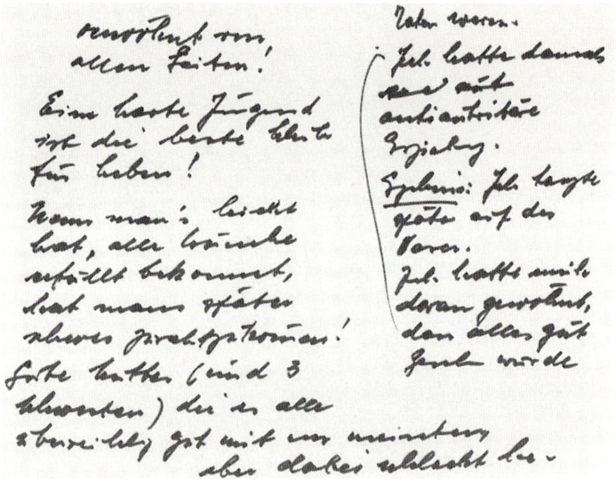
verwöhnt von allen Seiten! Eine harte Jugend ist die beste Schule fürs Leben! Wenn man's leicht hat, alle Wünsche erfüllt bekommt, hat man's später schwer zurechtzukommen! Gotte hatte (und 3 Schwestern) die es alle ... gut mit mir meinten ... aber dabei schlecht ...

Vater waren. Ich hatte damals ... antiautoritäre Erziehung. Ergebnis: Ich legte später auf den ... Ich hatte mich daran gewöhnt, dass alles gut ... wurde

»Verwöhnt von allen Seiten«

Handschriftliche Aufzeichnungen Herbergers zu seiner Kindheit. Durch die Anstellung des Vaters in der Spiegelfabrik waren die materiellen Verhältnisse zwar relativ gesichert, das Leben blieb aber hart und entbehrungsreich. Auf die kindliche Entwicklung Sepp Herbergers hatte diese Situation nur mittelbar Einfluß, der kleine Seppl genießt den Sonderstatus des »Nesthäkchens«. Als lang erwarteter männlicher Nachwuchs und Liebling des Vaters (»Ich war sein Ein und Alles.«), von praktisch vier Frauen aufgezogen, wächst er behütet und in einem relativ problemfreien sozialen Raum auf. Er wird geherzt, ihm wird alles nachgesehen, jeder Wunsch von den Augen abgelesen. Dieser Status als männlicher Nachzügler begründete eine unbelastete Kindheit. Herberger schreibt dazu: »Ich hatte eine antiautoritäre Erziehung.«

»Wenn ich zurückschaue auf die ersten Jahre, muß ich mich immer wieder wundern, wie lange das Liebkosen, Verhätscheln und die Nachsicht anhielt.«

»Ein harter Schlag«

Sepp Herberger im Alter von zwölf Jahren bei der Erstkommunion im Jahr 1909. Dieses Jahr ist ein Schicksalsjahr, in dem sich die soziale Situation radikal verändert. Am 20. August stirbt Herbergers Vater an den Folgen einer nicht auskurierten Grippe. Der vielversprechende Schüler, der als Vorstufe zum Gymnasium die sogenannte »Bürgerschule« besucht, muß zurück auf die Volksschule. Diese verläßt er schließlich 1911, um für seinen Unterhalt und für den seiner Mutter zu sorgen. Es beginnt die härteste Zeit im Leben Sepp Herbergers am Rande der sozialen Verelendung.

Spiegelkolonie

Rückseite eines Wohnblocks der »Spiegelkolonie«, einer Arbeitersiedlung der »Spiegelfabrik« im Käfertaler Ortsteil Waldhof. Die Spiegelfabrik war eine Produktionsstätte der »Compagnie des manufactures de glaces et verres de St. Quirin, Cirrey et Montherme«, eines französischen Unternehmens zur industriellen Fabrikation von Spiegeln. Diese wurde zwischen 1852 und 1853 zur Sicherung des deutschen Absatzmarktes sowie unter Ausnutzung der günstigen Schiffahrtswege und der für die Glasproduktion vorhandenen Elemente (Sand, Soda, Kalk etc.) erbaut. Es entstand um die Fabrik herum eine eigene Kolonie mit Werkswohnungen für ca. 400 Arbeiter, mit Werksschule und -kindergarten, mit einer medizinischen Station, ja sogar mit einer evangelischen und einer katholischen Kirche. Das Oberhaupt der zugezogenen Familie Herberger erhielt in der Spiegelfabrik eine Anstellung als Arbeiter. Zwei weitere Kinder werden noch geboren, zunächst 1888 die Tochter Berta. Als Nachzügler erblickt dann am 28. März 1897 um 9.45 Uhr in der rue de France 171 (später Spiegelfabrikstraße) Sepp Herberger das Licht der Welt.

Herkunft

Das Stammhaus der Herbergers in Wiesenthal im Raum Bruchsal (1925). Der Vater – geboren am 16. Oktober 1856 – schlug sich als Tagelöhner durch, da er im Anwesen seines Vaters Jodokus, eines Kleinbauern, kein Auskommen mehr fand. 1881 heiratete Josef Herberger eine Theresia Genter aus Wiesenthal, die im gleichen Jahr eine Tochter zur Welt brachte, aber vier Wochen nach der Geburt eines Sohnes 1882 verstarb. Die katastrophale Situation ließ sich angesichts der beiden Kinder nur durch eine erneute Eheschließung bewältigen, so daß Josef Herberger bereits am 8. März 1883 wieder heiratete, und zwar die 25-jährige Lina Kretzler, Tochter eines Webers aus dem benachbarten Hambrücken. 1884 und 1886 werden die Kinder Anna und Ida geboren. 1887 entschließt man sich zum Umzug nach Käfertal, einer Gemeinde im Norden Mannheims. Hier hofft die Familie vom rasanten industriellen Aufschwung dieser Stadt an Rhein und Neckar profitieren zu können.

Hilfsarbeiter und Soldat

Nach dem Tod des Vaters 1909 müssen Herberger und seine Mutter ein Leben am Rande des Existenzminimums führen. Es sind keine Rücklagen vorhanden, auch zu Lebzeiten Josef Herbergers gehörtedie Familie schon zu den ärmeren Bewohnern der Spiegelkolonie. Die Werkswohnung muß verlassen werden, häufiger Umzug ist die Folge, man versucht bei Verwandten unterzukommen. Herberger wird mit 14 Jahren zum Ernährer, er versucht zunächst als Maurergehilfe, dann 1912 als Fabrikarbeiter und ab 1913 als Büroarbeiter bei einem Großbetrieb der Metallverarbeitung ein wenn auch geringes Einkommen zu sichern. Sein soziales Umfeld verändert sich, Herberger wächst nun in das proletarisch geprägte Milieu des Industrieviertels Mannheim-Waldhof hinein. Hier lernt der kleinwüchsige, O-beinige »Scheppes« (von »schief«), wie er genannt wird, sich durchsetzen. Sein Mittelpunkt wird der dortige Fußballverein SV Waldhof Mannheim, bei dem man schnell sein Talent erkennt. Doch am 9. März 1916 kommt es zu einem neuerlichen Einschnitt. Herberger wird als Rekrut eingezogen, der Erste Weltkrieg fordert seinen Tribut.

»Spaß an der Freud'«

Herberger in Uniform, auf dem linken Bild mit seinen Schwagern Sebastian Bauer und Johann Hörner, auf dem rechten Bild ganz rechts sitzend beim Skatspiel während der Grundausbildung auf der Schwäbischen Alb beim 6. Badischen Infanterieregiment Nr. 114. Der Militärdienst ist willkommene Gelegenheit, der Leidenschaft für das Kartenspiel und bald auch dem Fußballspiel nachzugehen. Im November 1916 wird Herberger zum 110. Infanterieregiment nach Mannheim versetzt. Hier beginnt er wieder mit dem Fußball in einer Kriegsmannschaft des SV Waldhof, die verschiedene Spiele austrägt. In seinen Aufzeichnungen vermerkt Herberger: »Militärdienst gleich sportliches Training, Spaß an der Freud'.« Er schafft es bald, sich unentbehrlich zu machen, wodurch sich ein etwaiger Fronteinsatz zumindest hinausschieben läßt. So erhält er z.B. Urlaub für ein karitatives Spiel des Roten Kreuzes, eine Städtebegegnung Mannheim – Ludwigshafen. Im dafür notwendigen Urlaubsgesuch an seinen Hauptmann betont Herberger seine Unverzichtbarkeit, da sein Name Zuschauer mobilisieren und dementsprechend hohe Einnahmen garantieren würde.

Der Soldat Sepp Herberger (zweiter von links) im Frühjahr 1918 in einem Lager während einer Schlacht im Ersten Weltkrieg bei Manchy-Cambrai. Erst ein Jahr nach seiner Einberufung kommt Herberger an der Westfront mit Kämpfen in Berührung. Von direktem Feindkontakt ist aber nichts vermerkt, er dürfte während des gesamten Krieges in der Etappe als Funker und im Stab tätig gewesen sein.

»Kein Feldsoldat, kein Ehrgeiz, aber Pflicht«

Auszug aus dem Wehrpaß Sepp Herbergers im Ersten Weltkrieg. Darin heißt es unisono: »Führung: Gut, Strafen: Keine, Beförderungen: Fehlanzeige«. Herberger war der Hurra-Patriotismus des Ersten Weltkrieges fremd. Er hatte sich nicht freiwillig gemeldet, und er entwickelt auch sonst keinen militärischen Ehrgeiz während seiner Einsätze. Herberger wird nicht verwundet, er kommt auch nicht in Gefangenschaft und erhält lediglich das Kriegsteilnehmerkreuz, eine Art Standardauszeichnung. Am 4. Januar 1919 kehrt er im Alter von fast 22 Jahren nach Mannheim zurück. Mit dem Abschluß der Militärzeit endet auch die Zeit seiner Jugend.

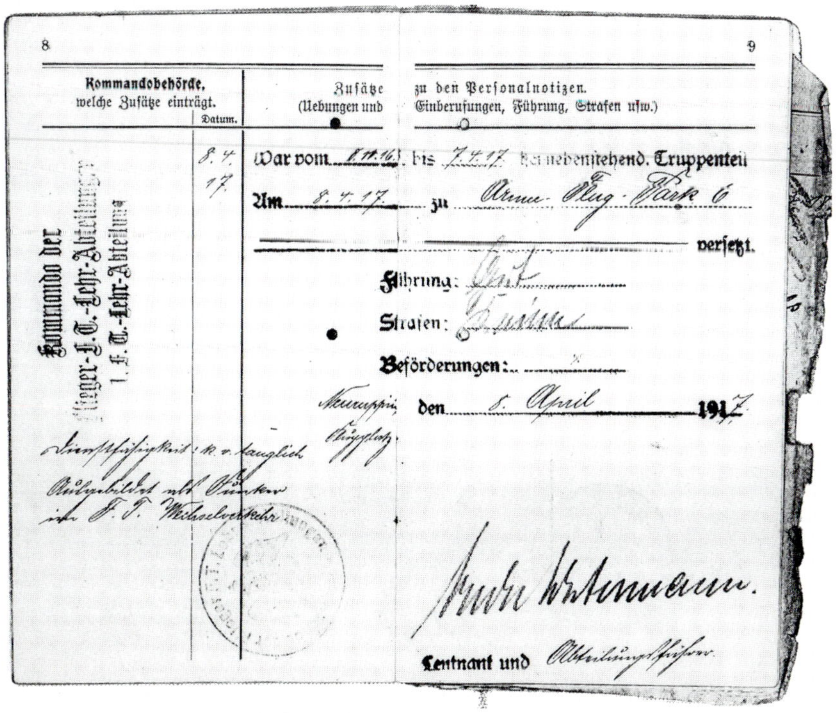
8 9

Kommandobehörde, welche Zusätze einträgt.	Datum.	Zusätze zu den Personalnotizen. (Uebungen und Einberufungen, Führung, Strafen usw.)
Kommando der Flieger-F. T.-Lehr-Abteilung	8. 4. 17.	War vom 1.11.16 bis 7.4.17 beim nebenstehend. Truppenteil Am 8. 4. 17. zu Armee-Flug-Park 6 versetzt. Führung: Gut Strafen: Keine Beförderungen: — Neuruppin den 8. April 1917. [Signature] Leutnant und Abteilungsführer

Dem Fußballsport gelang Anfang der zwanziger Jahre der gesellschaftliche Durchbruch zum allseits anerkannten Volkssport. Die Menschen suchten nach den Entbehrungen des Krieges Vergnügung und Zerstreuung. Nichts eignete sich besser als ein Massenspektakel, bei dem sich zirkusartige Darbietungen, lokalpatriotische Emotionen, sportliche Anstrengungen und wettbewerbsmäßige Spannung vereinigten. Im Fußball spielte nun Geld eine immer wichtigere Rolle, Mäzene nahmen sich der Vereine und der Spieler an. Herberger beginnt sofort nach seiner Rückkehr aus dem Krieg wieder mit dem Fußballspiel. Die sich rasch einstellenden Erfolge bringen ihm Anstellungen bei Vereinsgönnern und bald direkte materielle Zuwendungen ein. Der soziale Aufstieg vollzieht sich jedoch zu schnell: 1921 wird Herberger der verbotenen Annahme von Geld bezichtigt und daraufhin ein Jahr gesperrt. Seine Karriere als Fußballspieler wird dadurch aber nur unterbrochen. Als sie 1930 in Berlin ausklingt, hat er sein Ziel erreicht: Er kann mit Fußball seinen Lebensunterhalt bestreiten und diesen auch als Sprungbrett für eine akademische Ausbildung nutzen.

Im Berlin der zwanziger Jahre

Bilder aus der Zeit Herbergers in Berlin Ende der zwanziger Jahre. Auf dem oberen Bild genießen Sepp Herberger und seine Frau Ev' die Freizeitmöglichkeiten des Wannsees. Die linke Aufnahme zeigt Herberger vermutlich unter Mitarbeitern des Bankhauses Fürstenberg & Klocke als dritter von rechts. Hier erhielt Herberger ab dem 1. August 1926 eine Anstellung mit einem Monatsgehalt von 350 DM. Die Inhaber der Bank, Berglas und Michaelis, waren Mäzene von Tennis Borussia Berlin, die über derartige Beschäftigungsverhältnisse Spitzenspieler für den Verein gewinnen konnten. Mit solchen Vereinbarungen versuchte man die Amateurbestimmungen zu umgehen, wobei die Spieler selten tatsächlich an ihrem Arbeitsplatz zu finden waren.

Auf der »Ariadne«

Herberger ganz rechts mit Pfeife während der Schiffahrt von Stettin nach Finnland zu seinem ersten Länderspiel im September 1921. Fahrt und Spiel waren eine willkommene Abwechslung im grauen und entbehrungsreichen Alltag der Nachkriegszeit. Viele Spieler nutzten die Gelegenheit, sich sattzuessen, Herbergers Vereinskollege Karl-Heinz Höger nahm auf der mehrtägigen Überfahrt sieben Pfund zu. Herberger notiert dazu: »Es waren die Jahre der Not nach dem zu Ende gegangenen Krieg. Schmalhans war Küchenmeister. Und die Ariadne – so hieß unser Schiff – bescherte uns geradezu ein Schlaraffenland.« Noch wichtiger aber war, daß derartige Zusammenkünfte Gelegenheit zum Kontakt mit den Verantwortlichen im deutschen Fußball boten. Herberger nutzte dies in seinem Sinne. Er lernte hier eine Person näher kennen, die im weiteren Verlauf seines fußballerischen Lebens eine wichtige Rolle spielen sollte – Felix Linnemann, damals noch Vizepräsident, dann ab 1925 Präsident des DFB.

Sepp Herberger im Alter von 21 Jahren. Er ist nun ein Erwachsener, der gezielt sein Schicksal in die eigene Hand nimmt. Der Fußball beim SV Waldhof wird erklärtermaßen das Zentrum seiner persönlichen Weiterentwicklung: »Ich wollte lernen und beginnen. In meiner damaligen Umgebung wußte keiner Rat. Ich wollte einen Lehrer, um zu lernen. (...) Ich drängte auf die Anstellung eines Trainers; auf meine Initiative wurde das Training zu einer regelmäßigen Einrichtung.« Mit Herberger kommt es zu einem rasanten Aufstieg des Vereins, der ihn zu einer populären Figur im Waldhof-Milieu macht.

Aber es sollte nöch weit schöner und besser für mich kommen. Die Glückgöttim hatte in jenen Tagen ein vollgefülltes Hörn für mich bereit. An einem der letzten Lehrgangstage nahm mich Dr. Diem am Ende einer meiner Stunden mit auf den Weg zu seinem Büro. Schon unterwegs begann er seiner Zufriedenheit XXXXXXXX XXXXXXXXXXXXXXXXXXXXXXXXXXXXX Ausdruck über die von mir geleistete ArbeitXxxxx, lobte mein pädagogisches Geschick um dann -- ohne Übergang - eine Riesenüberraschung für mich vom Stapel zu lassen: er stellte mir die Zulassung zum Vollstudium an der Deutschen Hochschule für Leibesübungen in Aussicht, wenn ich mich darum bewerben würde.

Bild von einem Kurs der Reichsbahnfußballer vom 12. - 24. Mai 1930 an der DHfL, der von Herberger (in der zweiten Reihe der zweite von links) durchgeführt wurde. Herberger beginnt nach dem dritten Semester bereits erste Lehrtätigkeiten auszuüben, bei denen er den mittlerweile zum Dozenten berufenen Otto Nerz vertritt, wenn dieser wegen seines Medizinstudiums verhindert ist.

Sternstunde

Ausschnitt aus den Aufzeichnungen Herbergers zur Vorgeschichte seines Sportstudiums. Als Herberger im Februar 1925 nach Berlin fährt, um seinen alten Bekannten und Mitstreiter Otto Nerz zu besuchen, bekommt er eine unverhoffte Chance. Nerz soll einen Kurs des DFB zur Ausbildung von Fußballtrainern leiten. Da er an den Nachwirkungen einer Bauchfellentzündung leidet, möchte er diesen absagen. Herberger begleitet Nerz, als dieser Felix Linnemann den DFB-Präsidenten, davon in Kenntnis setzt. Linnemann, ist außer sich ob der organisatorischen Probleme dieser Absage. Da sieht er Herberger an und verfällt auf eine spontane Idee: »Den Lehrgang leitest du!« Herberger, der selbst auf eine Teilnahme als Schüler spekuliert hatte, darf nun, da Linnemann inzwischen nicht nur sein fußballerisches, sondern auch sein konzeptionelles Geschick schätzen gelernt hat, den Kurs leiten. Zwischen dem 8. April und 5. Mai 1925 fährt er am Wochenende zu den Spielen seines VfR Mannheim, unter der Woche hält er den Lehrgang in Berlin ab. Er meistert diese Aufgabe mit Bravour und bekommt nicht nur den Trainerschein, sondern durch Prof. Carl Diem, der ihn bei diesem Lehrgang beobachtet, auch das Angebot, mit einer Ausnahmegenehmigung an der DHfL zu studieren. »Die Glücksgöttin hatte in diesem Tagen ein vollgefülltes Horn für mich bereit.«

Nachdem eine wegen Berufsspielertums verhängte Sperre 1922 abgelaufen war, verfolgt Herberger verstärkt sein erklärtes Lebensziel: Er will Lehrer, Sportlehrer werden. Erste Versuche als Trainer hatte er bereits 1919 als Betreuer von FV 09 Weinheim unternommen. Für eine akademische Lehrerausbildung fehlt ihm jedoch ohne Abitur die erforderliche formale Qualifikation. Als ihm 1925 glückliche Umstände das Angebot eines Studiums an der Deutschen Hochschule für Leibesübungen (DHfL) verschaffen, greift er sofort zu. Es werden von 1927 an harte Jahre, an deren Ende er das Diplom des Sportlehrers in Händen hält. Das ganztägige Studium erfordert die Beschäftigung mit Fächern wie z.B. Anatomie oder Physiologie, in denen Latein verlangt wird. Daneben stehen Sportarten wie Hockey, Fechten, Eislauf und Tennis auf dem Programm. Gleichzeitig muß sich Herberger um seinen Lebensunterhalt und den seiner Frau kümmern. Die Zusicherung der Vereins-Sponsoren, ihn auch in der Zeit des Studiums zu bezahlen, wird oft nicht eingehalten. Zusätzliche Einnahmen verschafft er sich, indem er nachmittags und abends Berliner Fußballclubs trainiert. Berlin ist auch seine erste Station als Diplom-Sportlehrer. Als er 1930 seine aktive Laufbahn bei Tennis Borussia Berlin beendet, wird er zwei Jahre lang Trainer dieses Vereins, eine Tätigkeit, die er mit der Berliner Meisterschaft krönen kann.

Gruppenfoto an der DHfL aus dem Wintersemester 1927. Herberger (im Pullover mit V-Ausschnitt achter von rechts) ist mit 30 Jahren der älteste Student dieses Jahrgangs. Er muß wegen des fehlenden Abiturs eine spezielle Aufnahmeprüfung bestehen mit allgemeinen Wissens- und speziellen sportlichen Prüfungen wie z.B. einem 3000-m-Lauf auf Zeit. Im Sommersemester 1930 verläßt der frischgebackene Diplom-Sportlehrer Sepp Herberger die Hochschule, ausgezeichnet als Bester des Prüfungsabschnitts.

Im September 1932 wird Sepp Herberger auf Anregung von Otto Nerz, der seit 1925 Reichstrainer ist, zum Trainer im Westdeutschen Spielverband (WSV) berufen. Beide sind damit die einzigen hauptamtlich angestellten Fußballtrainer des DFB in dieser Zeit. Die Arbeit Herbergers ist überaus erfolgreich. Durch die Tatsache, daß viele Nationalspieler im Westdeutschen Verband beheimatet sind, fungiert Herberger de facto auch als Assistent des Reichstrainers. Als bei den Olympischen Spielen 1936 durch ein Ausscheiden in der zweiten Runde die sicher geglaubte Goldmedaille verloren wird, ist es mit der harmonischen Zusammenarbeit vorbei. Es beginnt ein Intrigenspiel, an dessen Ende eine bis 1938 währende »Doppellösung« steht, bei der sowohl Herberger als auch Nerz die Verantwortung für die Nationalmannschaft haben. Offiziell wird Herberger am 2. November 1936 Reichstrainer, formell Otto Nerz unterstellt. In der Praxis geht die tatsächliche Führung der Nationalmannschaft im Laufe des Jahres 1937 jedoch vollständig auf Herberger über. Geschickt hatte er es verstanden, durch Härte und Weitblick eine Regelung zu erreichen, bei der die Zeit für ihn arbeitete und bei der er Otto Nerz sein Gesicht wahren lassen konnte.

Foto: Schirner

Josef Herberger,
der Betreuer der deutschen Fußballmannschaft

Der Kurs bleibt der gleiche

Herberger alleiniger Fußball-Reichstrainer

Eine schwere Aufgabe ist aus der Hand des bisherigen Betreuers der deutschen Fußball-Nationalelf, Dr. Otto Nerz, an Reichstrainer Joseph Herberger übergegangen, der schon seit geraumer Zeit mit Dr. Nerz engstens zusammenarbeitete. Kann man da von einem Kurswechsel sprechen?

Nein, davon kann nicht die Rede sein! Das Marschziel bleibt das gleiche, Weg und Tempo bleiben wie angezeigt. Nur ein anderer Name steht obendran. Der Name eines Mannes, der sich seiner Aufgabe 100prozentig widmen kann, während Dr. Nerz für die Riesenarbeit im Fachamt Fußball nur noch die linke Hand freihatte. Deshalb auch gerade jetzt vor der Weltmeisterschaft die Regelung dieser Angelegenheit, denn die schweren Auseinandersetzungen, die unsere Mannschaft erwarten, machen eine feste Führung notwendig, die sich um alles, auch um das Letzte zu kümmern wirklich Ruhe und Zeit aufbringt.

Meldung der Berliner Zeitung »Der Mittag« vom 22. September 1936. Als Nachfolger von Otto Nerz wird als neuer Reichstrainer Sepp Herberger vorgestellt – obwohl diesem davon persönlich nichts bekannt ist. Herberger beschwert sich in Briefen an Felix Linnemann über diese Meldung und fordert Aufklärung. Die Meldung wurde vermutlich von Christian Busch lanciert, dem Sportwart des »Reichsbundes für Leibesübungen«, sowie von Paul Forster, dem Gauleiter von Danzig, der Hitler zum Besuch des verlorenen Olympiaspiels gegen Norwegen überredet hatte. Im April 1936 war Nerz als Direktor an die Reichsakademie für Leibesübungen berufen worden. Auf diesem Posten sollte nach erfolgreicher Olympiade der Schwerpunkt seiner Arbeit liegen bei weiterer Gesamtverantwortung für die Nationalmannschaft. Herberger sollte die praktische Arbeit leisten. Nach der Olympiapleite versuchen Busch und Forster Nerz als den Schuldigen zu entmachten und Herberger als alleinigen Reichstrainer zu installieren.

»Abgelehnt!«

Brief von Otto Nerz an Herberger vom 18. Dezember 1936 und Herbergers handschriftlich notierte Reaktion darauf. Nachdem Nerz im Dezember brieflich zugesichert hatte, Herberger »in die Aufgaben eines Reichstrainers hineinwachsen zu lassen«, und gleichzeitig andeutete, daß er »mehr und mehr in den Hintergrund treten würde, um sich anderen Aufgaben zu widmen«, gibt Herberger Entwarnung und signalisiert brieflich sein Einverständnis. In der praktischen Arbeit liegen die Fallstricke jedoch bereit. Als Nerz bereits am 18. Dezember ultimativ einen regelmäßigen halbwöchentlichen Kurzbericht anfordert, notiert Herberger empört: »Ottokar will mit Schikanen anfangen. Bericht abgelehnt! Von ihm widerspruchslos hingenommen.« Die Auseinandersetzung setzt sich in dieser Form fort, aber durch die Beanspruchung von Nerz an der Akademie wird Herberger de facto der maßgebliche Verantwortliche der Nationalmannschaft.

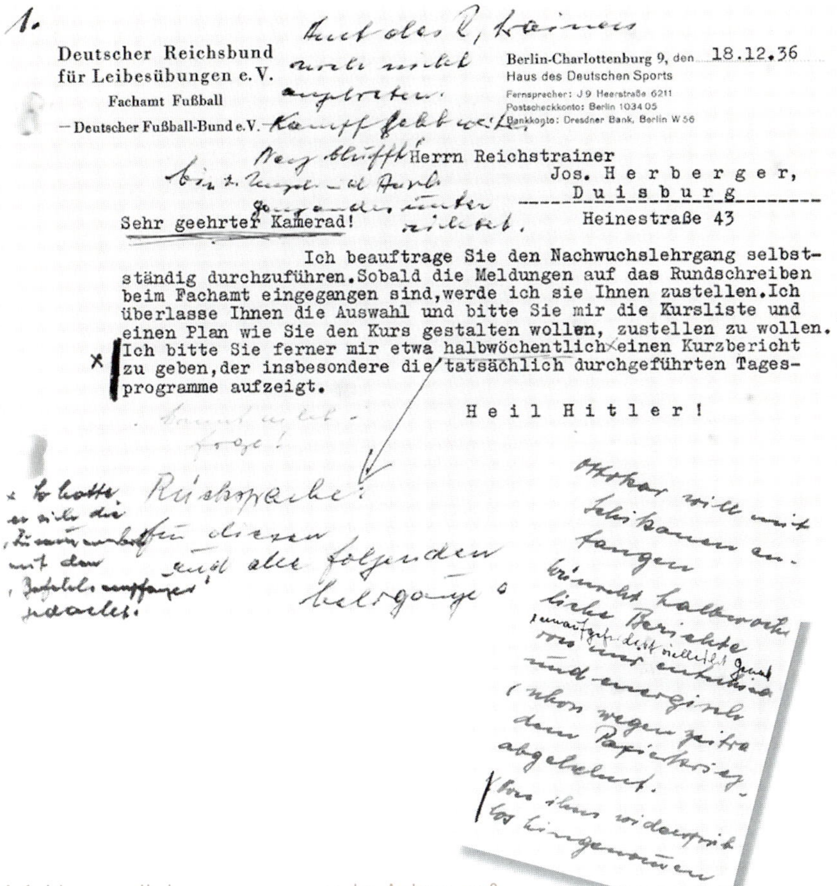
Deutscher Reichsbund für Leibesübungen e. V.
Fachamt Fußball
— Deutscher Fußball-Bund e. V.

Berlin-Charlottenburg 9, den 18.12.36
Haus des Deutschen Sports
Fernsprecher: J 9 Heerstraße 6211
Postscheckkonto: Berlin 1034 05
Bankkonto: Dresdner Bank, Berlin W 56

Herrn Reichstrainer
Jos. Herberger,
Duisburg
Heinestraße 43

Sehr geehrter Kamerad!

Ich beauftrage Sie den Nachwuchslehrgang selbstständig durchzuführen. Sobald die Meldungen auf das Rundschreiben beim Fachamt eingegangen sind, werde ich sie Ihnen zustellen. Ich überlasse Ihnen die Auswahl und bitte Sie mir die Kursliste und einen Plan wie Sie den Kurs gestalten wollen, zustellen zu wollen. Ich bitte Sie ferner mir etwa halbwöchentlich einen Kurzbericht zu geben, der insbesondere die tatsächlich durchgeführten Tagesprogramme aufzeigt.

Heil Hitler!

Rücksprache
Ottokar will mit Schikanen anfangen.

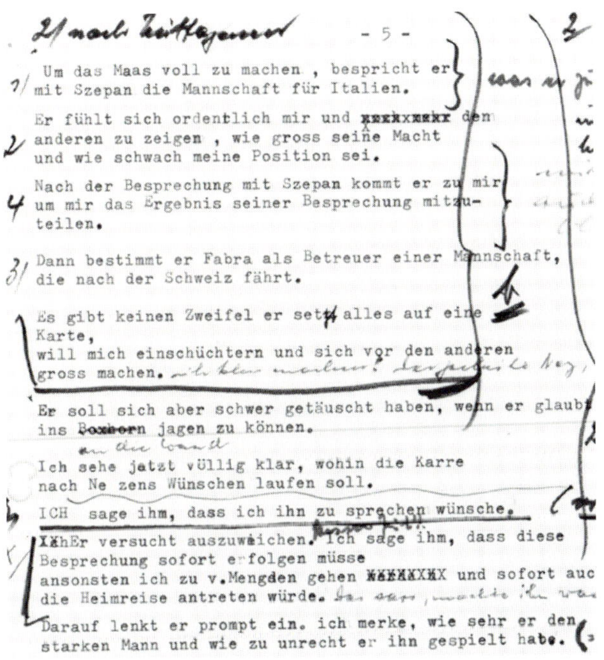
- 5 -

Um das Maas voll zu machen , bespricht er mit Szepan die Mannschaft für Italien.
Er fühlt sich ordentlich mir und den anderen zu zeigen , wie gross seine Macht und wie schwach meine Position sei.
Nach der Besprechung mit Szepan kommt er zu mir um mir das Ergebnis seiner Besprechung mitzuteilen.
Dann bestimmt er Fabra als Betreuer einer Mannschaft, die nach der Schweiz fährt.
Es gibt keinen Zweifel er setzt alles auf eine Karte, will mich einschüchtern und sich vor den anderen gross machen.
Er soll sich aber schwer getäuscht haben, wenn er glaubt ins Boxhorn jagen zu können.
Ich sehe jetzt völlig klar, wohin die Karre nach Nerzens Wünschen laufen soll.
ICH sage ihm, dass ich ihn zu sprechen wünsche.
Er versucht auszuweichen. Ich sage ihm, dass diese Besprechung sofort erfolgen müsse ansonsten ich zu v.Mengden gehen und sofort auc die Heimreise antreten würde.
Darauf lenkt er prompt ein. ich merke, wie sehr er den starken Mann und wie zu unrecht er ihn gespielt habe.

Aufzeichnungen Herbergers zum Verhalten von Nerz im Konflikt des Herbstes 1936. Nerz versuchte der drohenden Entmachtung entgegenzuwirken, indem er nach außen seine alleinige Kompetenz demonstrativ zur Schau stellte. Herberger sah dies gegen sich gerichtet und reagierte verbittert (»Er will mich einschüchtern und sich vor den Anderen groß machen.«). Er stellt Nerz ultimativ zur Rede und droht, zu seiner Tätigkeit beim WSV zurückzukehren. Herberger drückte seine Befürchtung aus, zum Befehlsempfänger ohne Entscheidungskompentez degradiert zu werden, doch Nerz gab ihm keine klare Antwort.

Brief Herbergers an Linnemann vom 12. Dezember 1936. Nachdem im Intrigenspiel um die Verantwortlichkeit für die Olympiapleite 1936 der Vorgesetzte von Otto Nerz im Bereich der Reichsakademie, Ministerialdirektor Krümmel, für Nerz interveniert hatte, mußte das »Fachamt Fußball« einen Rückzieher machen. Mit Erklärung vom 2. November 1936 wird Nerz als »Reichsreferent« die Gesamtverantwortung für die Nationalmannschaft bescheinigt, Herberger soll förderhin mit der Bezeichnung »Reichstrainer« das Training leiten. Im Brief an Linnemann erklärt Herberger, daß er niemals mit einer Lösung einverstanden sein wird, bei der Nerz als der Alleinverantwortliche fungiert.

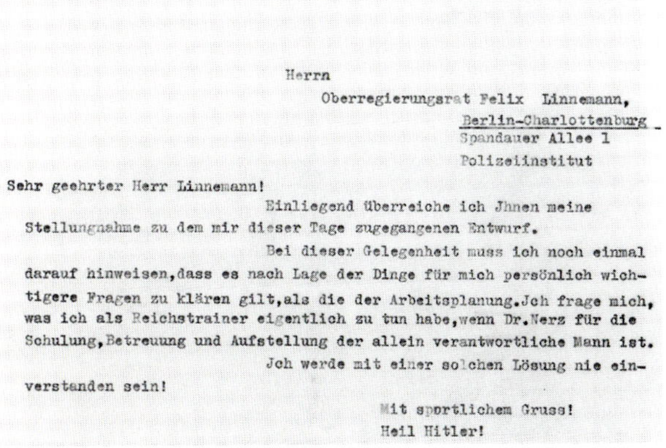
12.12.36

Herrn
Oberregierungsrat Felix Linnemann,
Berlin-Charlottenburg
Spandauer Allee 1
Polizeiinstitut

Sehr geehrter Herr Linnemann!

Einliegend überreiche ich Jhnen meine Stellungnahme zu dem mir dieser Tage zugegangenen Entwurf.

Bei dieser Gelegenheit muss ich noch einmal darauf hinweisen, dass es nach Lage der Dinge für mich persönlich wichtigere Fragen zu klären gilt, als die der Arbeitsplanung. Jch frage mich, was ich als Reichstrainer eigentlich zu tun habe, wenn Dr. Nerz für die Schulung, Betreuung und Aufstellung der allein verantwortliche Mann ist.

Jch werde mit einer solchen Lösung nie einverstanden sein!

Mit sportlichem Gruss!
Heil Hitler!

Im »Dritten Reich« scheint Herberger bei oberflächlicher Betrachtung ein Mann der ersten Stunde gewesen zu sein. Bereits drei Monate nach der Machtübernahme tritt er der NSDAP bei, vier Jahre vor dem Zwangseintritt der führenden Fußballfunktionäre. Diese Bewertung kann jedoch einer genaueren Betrachtung nicht standhalten. Herberger war von Gesinnung und Menschenverständnis her das Gegenteil eines Nationalsozialisten. Der Eintritt ist vermutlich im Zusammenhang mit seiner damaligen Position als Trainer des Westdeutschen Spielverbandes zu sehen. Dessen Vorsitzender, Dr. Josef Klein, Rechtsanwalt bei der IG Farben, war seit 1930 Mitglied sowie seit 1932 Reichstagsabgeordneter der Nationalsozialisten und mit der Machtergreifung an die Spitze des WSV gekommen. Er dürfte von Sepp Herberger eine aktive Beteiligung am neuen System gefordert haben, mutmaßlich mit dem Hinweis, daß er nur dann seine Chance auf eine Fußballehrerkarriere wahren könnte. Herberger blieb bis zum Schluß in der Partei, für seine spätere Position als Reichstrainer war dies obligatorisch. Konflikte gab es immer dann, wenn seine Prinzipien mit denen der nationalsozialistischen Eiferer kollidierten. So riskierte er z.B. 1937 den Konflikt mit der SA, als er deren von seinem Vorgänge geduldete geländesportlichen Übungen im Rahmen der Nationalmannschaft abschaffte und seine Spieler zur fraglichen Zeit ins Theater schickte. Die SA-Formation stand so vor verschlossenen Türen. Die SA-Führung Düsseldorf versuchte Herberger daraus einen Strick zu drehen, aber derartige Übungen waren von nun an verbannt.

Meldebogen auf Grund des Gesetzes zur Befreiung von Nationalsozialismus und Militarismus vom 5. 3. 1946

Deutlich und lesbar ausfüllen (Druckbuchstaben)! Dick Umrahmtes nicht ausfüllen! Jede Frage ist zu beantworten!

Zuname Herberger Vorname Josef Beruf Fussballtrainer

Wohnort Weinheim Karls- Straße 12

Geburtsdatum 28.3.97 Geburtsort Mannheim Familienstand ledig/verheiratet/verwitwet/geschieden

Wohnorte seit 1933:

a) Duisburg von 1932 bis 1937

b) Berlin von 1937 bis 1943

c) Weinheim von 1943 bis

1.	Waren Sie jemals Angehöriger, Anwärter, Mitglied, förderndes Mitglied der:	Ja oder Nein	Höchster Mitgliedsbeitrag monatlich RM	von	bis	Mitglieds-Nr.	höchster Rang oder höchstes bekleidetes Amt oder Tätigkeit, auch vertretungsweise oder ehrenhalber: Bezeichnung	von	bis	Klasse oder Teil B
a	NSDAP	ja	3.50	Mai	33	3000	000 Nicht	betre	ffend	
b	Allg. SS	Nein	–	–	–	–	–	–	–	
c	Waffen-SS	Nein	–	–	–	–	–	–	–	
d	Gestapo	Nein	–	–	–	–	–	–	–	
e	SD. der SS (Sicherheitsdienst)*	Nein	–	–	–	–	–	–	–	
f	Geheime Feldpolizei	Nein	–	–	–	–	–	–	–	
g	SA.	Nein	–	–	–	–	–	–	–	
h	NSKK. (NS-Kraftfahr-Korps)	Nein	–	–	–	–	–	–	–	
i	NSFK. (NS-Flieger-Korps)	Nein	–	–	–	–	–	–	–	
k	NSF. (NS-Frauenschaft)	Nein	–	–	–	–	–	–	–	
l	NSDSTB. (NS-Studentenbund)	Nein	–	–	–	–	–	–	–	
m	NSDoB. (NS-Dozentenbund)	Nein	–	–	–	–	–	–	–	
n	HJ.	Nein	–	–	–	–	–	–	–	
o	BdM.	Nein	–	–	–	–	–	–	–	

* Hier ist auch nebenamtliche Mitarbeit, z. B. Vertrauensmann aufzuführen.

»Ich habe meinen Austritt aus der Partei ernsthaft erwogen; er wäre der folgerichtige Schritt meiner wachsenden politischen Erkenntnis gewesen. Aber ich konnte mich nicht dazu entschließen, weil er automatisch den Verlust meiner Stellung zur Folge gehabt, was für mich die Aufgabe meines Lebenswerkes bedeutet hätte.«

Entnazifizierung

Im Mai 1946 von Herberger ausgefüllter Meldebogen der Militärbehörden zur Erfassung der Aktivitäten von NSDAP-Mitgliedern. Herberger war mit Wirkung vom 1. Mai 1933 in die Partei eingetreten (Mitgliedsnummer 2085548). In seiner Einlassung zum Entnazifizierungsverfahren der Spruchkammer von Weinheim vom 7. August 1946 (Meldebogen 8653) erklärt er dies so: »Als Hitler 1933 an die Macht gekommen war, redete man aus meiner Umgebung auf mich ein, mich doch nicht abseits zu halten, machte man mich glauben, daß es sich um eine gute Sache handle, die von anständigen Männern geführt würde, und – in meiner politischen Unerfahrenheit – gab ich schließlich dem Drängen nach und wurde Mitglied der Partei, wie man zuweilen Mitglied in einem Verein wird.« Die beschönigende Rechtfertigung ist sicherlich nicht ganz falsch, Herbergers primäre Motive dürften karrierebedingt gewesen sein. Herberger hat nie eine Parteiveranstaltung besucht und die politische Vereinnahmung der Nationalmannschaft, so weit es ging, verhindert. So hat er sich nationalsozialistische Zeremonien wie Flaggenhissen und Ansprachen sowie den Hitlergruß bei Lehrgängen verbeten. Sein Verhältnis zu den Nazis war distanziert, er hatte guten Kontakt zu einzelnen Funktionsträgern, die keine besessenen Nazis und ihm sympathisch waren.

Sepp Herberger als Reichstrainer in dem Fußball-Spielfilm »Das große Spiel« von 1942. Herberger hatte keine Scheu, sich als Funktionsträger innerhalb des Systems zu zeigen, wenn es in sein Fach fiel. Gleichzeitig nutzte er diese Gelegenheiten für seine Zwecke. Herbergers Aufgabe bestand bei diesem Film hauptsächlich in der Beratung des Regisseurs in Fußballfragen. So konnte er Regisseur und Produzent schon bald überzeugen, daß – entgegen der ursprünglichen Planung – die Spielszenen von »echten« Fußballern gedoubelt werden müßten. Dadurch gelang es ihm, seine Nationalspieler für Wochen von der Front zurückzuholen und mit ihnen neben den Dreharbeiten auch noch Lehrgänge durchzuführen.

Bescheid der Weinheimer Spruchkammer zur Entnazifizierung vom Juni 1947, in dem bestätigt wird, daß Herberger im Sühnebescheid vom 21. September 1946 als Mitläufer eingestuft wurde. Herberger mußte 500 Reichsmark Buße und 348,76 Mark Verfahrenskosten bezahlen. Der Einstufung lagen Aussagen von Weggefährten Herbergers aus der Nazizeit zugrunde. Ehemalige Spieler bestätigten, daß politische Äußerungen in den Lehrgängen verpönt waren und daß kein Spieler der Partei angehörte. Der Herausgeber der Sportzeitung »ASZ« Richard Hetzler schilderte das aktive Eintreten für einen von SA-Leuten traktierten Juden im November 1938, das Herberger selbst Prügel eingetragen hatte.

Spruchkammer Weinheim
Der öffentliche Kläger
Fernruf 2172

WEINHEIM/Bergstraße, den 9. Juni 1947.

Aktenzeichen:

Herrn
Josef H e r b e r g e r ,
W e i n h e i m
Karlstr. 12.

Auf Ihre Anfrage wird Ihnen hiermit bestätigt, daß Sie auf Grund Ihrer Parteimitgliedschaft seit 1933 ohne Amt und Rang durch Sühnebescheid v. 21.9.46 in die Gruppe 4 der Mitläufer eingereiht wurden.
Diese Eingruppierung erfolgte in erster Linie durch die zahlreichen vorgelegten Erklärungen von Fußball-Nationalspielern sowie anderer Persönlichkeiten, die darin Ihre antinazistische Einstellung bestätigten.

i.A.

»Das große Spiel«

Ein Spielfilm der Bavaria-Filmkunst (1942) von R.A. Stemmle. Links ein Bild von den Dreharbeiten (Sepp Herberger als zweiter von links) mit einer Widmung des Hauptdarstellers René Deltgen (Dritter von rechts). Rechts eine Szene mit einer Torwartparade, die Herberger dem Schauspieler Heinz Engelmann beizubringen versucht (links Regisseur Stemmle). Der Film – die Erfolgsstory eines Vereins aus dem Ruhrgebiet mit allerlei persönlichen Verwicklungen – wurde im Herbst 1941 nach einem Drehbuch von Richard Kirn unter Mitwirkung von Sepp Herberger gedreht. Herberger spielte den Reichstrainer und war für die sachgerechte Darstellung der Fußballszenen zuständig. Er freundete sich mit Deltgen an, dem er nicht nur fußballerisches Talent, sondern »ein außergewöhnliches Maß an Berufssauffassung« bescheinigte. Gustav Knuth spielte den Trainer, Wolfgang Staudte den Rechtsaußen, wobei dieser sich weigerte, sich doubeln zu lassen. Die Mitspieler schickten ihm daraufhin reihenweise Steilpässe, Staudte erwischte nie den Ball, sondern landete jedes Mal auf dem Rasen, bis Herberger eingriff.

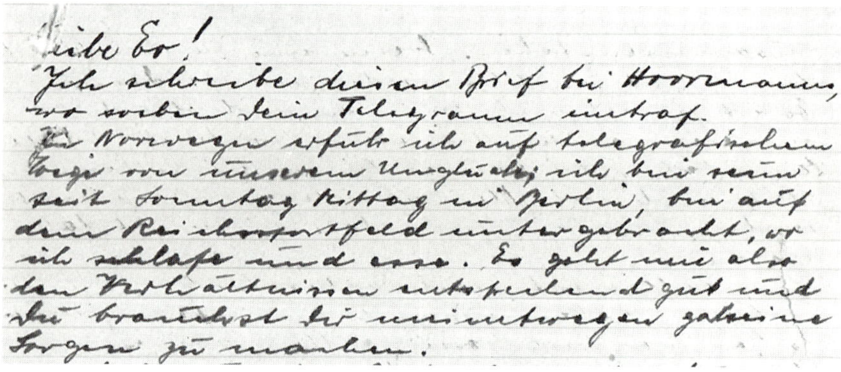

Liebe Ev!
Ich schreibe diesen Brief bei Hornmanns, wo vorhin Dein Telegramm eintraf.
In Norwegen erfuhr ich auf telegrafischem Wege von unserem Unglück; ich bin nun seit Sonntag Mittag in Berlin, bin auf dem Reichssportfeld untergebracht, wo ich schlafe und esse. Es geht mir also den Verhältnissen entsprechend gut und Du brauchst Dir unterwegen gar keine Sorgen zu machen.

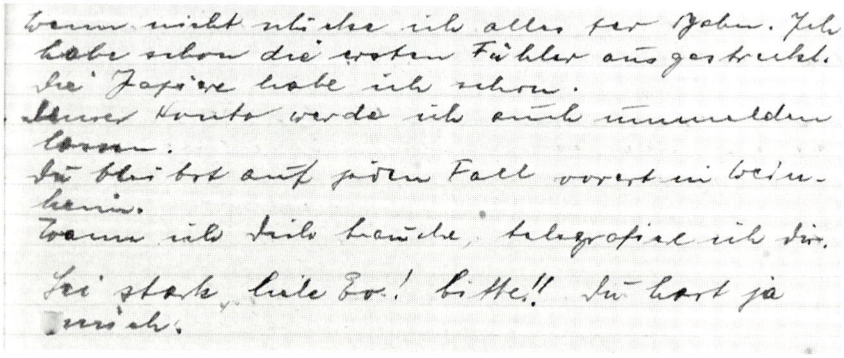

Wenn nicht, schicke ich alles per Bahn. Ich habe schon die roten Fühler ausgestreckt.
Die Papiere habe ich schon.
Unser Konto werde ich auch ummelden lassen.
Du bleibst auf jeden Fall vorerst in Weinheim.
Wann ich [illegible], telegrafiere ich Dir.
Sei stark, liebe Ev! bitte!! Du hast ja mich.

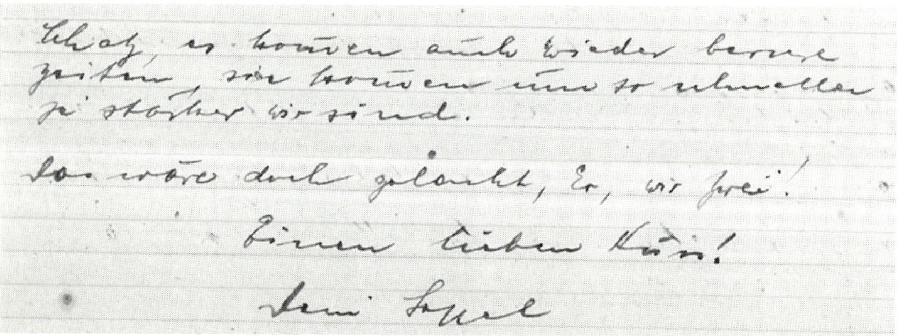

Schatz, es kommen auch wieder bessere Zeiten, sie kommen um so schneller je stärker wir sind.
Das wäre doch gelacht, Ev, [illegible]!
Einen lieben Kuss!
Dein Seppel

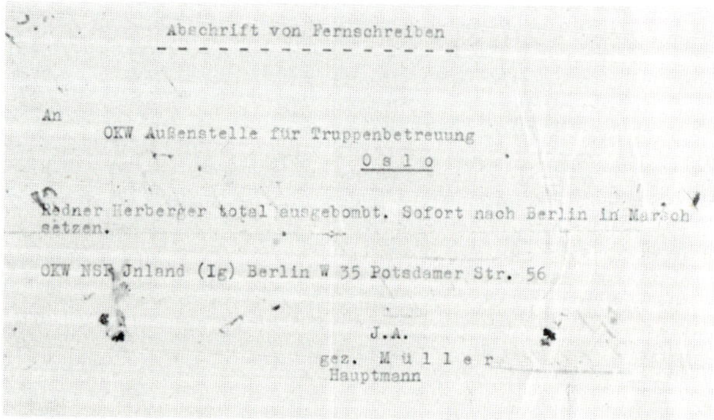

Abschrift von Fernschreiben

An
OKW Außenstelle für Truppenbetreuung
Oslo

Redner Herberger total ausgebombt. Sofort nach Berlin in Marsch setzen.

OKW NSF Inland (Ig) Berlin W 35 Potsdamer Str. 56

J.A.
gez. Müller
Hauptmann

Die Berliner Wohnung Herbergers in der Bülowstr. 89 in Schöneberg wurde am 30. Januar 1944 bei einem englischen Fliegerangriff zerstört. Oben das Telegramm, mit dem Herberger, der zu diesem Zeitpunkt in Norwegen Vorträge vor Fußballern hält, informiert wird. Links Auszüge aus dem Brief an seine Frau Ev' nach Weinheim, den er nach seiner Rückkehr aus Berlin schreibt. Darin bittet er sie: »Sei stark! Bitte! Du hast ja mich. Schatz es kommen auch wieder bessere Zeiten, sie kommen um so schneller, je stärker wir sind.«

Als nach dem Einmarsch in Polen das im September 1939 geplante Länderspiel gegen Schweden abgesagt werden mußte, befürchtete Reichstrainer Herberger in Berlin seine Einberufung. Doch diese Spielpause war nur von kurzer Dauer. Die Nationalsozialisten versprachen sich von einer erfolgreichen Fußballnationalmannschaft nicht nur einen Prestigegewinn nach außen, sondern vor allem nach innen eine Stärkung des Durchhaltewillens. Erst mit der Einordnung des Sports in den »totalen Krieg« am 20. Februar 1943 wurde der Länderspielbetrieb eingestellt, das letzte Spiel fand am 22. November 1942 gegen die Slowakei statt. Bis dahin wurde also ein Reichstrainer benötigt, und Herberger führte seine Aufgabe mit der ihm eigenen Perfektion auch im Krieg durch. Er konnte die Sportführung zudem von der Notwendigkeit von Lehrgängen überzeugen, die er 1943 und 1944 veranstaltete. Das Außenministerium ließ in diesem Zusammenhang noch 1944 Interesse an Länderspielen gegen Spanien erkennen. Nach verschiedenen Einsätzen zur Truppenbetreuung 1944 in Nordeuropa wird Herberger am 25. September 1944 zum Fliegerhorst Diewenov einberufen, dort aber am 5. Oktober schon wieder wegen Krankheit, vermutlich Rheuma, entlassen. Das Kriegsende erlebte Herberger in Weinheim im Haus seiner Schwiegereltern.

Schon bald nach Kriegsende wird wieder Fußball gespielt, am 4. November 1945 beginnt in Süddeutschland eine Oberligarunde. Auch Herberger ist aktiv, er reist umher und berät die Vereine seiner ehemaligen Nationalspieler, z.B. den 1.F.C. Kaiserslautern, bei dem sich Fritz Walter wieder eingefunden hat. Herberger verfolgt dabei ein klares Ziel: Er ist gewillt, wieder die Verantwortung für die deutsche Nationalmannschaft zu übernehmen. Seine Basis hierfür schafft er sich im Westen, wo er an der Sporthochschule Köln ab 1947 für die Fußball- und Trainerausbildung verantwortlich ist. Gleichzeitig kümmert er sich um die Fußballorganisation im Westdeutschen Verband. Nach Versuchen von verschiedener Seite, ihm die Rückkehr ins Nationaltraineramt unmöglich zu machen, wird er 1949 zum Bundestrainer mit allen Vollmachten berufen.

Sportverein „Phönix" Ludwigshafen a. Rh.
Sportplatz: Stadion Mundenheimerstraße — Geschäftsstelle: Kanalstraße 90
Bank-Konto: Stadt-Sparkasse Ludwigshafen a. Rh.

Ludwigshafen a. Rh., den 26.Sept.1946.

Herrn
Sportlehrer Josef HERBERGER,
Weinheim i.Baden.

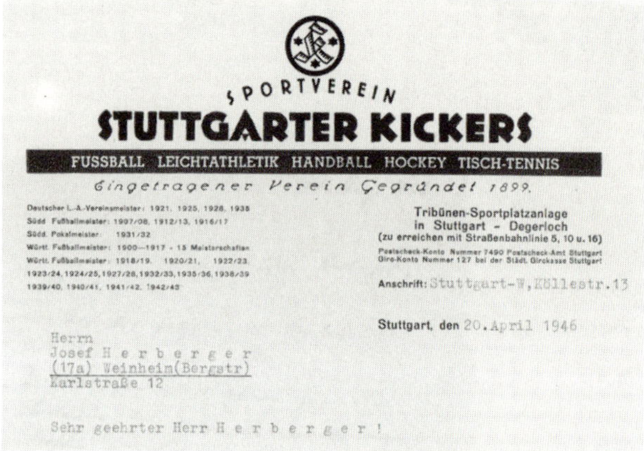
SPORTVEREIN
STUTTGARTER KICKERS
FUSSBALL LEICHTATHLETIK HANDBALL HOCKEY TISCH-TENNIS
Eingetragener Verein Gegründet 1899.

Deutscher L.-A.-Vereinsmeister: 1921, 1925, 1928, 1935
Südd. Fußballmeister: 1907/08, 1912/13, 1916/17
Südd. Pokalmeister: 1931/32
Württ. Fußballmeister: 1900—1917 - 13 Meisterschaften
Württ. Fußballmeister: 1918/19, 1920/21, 1922/23, 1923/24, 1924/25, 1927/28, 1932/33, 1935/36, 1938/39, 1939/40, 1940/41, 1941/42, 1942/43

Tribünen-Sportplatzanlage
in Stuttgart - Degerloch
(zu erreichen mit Straßenbahnlinie 5, 10 u. 16)
Postscheck-Konto Nummer 7490 Postscheck-Amt Stuttgart
Giro-Konto Nummer 127 bei der Städt. Girokasse Stuttgart

Anschrift: Stuttgart-W, Källestr.13

Stuttgart, den 20.April 1946

Herrn
Josef H e r b e r g e r
(17a) Weinheim(Bergstr)
Karlstraße 12

Sehr geehrter Herr H e r b e r g e r !

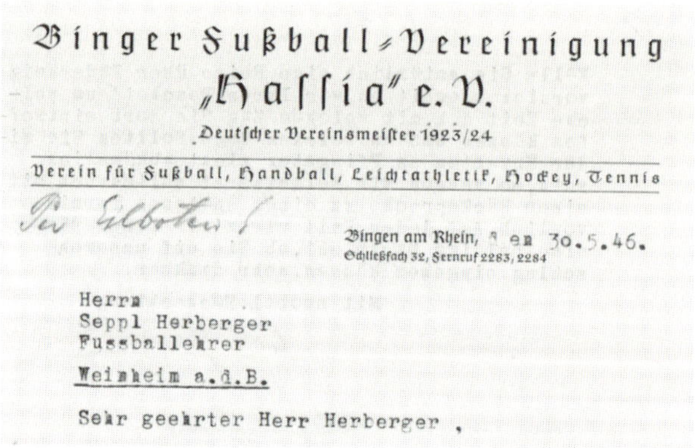
Binger Fußball-Vereinigung
„Hassia" e.V.
Deutscher Vereinsmeister 1923/24
Verein für Fußball, Handball, Leichtathletik, Hockey, Tennis

Per Eilboten!

Bingen am Rhein, den 30.5.46.
Schließfach 32, Fernruf 2283, 2284

Herrn
Seppl Herberger
Fussballehrer
Weinheim a.d.B.

Sehr geehrter Herr Herberger ,

Sport-Club „Concordia" von 1907, e.V.
Hamburg-Wandsbek Eigener Sportplatz: Wandsbek-Marienthal, Octaviostraße
Vereinslokal: Café Sick, Wandsbek, 2. Schulstraße, Fernsprecher: 28 64 96, 28 57 14 und 28 57 63
Postscheckkonto: Hamburg 277 20 Bankkonto: Wandsbecker Bank, Konto Nr. 906

Treibt Sport
im S.C.C.!
Fußball
Handball
Leichtathletik
Faustball
Tischtennis

(24) Hamburg-Wandsbek, den 11.8.1946 194
Postanschrift:
W. Baresel, Hamburg-Wandsbek, Ahrensburgerstr. 133 b.

Sehr geehrter Herr Herberger!

Beispiele von Vereinen, die 1946 an Herberger die Anfrage richten, ob er für sie als Trainer arbeiten könnte. Eine Vielzahl von Clubs möchte sich seine Dienste sichern, doch Herberger hat nach dem Krieg sofort seine Kontakte spielen lassen und im Westdeutschen Verband mit Artur Weber, dem kommenden Spielausschußvorsitzenden, und mit Peco Bauwens, dem zukünftigen DFB-Präsidenten, seine Berufung zum neuen Nationalmannschaftstrainer abgesprochen. So windet sich der Bundestrainer in spe in seinen Antworten meist heraus (»Ich leide noch an den Folgen einer Kieferoperation, so daß ich Abstand nehmen muß«), bietet aber den Vereinen immer an, sie zu besuchen und bei der Auswahl eines Trainers zu beraten.

»Wer will Herberger examinieren?«

Zeitungsmeldung vom Mai 1949. Herberger mobilisiert im Kampf um den Posten des Nationalmannschaftstrainers die ihm wohlgesonnene Presse, die sich nun auf die Funktionäre einschießt und das Verfahren ins Lächerliche zieht: »Herberger soll Prüfungsarbeit schreiben!« Dieses Vorgehen verärgert die Herberger-Gegner nun erst recht. Nachdem offensichtlich ist, daß wegen seiner Qualifikation kein Weg an Herberger vorbeiführt, werden Gerüchte gestreut, Herberger habe im Krieg Spieler als Soldaten an die Front gebracht, die dort gefallen seien. Da das Gegenteil zutrifft, fällt es Herberger nicht schwer, zur Widerlegung einen der genannten Spieler – Fritz Machate vom Dresdner SC – zu präsentieren. Bei einer Befragung der Person, die als Zeuge für die Anschuldigungen dient, muß diese ihre Vorwürfe zurücknehmen. Herberger wird auf der Tagung vom 2./3. Oktober 1949 in München zum neuen Nationaltrainer ernannt, ein Amt, das er offiziell erst nach der Gründung des DFB am 21. Januar 1950 antreten kann.

Wer will Herberger schon examinieren?

Trainer für zukünftige National-Elf gesucht — Herberger soll Prüfungsarbeit schreiben

Wie bereits bekannt, sind seit einiger Zeit Bestrebungen zur Bildung einer deutschen Fußball-Nationalmannschaft im Gange. Kürzlich tat der Deutsche Fußball-Ausschuß den ersten „hörbaren" Schritt, in dem er (laut Sportwelt) die für den Posten eines „Nationaltrainers" in Frage kommenden Männer, u. a. Sepp Herberger, Alv Riemke und Sauerwein aufforderte, ihre Ansichten über den Aufbau einer Nationalmannschaft schriftlich einzureichen.

Eine durcnaus zu begrüßende Handhabung, wenn kein qualifizierter Trainer bekannt ist. Nun aber steht in Sepp Herberger ein fähiger Experte zur Verfügung, und wir haben für seinen Ärger über diese „Zumutung" vollstes Verständnis. Er sagt mit Recht und ganz in unserem Sinne: „Man darf doch nicht im Ernst annehmen, daß ich Prüfungsfragen beantworte. Wer will denn da überhaupt prüfen? Der einzige —, bei aller Bescheidenheit —, der den ganzen Komplex, auch in seinen Einzelheiten, aus erfolgreicher Praxis beurteilen kann, bin ich selbst."

Sepp Herberger in „Aktion"

Der Weg zur Bezirksklasse ist schwer

18 Vereine treten an und acht steigen auf

Schr.— Es ist ein dornenvoller Weg, aus den unteren Fußballregionen nach oben zu kommen. Mit der Meisterschaft ist es ja allein noch nicht getan. Die Kreismeister bzw. die Staffelsieger und die ermittelten Zweiten müssen nun nochmals zu einer Aufstiegrunde antreten. 18 Mannschaften sind berufen, aber nur acht können das Ziel erreichen und eine Stufe höher kommen.

Am nächsten Wochenende beginnen die Spiele und ziehen sich bis Ende Mai hin. Jeder hat gegen jeden zu spielen. Es ist eine einfache Runde auf neutralen Plätzen. Es wird unerhört harte Kämpfe geben. Rufen wir den Mannschaften zu, wie es auch schon Köbes F... at: „Gute Fahrt und glückhaft- ... Besten der Erfolg.

Abschrift (17a) Weinheim, den 28. März 1949
Karlsstrasse 12

f Herberger

Lieber Herr Weber !

Als ich am vergangenen Donnerstag von Ihnen ging, tat ich das mit recht gemischten Gefühlen, was Ihnen wohl nicht verborgen geblieben ist. Die Bekanntgaben des Einzelheiten des in Freiburg zustande gekommenen Beschlusses bedeutete für mich eine nicht geringe Überraschung und Enttäuschung. Ihre wohlwollende Haltung in bezug auf meine Person Ihre wiederholt zum Ausdruck gebrachte Zuversichtim Hinblick auf meine Chance in der fragliche Angelegenheit und die Versicherung, dass Sie als Vorsitzender dieses Ausschusses xxx mit dem ganzen Gewicht Ihrer Überzeugungfür mich eintreten werden, habe ich dankbar empfunden, aber ... die Enttäuschung blieb halt doch.

Bitte, Herr Weber, versetzen Sie sich in meine Lage, um mich auch ganz zu verstehen. Als aktiver Spieler war ich erfolgreiches Mitglied unserer Nationalmannschaft, stand seit den Jahren nach dem ersten Weltkrieg immer in engster Fphlung mit den Männern, die für die Nationalmannschafr verantwortlich waren, wurde ab 1931 selbst massgeblich in den Aufbau der Nationalmannschaft einbezogen undhhabe später nahezu ein volles Jahrzehnt die alleinige aVerantwortung für sie getragen. Mit welchem Erfolg,ist der ganzen deutschen Fussballgemeinde bestens bekannt, deren uneingeschränktes Vertrauen ich während der ganzen Zeit meiner Tätigkeit als Verantwortliche der Nationalmannschaft und das ich auch heute noch trage und geniesse. Der Freiburger Bsschluss zwingt mich dazu einmal klar diese Feststellung zu treffeh und lässt mich auxh einmal unbescheiden genug sein, zu erklären, dass mit Alt und Jung in Fussballdeutschland bestätigen wird, nämlich, dass ich in Fragen der Deutschen Fussball Nationalmannschaft wohl als der erste Fachmann gelten kann. Aufgrund dieser in meiner Tätigkeit als verantwortlicher Mann der Deutschen Fussball - Nationalmannschaft gesammelten Erfahrung, weiter der in Auswertung dieser Erfahrungen gewonnenen Erkenntnisse und schliesslich und endlich der in der Geschichte unserer Nationalmannschaft und derer Länderspiele einmaligen Erfolge - die allseits bekannt und allseits anerkannt sind- glaubte ich erwarten zu XXXXXXX,dürfen -, dass bei einem Nauaufbau der deutschen Fussball - Nationalmannsc haft, die hierfür gewählten und verantwortlichen Männer- mich hie zu berufen würden. Statt dessen kommt nun dieser Freiburger Beschluss, bei dessen Zustandekommen scheinbar ein in jahrelanger, prakttischer Arbeit bewiesenen Können und Wissen in seiner Bedeutung und in seinem Wert für einen von uns allen erhofften und gewünschten schnellen und erfolgreichen Augstieg unserer Fussball - Nationalmannschaft zu früherer ...tungshöhe ignoeriert wurde.

... gegenüber auch hier noch einmal wiederholen, was ich ... ich nach wie vor bereit bin meine Erfahrung ...ball - Nationalmannschaft ... den Richt-

Brief an Artur Weber vom 28. März 1949, in dem sich Herberger beschwert, daß eine Art »Eignungsprüfung« für den künftigen Bundestrainer vorgesehen ist. Der »Deutsche Fußball-Ausschuß« hatte nämlich am 19./20. März 1949 beschlossen, den Bundestrainerposten auszuschreiben, und dazu brieflich neben Herberger die Trainer Paul Oßwald, Alv Riemke und Hans Sauerwein um ein Konzept für den Neuaufbau gebeten. Herberger ist empört und verweigert dies, bietet aber listig einen Vortrag vor dem Spielausschuß zu diesem Thema an. Ausgelöst wird dieses Verfahren durch die Interessenvertreter der anderen Landesverbände, die sich dem Votum des Westens für Herberger nicht beugen wollen. Eine Reihe von Mitgliedern des Spielausschusses befürchtet für den Fall der Übernahme dieses Postens durch Herberger überdies eine zu hohe Machtkonzentration in den Händen des Bundestrainers.

Kritik und Erfolg

In den fünfziger Jahren ist die Beurteilung der Tätigkeit Herbergers als Bundestrainer von enormen Schwankungen geprägt. Glorifizierungen seiner Person findet man im Wechsel mit ihrer Verdammung. Herberger zieht große öffentliche Erwartungen auf sich, entsprechend emotional fallen die Reaktionen aus. Als es 1951 zu einigen schwachen Spielen kommt, wird die Frage gestellt, ob die »Abberufung des alten Mannes des deutschen Fußballs« nicht notwendig wäre. Nach der Heldenverehrung 1954 folgt wiederum ein Phase, in der ihm von Teilen der Presse eine Überbetonung der Theorie vorgeworfen wird (»Professoren sind auch schlechte Autofahrer«). Bei der WM 1958 will man dann »das geniale System Herbergers patentieren lassen«. Bemerkenswert ist die große Souveränität, mit der Herberger in dieser Zeit sowohl dem Erfolg als auch der Kritik begegnet. Nach dem WM-Sieg 1954 verfällt er nicht in Euphorie, weil er um die jahrzehntelange harte Arbeit weiß, die diesem Erfolg vorausgegangen ist. In den Phasen harter Kritik hält er unbeirrt an seinem Konzept fest, seine Anstrengungen konzentrieren sich darauf, die Öffentlichkeit von seinen Vorstellungen zu überzeugen. So läßt er 1952 nach der Niederlage gegen Frankreich eine Umfrage unter der Presse für die von dieser favorisierte Mannschaftsformation machen. Triumphierend kann er feststellen, daß das Ergebnis auf fast allen Positionen seine Elf ergibt.

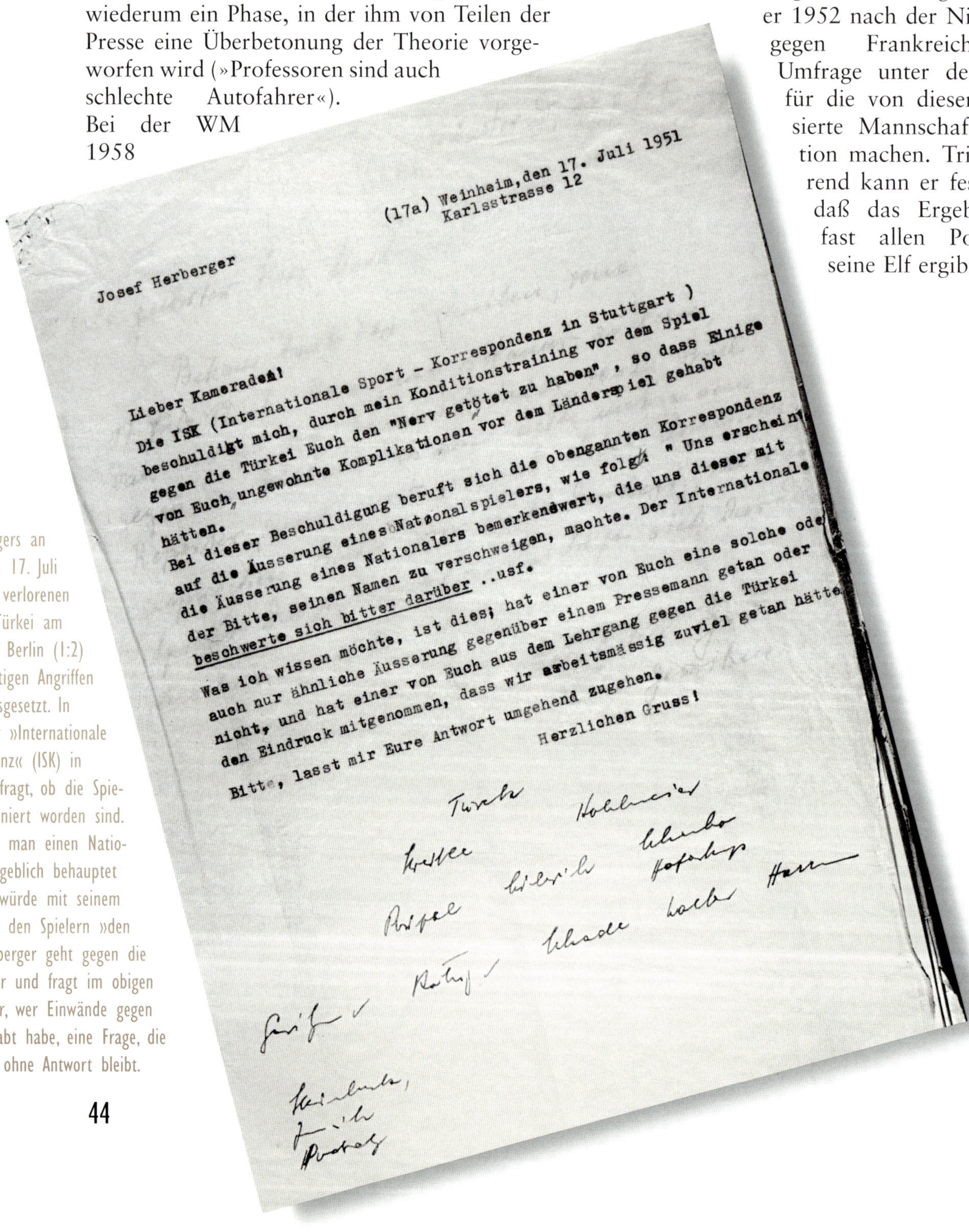

(17a) Weinheim, den 17. Juli 1951
Karlsstrasse 12

Josef Herberger

Lieber Kamerad!

Die ISK (Internationale Sport - Korrespondenz in Stuttgart) beschuldigt mich, durch mein Konditionstraining vor dem Spiel gegen die Türkei Euch den "Nerv getötet zu haben", so dass Einige von Euch ungewohnte Komplikationen vor dem Länderspiel gehabt hätten.

Bei dieser Beschuldigung beruft sich die obengannten Korrespondenz auf die Äusserung eines Nationalspielers, wie folgt: " Uns erscheint die Äusserung eines Nationalers bemerkenswert, die uns dieser mit der Bitte, seinen Namen zu verschweigen, machte. Der Internationale beschwerte sich bitter darüber ..usf.

Was ich wissen möchte, ist dies; hat einer von Euch eine solche oder auch nur ähnliche Äusserung gegenüber einem Pressemann getan oder nicht, und hat einer von Euch aus dem Lehrgang gegen die Türkei den Eindruck mitgenommen, dass wir arbeitsmässig zuviel getan hätte?

Bitte, lasst mir Eure Antwort umgehend zugehen.

Herzlichen Gruss!

Rundbrief Herbergers an seine Spieler vom 17. Juli 1951. Nach dem verlorenen Spiel gegen die Türkei am 17. Juni 1951 in Berlin (1:2) ist Herberger heftigen Angriffen in der Presse ausgesetzt. In einem Artikel der »Internationale Sport-Korrespondenz« (ISK) in Stuttgart wird gefragt, ob die Spieler nicht übertrainiert worden sind. Zum Beleg zitiert man einen Nationalspieler, der angeblich behauptet hatte, Herberger würde mit seinem Konditionstraining den Spielern »den Nerv töten«. Herberger geht gegen die ISK gerichtlich vor und fragt im obigen Brief seine Spieler, wer Einwände gegen das Training gehabt habe, eine Frage, die selbstverständlich ohne Antwort bleibt.

Empfang Herbergers in seinem Wohnort Weinheim/Hohensachsen nach dem WM-Sieg im Juli 1954, wo ihn 30.000 Menschen erwarteten.

Nach der 1:3-Pleite

Zerbricht die National-Elf an Sepp Herberger?

Bluffs und Tricks helfen nicht weiter!

Von BILD-Redakteur WOLFGANG PFUNDTNER

Berlin, 28. Mai

War diese 1:3-Niederlage gegen Englands blutjunge Elf im Berliner

Schlagzeile der Bild-Zeitung vom 28. Mai 1956 nach dem am 26. Mai mit 1:3 verlorenen Spiel gegen England in Berlin. Im Anschluß an die gewonnene Weltmeisterschaft 1954 macht die Nationalmannschaft aufgrund von Verletzungen und Krankheiten eine Krise durch, die in der Öffentlichkeit Herberger angelastet wird. Man wirft ihm vor, an den falschen Spielern festzuhalten und den Spielern sein Konzept aufzuzwingen.

»Ich trete jetzt zurück in Eure Reihen, wo ich hergekommen bin«

Offizielle Verabschiedung Sepp Herbergers am 12. Mai 1964 in Hannover vor dem Länderspiel gegen Schottland (2:2). Er bekommt eine Nachbildung des »Coupe Jules Rimet«, der WM-Trophäe, überreicht und verabschiedet sich mit einer Rede von den Zuschauern, die ihn begeistert feiern. Am 7. Juni 1964 in Finnland ist Sepp Herberger beim 4:1-Sieg letztmalig für die deutsche Nationalmannschaft verantwortlich.

Nach der erfolglosen WM 1962 wurde in der deutschen Öffentlichkeit der Ruf nach einem Wechsel an der Spitze der Nationalmannschaft immer lauter. Herberger selbst plante unmittelbar nach der Rückkehr aus Chile bereits für die Weltmeisterschaft 1966 in England. Doch der Druck auf den inzwischen 65-jährigen, zumindest den Zeitpunkt seines Rücktritts bekanntzugeben, wurde immer größer; es begann sich eine in Ansätzen unwürdige Situation abzuzeichnen. Herberger legte jedoch Wert auf ein Ausscheiden, das er nach außen allein bestimmte, und suchte nach einer Sprachregelung, die den Anschein seiner freien Entscheidung ließ. Mit der Begründung, durch die Einführung der seit langem von ihm geforderten Fußball-Bundesliga seien professionelle Arbeitsbedingungen gegeben, erklärt er schließlich zum Ende der Spielzeit 1963/64 seinen Abschied. Nachdem er seinen Favorit Dettmar Cramer nicht hatte durchsetzen können, schlägt er selbst Helmut Schön als Nachfolger vor.

Sepp Herberger im Alter von 75 Jahren mit seiner Frau Ev' im Garten seines Hauses in Hohensachsen. Nach seinem Rücktritt sollte seine Frau für die Belastungen durch seine Trainertätigkeit entschädigt werden. In seiner freien Zeit widmete sich Herberger seiner umfangreichen Briefmarkensammlung, wenn nicht gerade einer der zahlreichen Besucher zu betreuen war. Herberger pflegte dabei den Kontakt zu den Nachbarn seines Ortes genauso gerne wie zu prominenten Gästen. Einen Monat nach seinem 80. Geburtstag, den er unbedingt erleben wollte, stirbt Sepp Herberger am 28. April 1977 an einem Herzinfarkt. Er wird auf dem Friedhof in Hohensachen im Trainingsanzug des Bundestrainers beerdigt. Auf die Frage nach dem Tod soll er einmal geantwortet haben: »Man muß auch mal verlieren können.«

»Ich kündige ab sofort!«

Von Herberger angefertigtes Protokoll eines Telefonats mit DFB-Präsident Hermann Gösmann Ende August 1963. Am 20. August war der »Kölner Stadtanzeiger« mit der Schlagzeile erscheinen »Tritt Herberger bald zurück?» Darin bezog man sich auf eine Äußerung des DFB-Schatzmeisters Jakob Coenen, der in einem Interview feststellte, daß die Frage nach dem Rücktritt Herbergers zulässig sei. Herberger war darüber äußerst aufgebracht, da die allgemeine Sprachregelung vorsah, daß der DFB-Vorstand Herberger bittet, auf jeden Fall bis zur WM 1966 im Amt zu bleiben. Ein Rücktritt sollte nur von ihm kommen. Coenen hatte mit seiner Äußerung diese Konstruktion unglaubwürdig erscheinen lassen. Gösmann konnte die sofortige Kündigung des empörten Herbergers nur durch eine Entschuldigung abwenden.

Daume:(zu_Gössmann)
Diese Veröfventlichung ist äusserst peinlich.
Ausgerechnet jetzt, wo wir gerade in
Laussanne uns durchgesetzt haben.
(Daume befürchtet, dass die Ostzone
(meinen Rücktritt in Zusammenhang mit
dem Abkommen mit der Ostzone brinegn
könnte.
(Herberger muss gehen, weil er mit
(Chemnitz einverstanden war!)

XXXXXXXn:
I c h:_ Mein Antwort auf diese neue
Blosstellung.
Ich kündige ab sofort!

Gössmann:
Um Gotts Wille! Der Vorstand wird sofort
etwas unternehmen. Ich rufe sofort Coenen
an. Es muss etwas geschehen, auch wenn
Coenen dabei bloss gestellt wird.

XXXXXXXXXXXXXXXXXXXXXXXX
Ich habe 27 Jahre dem DFB. und seinen
Vorständen treu unter Verzicht auf jedes
Privartleben gedient. XXXX Jetzt ist seit
einem Jahr ein neuer Vordtand dran und jeden Augen-
blick gibt es etwas anderes.
Ich habe die Nase voll! Ich kündige
ab sofort.

Gössmann: Wir werden sofort über die Presse
stelle verlautbaren, dass wir sie gebeten haben
noch bis nach 66 zu bleiben und dass es
ganz aIhnen überlassen bleibt, ob und wann sie
ausscheiden.

Mein_Plan:stand XXXXXXXXXXXX stand bereits und steht_fest:_
Ich wollte zu Ende der ersten Budesligasaison - also mit dem 3o. Juli 74 -
aus den Diensten des DFB. scheiden.
die Bekanntgabe dieses Schrittes sollte dann erfolgen, wenn der Vertrag mit
Dettmar Cramer unter Dach und Fach ist.
Jetzt scheide ich ab sofort aus den Diensten des DFB. aus.

Der Fußballstar

»Hurtig, ballgewandt, dribbelstark, torgefährlich«

Als der Trainer Sepp Herberger seine Laufbahn begann, konnte er bereits auf eine erfolgreiche Karriere zurückblicken – auf die des aktiven Fußballers. In der Zeit zwischen 1920 und 1925 wurde Sepp Herberger für Fußballdeutschland zum Inbegriff des technisch versierten und gleichzeitig torgefährlichen Stürmers. Mit seiner eher unscheinbaren Figur bevorzugte der kleine Torjäger das körperlose, fast artistische Spiel. In der Zeitung »Der Fußball« heißt es 1925 nach einem Spiel gegen Berlin süffisant: »Ballettmeister waren durch Herbergers Beintechnik verblüfft, und ein tiefgelehrter Mann aus der Musenstadt hielt diese Beinverwechselungsmanöver für Schwindel, Massenhypnose.., bis der Ball ganz dicht bei ihm einschlug.« Damit begeisterte er die Zuschauer, er wurde zur Attraktion und zum herausragenden Repräsentanten des Spiels seiner Vereine: Waldhof Mannheim, VfR Mannheim und Tennis Borussia Berlin. Daß es trotzdem nur drei Länderspiele wurden, ist dem Umstand geschuldet, daß im Fußball dieser Zeit, ausgelöst durch die von diesem Spiel entfachte Begeisterung, bald das Geld eine wichtige Rolle spielte – insbesondere, wenn es um Ballkünstler Herbergerscher Qualität ging. Herberger wird verbotener Geldzahlungen bezichtigt und zu einem der ersten als Berufsspieler gesperrten Fußballer in Deutschland. Doch wie sein Spielwitz das Reservoir seiner späteren meisterhaften Fußballschule bildet, schärft diese Erfahrung seine soziale Sensibilität. Herberger wird als Trainer seine schützende Hand auch in lebenspraktischen Fragen über seine Spieler halten – um sie vor einem ähnlichen Mißgeschick zu bewahren.

Das umschwärmte Nesthäkchen der Familie Herberger zeichnet sich durch einen ausgeprägten Spieltrieb aus. Diese Spielfreude bahnt sich beim Heranwachsenden dann ihre oft auch verbotenen Wege. Sportliche Betätigung wird eine Leidenschaft, am Altrhein ist er mit den Gefährten seiner Clique als Akrobat auf den Brücken zu sehen, als Kunstspringer im Hafenbecken, als Langstreckentaucher unter Rheinflössen, als Schlittschuhläufer auf zugefrorenen Rheinkanälen. Seine eigentliche Liebe aber gilt einer neuen Sportart, dem Fußballspiel. Um die Jahrhundertwende beginnt das in England seit 1863 praktizierte und von dort importierte Spiel auch in Deutschland Fuß zu fassen. In Mannheim wird mit der »Mannheimer Fußballgesellschaft« (MFG) bereits 1896 der erste Verein gegründet, der Deutsche FußballBund (DFB) entsteht 1900. Anfänglich ein Spiel der Mittelschicht, wird Fußball mehr und mehr der Sport der Arbeiterkinder, auch in Fabriksiedlungen wie der Spiegelkolonie.

»In einem gesunden Jungen lebt auch ein gesunder Spieltrieb. Es war, als ob mich störte, was da herum und mir im Weg lag: wenn es irgendwie zum Befördern geeignet erschien, erhielt es einen Tritt.«

»Verbotene Früchte sind süß«

Aufzeichnungen Herbergers zu den Anfängen seiner Fußballbegeisterung. Noch vor der Einschulung tummelte er sich mit einem aus Stoffresten bestehenden »Lumpenball« auf den Straßen der Spiegelkolonie, später wurde das Akazienwäldchen vor der Haustür das bevorzugte Spielgebiet der »Spiegelkinder«. Über die Sammlung und den Verkauf von »Alteisenwaren« finanzierten sie sich Gummi- oder Tennisbälle, um ihrem Spiel nachgehen zu können. Der »undeutsche Ballsport« – bis 1907 an den Mannheimer Schulen verboten – war jedoch schnell in der Welt der Erwachsenen verpönt, unter anderem weil die unangenehmen Begleiterscheinungen – zerbrochene Fensterscheiben, Ruhestörung in der Kolonie, kaputte Schuhe – überhand nahmen. Doch auch drakonische Strafen und zum Teil polizeiliche Verfolgung konnten die entstehende Leidenschaft nicht zügeln.

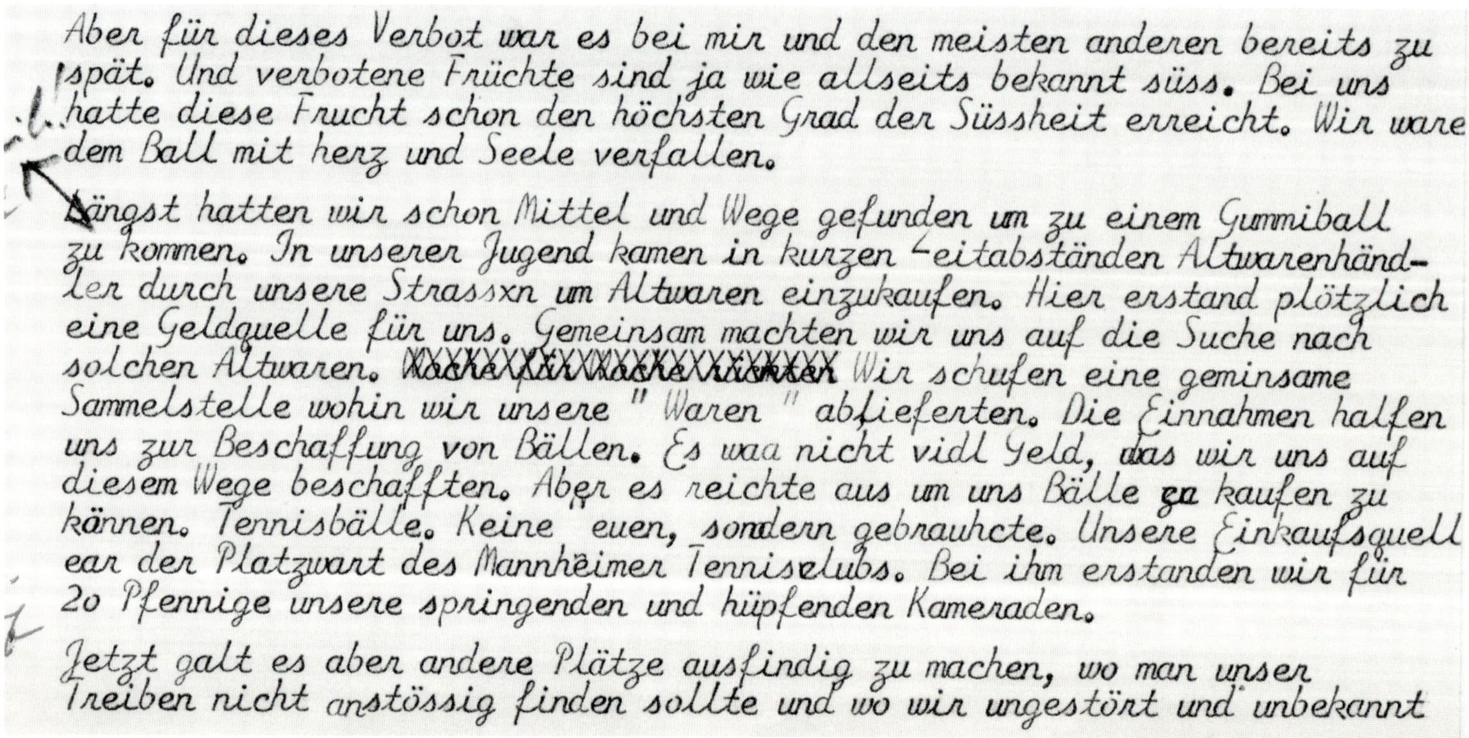
Aber für dieses Verbot war es bei mir und den meisten anderen bereits zu spät. Und verbotene Früchte sind ja wie allseits bekannt süss. Bei uns hatte diese Frucht schon den höchsten Grad der Süssheit erreicht. Wir ware dem Ball mit herz und Seele verfallen.

Längst hatten wir schon Mittel und Wege gefunden um zu einem Gummiball zu kommen. In unserer Jugend kamen in kurzen Zeitabständen Altwarenhändler durch unsere Strassxn um Altwaren einzukaufen. Hier erstand plötzlich eine Geldquelle für uns. Gemeinsam machten wir uns auf die Suche nach solchen Altwaren. XXXXXXXXXXXXXXXXXXXXXXX Wir schufen eine geminsame Sammelstelle wohin wir unsere " Waren " abfieferten. Die Einnahmen halfen uns zur Beschaffung von Bällen. Es waa nicht vidl Geld, das wir uns auf diesem Wege beschafften. Aber es reichte aus um uns Bälle zu kaufen zu können. Tennisbälle. Keine euen, sondern gebrauhcte. Unsere Einkaufsquell ear der Platzwart des Mannheimer Tennisclubs. Bei ihm erstanden wir für 2o Pfennige unsere springenden und hüpfenden Kameraden.

Jetzt galt es aber andere Plätze ausfindig zu machen, wo man unser Treiben nicht anstössig finden sollte und wo wir ungestört und unbekannt

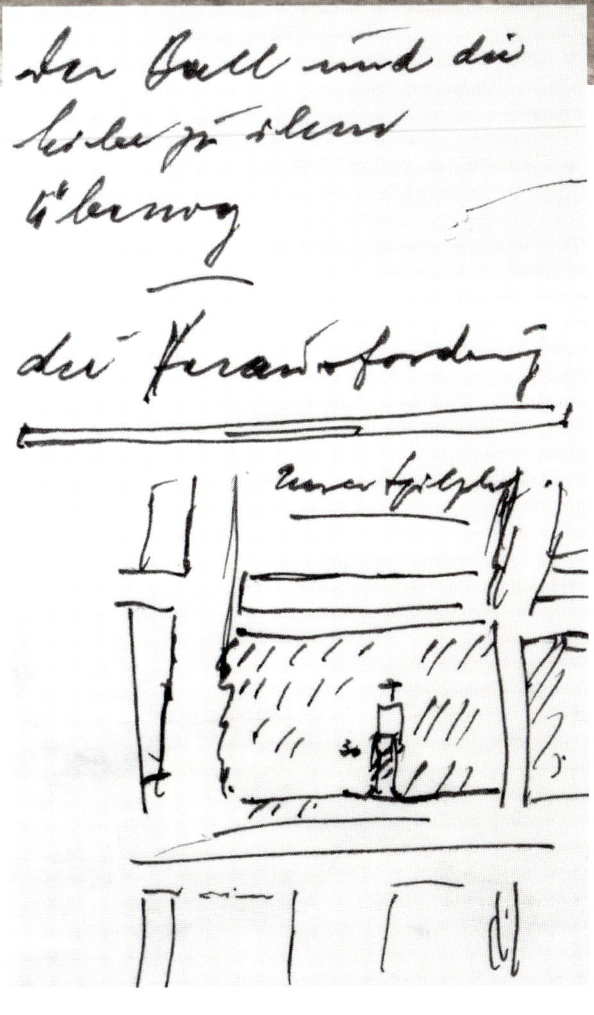

Als Jugendlicher in der ersten Mannschaft

Sepp Herberger (dritter von rechts) als 17-jähriger in der ersten Mannschaft des SV Waldhof Mannheim. Die ersten Gehversuche in einem Fußballverein machte er beim Katholischen Jugendverein Mannheim (KJV), den ein dem Fußball positiv eingestellter, fortschrittlicher Kaplan leitete (»Er hätte auch meinen Vater überzeugt.«). Er trat dem KJV 1911 im Alter von 14 Jahren bei. 1913 wechselte er dann zum SV Waldhof Mannheim, einer wichtigen sozialen Institution im Arbeiterviertel Mannheim-Waldhof. Nach einem Spiel in der dritten und fünf Spielen in der zweiten Mannschaft 1913 wurde man dort bald auf Herbergers Fähigkeiten aufmerksam. Am Neujahrstag 1914 gehörte er im Alter von 16 Jahren zum er-sten Mal zur ersten Mannschaft des SV Waldhof.

Erste Erfolge

Nach dem Ersten Weltkrieg werden im Herbst 1919 wieder Begegnungen um Punkte ausgetragen. Der SV Waldhof Mannheim spielt in der »Odenwaldkreisliga«, einer Art südwestdeutschen Oberliga. In dieser führt Herberger, der auch im Krieg mehrere Spiele mit dem SV Waldhof absolvierte, seine Mannschaft mit den spielstarken Stürmern Karl-Heinz Höger und Willy Hutter an die Spitze. Mit dem VfR Mannheim dominiert Waldhof die Spielzeiten 1919/20 und 1920/21. Es wird der bald in ganz Deutschland bekannte »Waldhof-Stil« geboren, ein technisch brillanter und torgefährlicher Kombinationsfußball. Es gibt kaum einen Spielbericht aus dieser Zeit, der nicht die typischen »Angriffs-Durchbrüche« von Herberger & Co. verzeichnet.

Der SV Waldhof war Anfang der zwanziger Jahre einer der populärsten Vereine in Südwestdeutschland. Das Bild zeigt eine Gruppierung der Spieler in Form der Mannschaftsteile für das Titelbild der »Deutschen Sportzeitung« vom 1. März 1921. In der untersten Reihe steht als zweiter von links Sepp Herberger, links neben ihm Karl-Heinz Höger, zweiter von rechts ist Willy Hutter.

Fußballerische und soziale Heimat

Die Mannschaft des SV Waldhof Mannheim im Frühjahr 1921 mit Sepp Herberger in der hinteren Reihe, zweiter von rechts. Der SV Waldhof – 1907 mit Unterstützung von Führungskräften der Spiegelfabrik gegründet – wurde zur fußballerischen, aber auch zur sozialen Heimat von Sepp Herberger. Die Masse der Mitglieder des Vereins rekrutierte sich aus der Arbeiterschaft des Viertels. Hier deutete sich ein erster Wandel in der gesellschaftlichen Verankerung des Fußballsports an. Mit Vereinen wie dem SV Waldhof gesellten sich zu den bürgerlichen Vereinen, wie sie um 1900 in den Innenstädten gegründet wurden, Arbeitervereine. Waren um die Jahrhundertwende noch ca. 60% der Mitglieder im neu gegründeten DFB Absolventen einer höheren Schule, so begann in den zwanziger Jahren der Fußball eine Domäne der Arbeiterschaft zu werden.

Sport- und Turnverein M
Waldhof-Sportplatz (Endstation der Straßenb
Sonntag, den 3. April 1921,
Der deutsche Meiste
1 F.-C. Nürnb

Das Ringen im Odenwald.

Die Entscheidung ist gefallen. Sportverein Waldhof Odenwaldmeister. — 12800 Zuschauer.

Nachdem uns das mißlungene Spiel in Karlsruhe nicht die erwartete Entscheidung gebracht hatte, war man um so gespannter auf das Ergebnis dieses zweiten Zusammentreffens der beiden Meisterschaftsanwärter. Diesmal trauten die Behörden der Mannheimer Fußballgemeinde wenigstens so viel sportliche Erziehung … sie das wichtige Spiel in Mannheims Mauern austragen … Lange vor Beginn des Spieles hatten sich bereits über 12 000 Zuschauer auf dem neu hergerichteten Phönixsportplatz eingefunden, um Zeuge des vierten Zusammentreffens der beiden Lokalgegner in dieser Runde zu werden. Als wieder Herr Brucker-Stuttgart als Schiedsrichter erschien, konnte man mit Beruhigung dem Ausgang des Spieles entgegensehen. Es bestanden für die Rasenspieler von vornherein wenig Aussichten auf den Sieg, da für die Stütze der Mannschaft, die unüberwindliche Verteidigung, Bürkle-Diemer, sowie für den rechten Läufer, Durler, Ersatz eingestellt werden mußte. Dagegen konnte Waldhof mit Verstärkung im Sturm durch Höger erscheinen. Aufstellung:

Waldhof:

Walter
Engelhard Roth
Bausch Endemann Lidy
Willmann Höger Hutter Herberger Skutlarek
Hoock Weinert Schmid Breitenbacher Ullrich
Au Sohns Mayer*
Freiländer* Ludwig*
Benkard

V.f.R.

* Ersatzleute.

Nach Anspiel des V.f.R. ging Waldhof, das Sonne und Wind im Rücken hatte, energisch zum Angriff über. Nach schlechter Ab…hr der V.f.R.-Verteidigung aus bedrängter Lage kam Hutter …r, wo Benkard im letzten Augenblick durch entschlossenes …erfen die erste Chance Waldhofs zunichte machte. Kaum sta… …enkard wieder auf seinem Posten, als Herberger einen unverhofften Schuß in die rechte Ecke des Tores jagte. 1:0 für Waldhof. Der Ball war für den eben von dem Boden aufgestandenen Benkard nicht mehr zu erreichen. Hierauf erzwingt V.f.R. die erste Ecke, welche schlecht getreten wurde. Das Spiel nahm an Schärfe zu. Beide Torwächter mußten wiederholt rettend eingreifen. Aus einem Gedränge fiel bald das 2. Tor durch Herberger, dem Hutter kurz darauf das 3. folgen ließ. Beide Tore resultierten aus Nachschüssen von Bällen, welche der durch die Sonne geblendete V.f.R.-Torwart nur ungenügend abgewehrt hatte. V.f.R. versuchte nun mehrere Schüsse anzubringen, aber das ungenaue Stürmerspiel ließ keine Erfolge zu. So ging es beim Stande von 3:0 für Waldhof in die Pause. Nach Wiederbeginn erzielte V.f.R. einen Elfmeter-Strafstoß wegen absichtlicher Händeabwehr des rechten Waldhofverteidigers. Schmid trat den Ball dem Torwart in die Hände. Waldhof drängte nun kurze Zeit. Bald darauf wurden Weinert und Hutter wegen unfairen Spielens vom Platze verwiesen. V.f.R. zog nun öfters vor das Waldhof-Tor, konnte aber nur eine Ecke erzwingen, die nichts einbrachte. Herberger erhielt den Ball, brach in rasendem Tempo durch die aufgerückte Verteidigung des V.f.R. und schoß aus kurzer Entfernung das 4. Tor für Waldhof. V.f.R. raffte sich nun auf, zeigte schönes Kombinationsspiel und unwiderstehlichen Drang nach dem Tor. Es gela… …uch Schmid, eine Flanke von Hoock kurz vor Schl… zum Ehrentreffer für V.f.R. zu verwand… bis zum Schluß das Spiel in der … …h fehlte den Stürmern die nötige

Plakat zu einem Spiel um die süddeutsche Meisterschaft, die zur damaligen Zeit unter den Meistern der regionalen Oberligen ausgetragen wurde. In der Saison 1920/21 verteidigt der SV Waldhof mit Sepp Herberger die Odenwaldkreismeisterschaft und trifft dann auf den deutschen Meister 1. F.C. Nürnberg, der zu dieser Zeit als nahezu unschlagbar galt. Man erreicht ein 2:2. Ein Jahr zuvor wurde der Club am 14. April 1920 vom SV Waldhof vor 13.000 begeisterten Zuschauern mit 2:1 durch zwei Tore von Herberger besiegt.

»Sepp Herbergers größter Tag«

Spielbericht aus der Zeitung »Fußball« vom März 1920. Am Ende der Spielzeit 1919/1920 liegen im »Odenwaldkreis« die beiden Mannheimer Vereine SV Waldhof und VfR Mannheim punktgleich an der Spitze, ein Entscheidungsspiel ist notwendig. Nachdem das erste Spiel am 14. März 1920 trotz Verlängerung 1:1 endet, muß eine weitere Partie entscheiden. Am 28. März kommt es auf dem Phönix-Sportplatz in Mannheim unter großer Anteilnahme von 12.000 Zuschauern (»Ungezählte mußten infolge Überfüllung wieder umkehren, und kein Stückchen Dach und kein Eckchen auf einer Bretterwand war unbesetzt.«) zu einem großen Fußballspektakel. In einem denkwürdigen Spiel feiert der SV Waldhof einen 4:1-Sieg, drei Tore schießt dabei in seinem nach Zeitungskommentaren »größten Spiel« das Geburtstagskind Sepp Herberger.

Vom Entscheidungsspiel Waldhof — V.f.R. 4:1 um die Odenwaldkreismeisterschaft am 28. 3. 20. auf dem Phönixplatz

Vor dem Waldhof-Tor:

Der Waldhof-Torwart Walter rettet bei einem Angriff der V. f. R.-Stürmer.

Roth (Waldh.) Schmidt (V. f. R.) Walter (Waldh.) Weinert (V. f. R.) Bausch (Waldh.)

Vor dem V. f. R.-Tor:

Die V. f. R.-Verteidigung im Kampf mit dem Waldhof-Sturm.

Hutter (W.) Freiländer (V.f.R.) Ludwig (V.f.R.) Höger (W.) Herberger (W.) Benkard (V.f.R.)

Der »Fuddler«

Ein »Durchbruch«

Sepp Herberger in einer für ihn typischen Spielsituation im Frühjahr 1923 (hier im Trikot des VfR Mannheim in einem Privatspiel gegen Westham United). Seine Gegenspieler zu hilflosen Statisten degradierend, steuert er den direkten Weg auf das Tor und zieht ab. In diesen von der Fachpresse so genannten »Durchbrüchen« kamen alle seine Vorzüge zum Tragen: seine Körperbeherrschung in Ballführung und Dribblings, seine Schnelligkeit und seine Schußstärke. Herberger war aber kein eigensinniger Spieler, sein fußballerisches Vergnügen bestand im Ausspielen und im flüssigen Kombinationsspiel. Wenn ein Mitspieler günstiger stand, wurde dieser sofort bedient.

»Wir hatten gar kein Programm. Das hat sich alles aus dem Spiel und unserer Spielkunst entwickelt. Unsere Freude am Spiel hat uns unbewußt das Rechte treffen lassen.«

Herberger kommt das Verdienst zu, als Fußballer das spielerische Element bis ins Extrem gesteigert, ja eine Art Artistik in das Fußballspiel eingeführt zu haben. Diese Spielweise wurde ob ihrer spektakulären Wirkung von den Zuschauern begeistert aufgenommen. Herberger kreiert Anfang der zwanziger Jahre mit Karl-Heinz Höger und Willy Hutter die sogenannte »Waldhof-Schule«. Sepp Herberger verkörperte die Tugenden dieses Spielsystems in seiner Person. Er ist dribbelstark, technisch brillant, ein schneller Spieler, dem der Ball am Fuß zu kleben scheint (ein »Fuddler«, wie die Mannheimer sagen), dabei aber eminent torgefährlich, mit einem beidfüßig starken Schuß.

Der »Drei-H-Sturm«

Sepp Herberger (in der Mitte) während eines Hamburg-Aufenthalts im Rahmen eines Auswahlspiels Süddeutschland gegen Norddeutschland im Juni 1921. Rechts neben ihm Herbergers Weggefährte in den zwanziger Jahren, Karl-Heinz Höger, den er während seiner Militärzeit kennenlernte, und Willy Hutter. Zusammen bildeten sie die im Fußballdeutschland der zwanziger Jahre berühmte Angriffsreihe des »Drei-H-Sturms«, die perfekte Verkörperung der »Waldhof-Schule«. In diesem System wird der Ball schnell direkt gespielt, mit vielen Dribblings versetzt wird unter ständigem Positionswechsel der Stürmer der direkte Weg zum Tor gesucht. Dieser technisch hochstehende und torgefährliche Kombinationsfußball gerät zum Markenzeichen des »Drei-H-Sturms«.

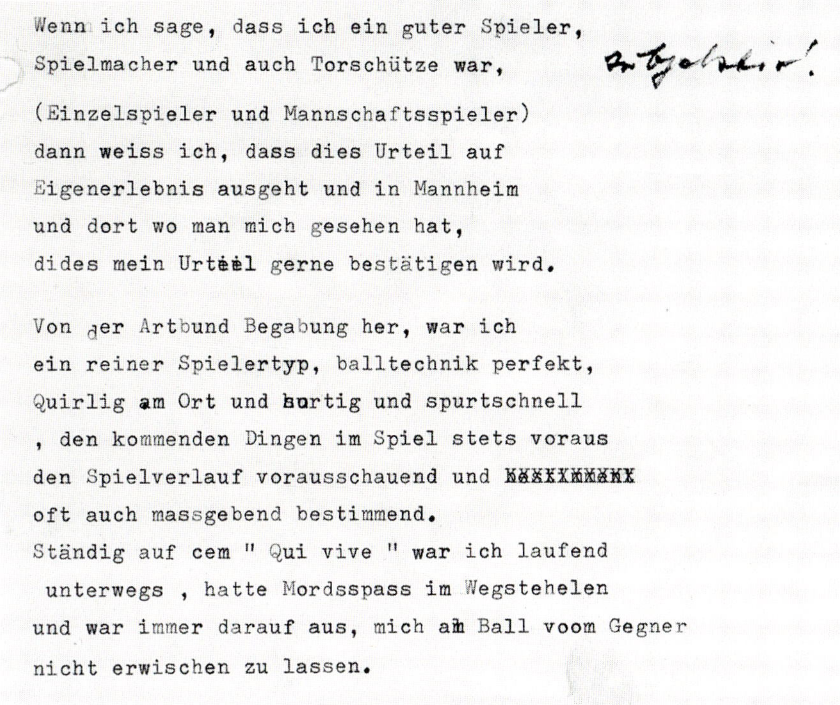

Wenn ich sage, dass ich ein guter Spieler,
Spielmacher und auch Torschütze war,
(Einzelspieler und Mannschaftsspieler)
dann weiss ich, dass dies Urteil auf
Eigenerlebnis ausgeht und in Mannheim
und dort wo man mich gesehen hat,
dides mein Urteil gerne bestätigen wird.

Von der Artbund Begabung her, war ich
ein reiner Spielertyp, balltechnik perfekt,
Quirlig am Ort und hurtig und spurtschnell
, den kommenden Dingen im Spiel stets voraus
den Spielverlauf vorausschauend und XXXXXXXXX
oft auch massgebend bestimmend.
Ständig auf cem " Qui vive " war ich laufend
unterwegs , hatte Mordsspass im Wegstehelen
und war immer darauf aus, mich am Ball voom Gegner
nicht erwischen zu lassen.

Aufzeichnungen von Sepp Herberger zu seinen Eigenschaften als Spieler

Bild aus der Zeitung »Fußball« vom Auswahlspiel Süddeutschland gegen Norddeutschland in Karlsruhe 1920. Herberger war Spielmacher, Dribbelkünstler und Torjäger in einem, eine Kombination, die ihn später auch als Trainer fasziniert hat.

Süddeutschland

Werner Herberger Müller

In bedrängter Lage hat der bekannte Waldhofer einen Schuß angebracht.

Auswahlspiele

Szene aus dem Spiel Westdeutschland gegen Süddeutschland am 9. Oktober 1921 in Mönchengladbach vor großer Kulisse, links Sepp Herberger. Das Spiel endet 6:0 für Süddeutschland, Sepp Herberger steuert dazu drei Tore bei.

Auch höheren Orts wird man auf die Leistungen des SV Waldhof und von Sepp Herberger aufmerksam. Der »Drei-H-Sturm« ist 1921 in vielen Auswahlspielen erfolgreich vertreten. Bedeutsam sind hier vor allem die regionalen Repräsentativspiele der Landesverbände um den DFB-Länderpokal, den Süddeutschland mit und wegen Herberger gewinnt. Diese Spiele mobilisierten wegen der lokalen Identifikationsmöglichkeiten eine weit größere Aufmerksamkeit als Länderspiele. 20.000 Zuschauer und mehr waren keine Seltenheit. Sepp Herberger avanciert in diesen Spielen zum gefeierten Star, der über die Grenzen Mannheims hinaus ein Begriff wird. Im September 1921 bestreitet Sepp Herberger schließlich sein erstes Länderspiel in der deutschen Fußball-Nationalmannschaft.

Erstes Länderspiel

Am 18. September 1921 feiert Sepp Herberger mit dem »Drei-H-Sturm« des SV Waldhof in Helsingfors gegen Finnland seinen Einstand in der deutschen Fußballnationalmannschaft. Das Aufgebot besteht lediglich aus 12 Spielern, die aus den unterschiedlichsten Landesverbänden kommen, viele sehen sich zum ersten Mal. Ein Trainer steht nicht zur Verfügung, federführend sind die Mitglieder des Spielausschusses des DFB. Trotz dieser Umstände hält sich die Mannschaft wacker. Sie muß aber drei Tore hinnehmen, die auf das Konto des schon vor dem Spiel am Daumen verletzten Torhüters Schwedler aus Berlin gehen – ein Ersatzmann war nicht mit dabei. Dennoch wird es ein großer Tag für Sepp Herberger, der ein Debüt nach Maß feiert. Er schießt zwei Tore selbst und bereitet (auf dem Bild als zweiter von links) den 3:3-Endstand durch Kalb (dritter von links) vor.

Die Kampfbahn
Sportzeitung
des Sport-Club M.Gladbach E.V.

Süd ·/. West

Offizielles
Festprogramm
zum

Vorrundenspiel um den Bundespokal
am 9. Oktober 1921, 3 Uhr nachmittags
auf der Kampfbahn am alten Wasserturm des

SPORT-CLUB M.GLADBACH

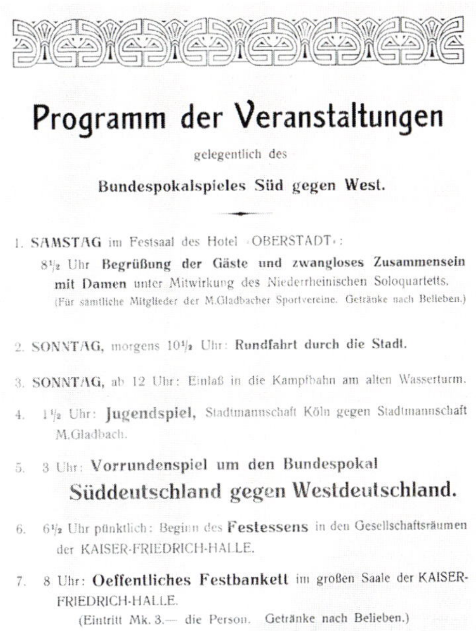

Programm der Veranstaltungen

gelegentlich des

Bundespokalspieles Süd gegen West.

1. SAMSTAG im Festsaal des Hotel »OBERSTADT«:
8½ Uhr **Begrüßung der Gäste und zwangloses Zusammensein mit Damen** unter Mitwirkung des Niederrheinischen Soloquartetts.
(Für sämtliche Mitglieder der M.Gladbacher Sportvereine. Getränke nach Belieben.)
2. SONNTAG, morgens 10½ Uhr: **Rundfahrt durch die Stadt.**
3. SONNTAG, ab 12 Uhr: Einlaß in die Kampfbahn am alten Wasserturm.
4. 1½ Uhr: **Jugendspiel,** Stadtmannschaft Köln gegen Stadtmannschaft M.Gladbach.
5. 3 Uhr: **Vorrundenspiel um den Bundespokal Süddeutschland gegen Westdeutschland.**
6. 6½ Uhr pünktlich: Beginn des **Festessens** in den Gesellschaftsräumen der KAISER-FRIEDRICH-HALLE.
7. 8 Uhr: **Oeffentliches Festbankett** im großen Saale der KAISER-FRIEDRICH-HALLE.
(Eintritt Mk. 3.— die Person. Getränke nach Belieben.)

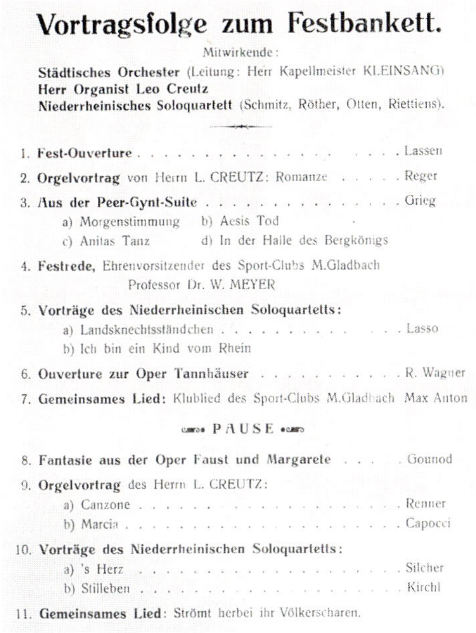

Vortragsfolge zum Festbankett.

Mitwirkende:
Städtisches Orchester (Leitung: Herr Kapellmeister KLEINSANG)
Herr Organist Leo Creutz
Niederrheinisches Soloquartett (Schmitz, Röther, Otten, Riettiens).

1. **Fest-Ouverture** . . . . Lassen
2. **Orgelvortrag** von Herrn L. CREUTZ: Romanze . . . . . Reger
3. **Aus der Peer-Gynt-Suite** . . . . Grieg
   a) Morgenstimmung b) Aesis Tod
   c) Anitas Tanz d) In der Halle des Bergkönigs
4. **Festrede,** Ehrenvorsitzender des Sport-Clubs M.Gladbach Professor Dr. W. MEYER
5. **Vorträge des Niederrheinischen Soloquartetts:**
   a) Landsknechtsständchen . . . . Lasso
   b) Ich bin ein Kind vom Rhein
6. **Ouverture zur Oper Tannhäuser** . . . . R. Wagner
7. **Gemeinsames Lied:** Klublied des Sport-Clubs M.Gladbach Max Anton

PAUSE

8. **Fantasie aus der Oper Faust und Margarete** . . . . Gounod
9. **Orgelvortrag** des Herrn L. CREUTZ:
   a) Canzone . . . . Renner
   b) Marcia . . . . Capocci
10. **Vorträge des Niederrheinischen Soloquartetts:**
   a) 's Herz . . . . Silcher
   b) Stilleben . . . . Kirchl
11. **Gemeinsames Lied:** Strömt herbei ihr Völkerscharen.

Fußball als gesellschaftliches Ereignis

Auszüge aus dem Festprogramm zum Auswahlspiel Westdeutschland gegen Süddeutschland am 9. Oktober 1921 in Mönchengladbach. Das Spiel ist eingebettet in einen Veranstaltungsrahmen, der z.B. auch Darbietungen klassischer Musik vorsieht. Der Fußball erwirbt sich in dieser Zeit nicht nur seine gesellschaftliche Anerkennung. Spiele dieser Art sind gesellschaftliche Ereignisse auch für ein bürgerliches Publikum. Für Herberger öffnet sich über diese Begegnungen die Tür nicht nur zum Fußball-Establishment.

Nach dem Ersten Weltkrieg entwickelte sich der Fußball in Deutschland zum Massenspektakel, bei dem zunehmend auch wirtschaftliche Gesichtspunkte eine Rolle spielten. Eintrittsgelder wurden zur Regel, Geschäftsleute begannen sich als Mäzene für das Spiel zu interessieren, es entstand eine Sportartikelindustrie, und es etablierte sich mit der Gründung des »Kicker« 1921 der Sport-Journalismus. Die Spieler und insbesondere die Spitzenspieler wurden zu begehrten Personen, denen aber offiziell über 3,50 DM Spesen pro Tag hinaus jede direkte Bezahlung und auch jede indirekte Unterstützung (z.B. durch Beschaffung einer Arbeitsstelle) untersagt war. Mit der zunehmenden Popularisierung stieg jedoch auch der Leistungsdruck, für das Bestreiten des Lebensunterhalts wichtige Zeit mußte dem Training geopfert werden. In diesem Kontext waren Angebote an den besten Mannheimer Fußballspieler dieser Zeit zwangsläufig. Diese führten zu einem bis heute nicht vollständig aufgeklärten Wechselspiel, in dessen Verlauf man gegen Sepp Herberger nach einem Auswahlspiel am 19. November 1921 eine lebenslange Sperre verhängte. Herberger wurde damit einer der ersten offiziell bestraften Fußballberufsspieler in Deutschland.

Sepp Herberger im Anzug (ganz rechts) mit Spielern der süddeutschen Auswahl vor dem Auswahlspiel gegen Westdeutschland in einem Ausflugslokal in Bonn Anfang Oktober 1921. Das Ambiente dieser Repräsentativspiele symbolisiert den sozialen Aufstieg, den der Fußball seinen Spitzenkönnern Anfang der 20er Jahre ermöglichte. Die Inszenierung derartiger Spiele als gesellschaftliches Ereignis vermittelte den zumeist aus einfachen Verhältnissen stammenden und von den wirtschaftlichen Bedingungen hart getroffenen Spielern eine Teilhabe am bürgerlichen Lebensstil. Am Rande dieses Spiels werden die letzten organisatorischen und finanziellen Details des Wechsels von Sepp Herberger zum Lokalrivalen VfR Mannheim am 12. Oktober 1921 geklärt. Wegen dieses Übertritts wird Herberger zum Berufsspieler erklärt und seine Karriere damit jäh unterbrochen.

»Ev's guter Geist«

Brief Herbergers an seinen Schwager Jakob Hörner vom 21. November 1921. Im Werben um die besten Fußballspieler in dieser Zeit erhält Herberger im September 1921 von Phönix 07 Mannheim 10.000 DM – das Einkommen einer Facharbeiters von mehreren Jahren – für einen Wechsel vom SV Waldhof. Nachdem Phönix gleichzeitig gemachte Zusagen für eine Trainerausbildung nicht einhält, wechselt Herberger im Oktober zum bürgerlichen VfR Mannheim. Obwohl er das Geld nach Intervention seiner Frau Ev' wieder zurückgibt, wird über seinen Schwager die Rückgabe angemahnt, ein Beispiel für die chaotischen Verhältnisse im Geflecht von Mäzenen und Vereinen in dieser Zeit: »Die Herrn scheinen in Geldsachen ein recht kurzes Gedächtnis zu haben.« Als die Verantwortlichen von Phönix Mannheim schließlich von der Absicht des Wechsels zum VfR Mannheim erfahren, geben sie eine Anzeige auf, in der sie sich selbst – aus Rache – der verbotenen Geldzuwendung an Herberger bezichtigen. Da man Herberger die Rückgabe nicht glaubt, und auch Zahlungen des VfR Mannheim an ihn vermutet, wird er gesperrt.

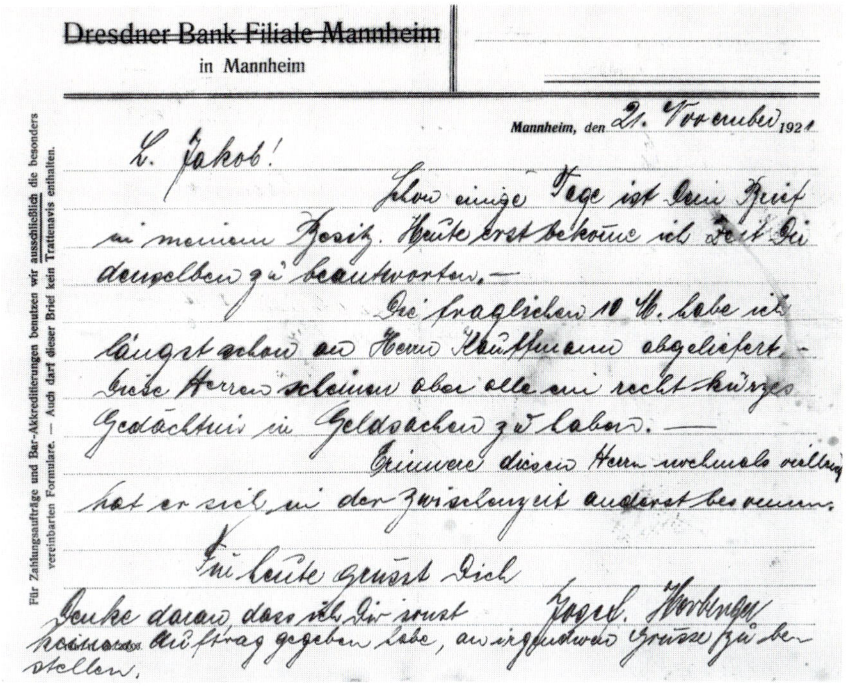

~~Dresdner Bank Filiale Mannheim~~
in Mannheim

Für Zahlungsaufträge und Bar-Akkreditierungen benutzen wir ausschließlich die besonders vereinbarten Formulare. – Auch darf dieser Brief kein Trattenavis enthalten.

Mannheim, den 21. November 1921

L. Jakob!

Schon einige Tage ist Dein Brief in meinem Besitz. Heute erst bekomme ich Zeit Dir denselben zu beantworten.—

Die fraglichen 10 M. habe ich längst schon an Herrn Kauffmann abgeliefert.— Diese Herren scheinen aber alle ein recht kurzes Gedächtnis in Geldsachen zu haben.—

Erinnere diesen Herrn nochmals vielleicht hat er sich in der Zwischenzeit anderst besonnen.

Frau Leute grüsst Dich

Sepp. Herberger

Denke daran dass ich Dir sonst keinen Auftrag gegeben habe, an irgendwelche Grüsse zu bestellen.

Ausschnitt aus der »Allgemeinen Sport-Zeitung« des Odenwaldkreises vom Oktober 1921 zum ersten Spiel Herbergers im Trikot seines neuen Vereins, des VfR Mannheim. Es fand am 16. Oktober 1921 gegen Phönix Mannheim statt, der VfR gewann 3:1 durch zwei Tore Herbergers. Es war zugleich Herbergers letztes Spiel vor der Sperre. Neben einem versteckten Hinweis auf die Hintergründe des Wechsels sind die bissigen Bemerkungen über den VfR Mannheim interessant, der zu seinem 25-jährigen Bestehen versucht, die Vorherrschaft des SV Waldhof Mannheim durch Spielerabwerbungen zu brechen: »Nun, wenn diese scheinbar unüberwindliche Elf des SV Waldhof auseinandergerissen, wenn aus dieser glänzendsten Stürmerreihe, die Mannheim je besaß, ein wertvolles Glied, die Triebfeder, herausgerissen wird, dann kann man schließlich auch zum Ziel kommen. (...) Mit fremden Federn geschmückt – zu Doland von Pfalz, Weinert von Berlin ist nun auch als neueste Eroberung der neugebackene Bankbeamte Herberger von Waldhof hinzugekommen – trat der V.f.R. seinem alten Lokalrivalen Phönix gegenüber und siegte natürlich mit 3:1. Es ist wohl anzunehmen, daß der V.f.R. auf diesem Wege bald das Jubiläum des 25. übergetretenen Spielers feiern kann.«

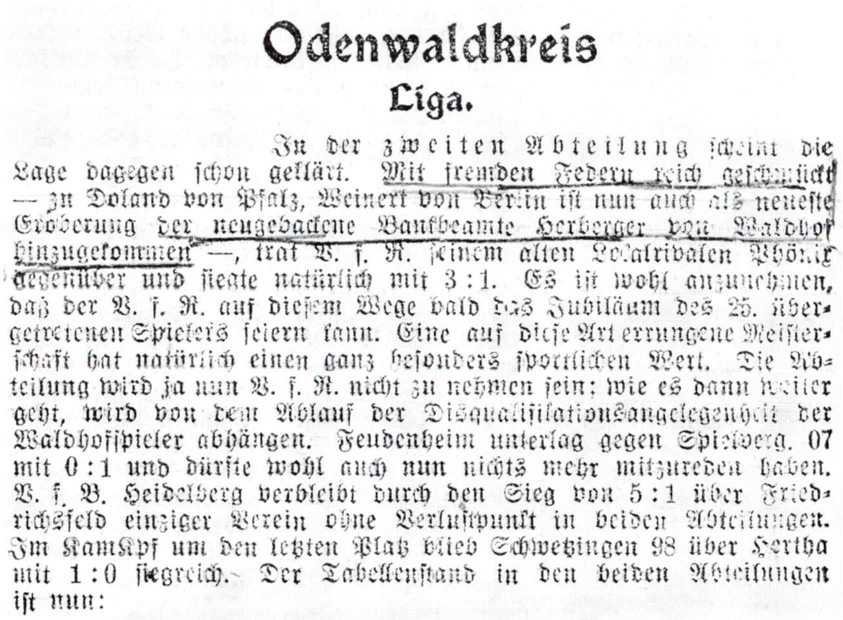

Odenwaldkreis

Liga.

In der zweiten Abteilung scheint die Lage dagegen schon geklärt. Mit fremden Federn reich geschmückt — zu Doland von Pfalz, Weinert von Berlin ist nun auch als neueste Eroberung der neugebackene Bankbeamte Herberger von Waldhof hinzugekommen —, trat V. f. R. seinem alten Lokalrivalen Phönix gegenüber und siegte natürlich mit 3:1. Es ist wohl anzunehmen, daß der V. f. R. auf diesem Wege bald das Jubiläum des 25. übergetretenen Spielers feiern kann. Eine auf diese Art errungene Meisterschaft hat natürlich einen ganz besonders sportlichen Wert. Die Abteilung wird ja nun V. f. R. nicht zu nehmen sein; wie es dann weiter geht, wird von dem Ablauf der Disqualifikationsangelegenheit der Waldhofspieler abhängen. Feudenheim unterlag gegen Spielvgg. 07 mit 0:1 und dürfte wohl auch nun nichts mehr mitzureden haben. V. f. V. Heidelberg verbleibt durch den Sieg von 5:1 über Friedrichsfeld einziger Verein ohne Verlustpunkt in beiden Abteilungen. Im Kampf um den letzten Platz blieb Schwetzingen 98 über Hertha mit 1:0 siegreich. Der Tabellenstand in den beiden Abteilungen ist nun:

»Meine härtesten Jahre«

Aufzeichnungen Herbergers zur »Berufsspieleraffäre«. Herberger muß lange mit sich gerungen haben, als die 10.000 DM von Phönix Mannheim auf dem Tisch lagen. Es bot sich ihm damit die Chance, die soziale Unterklasse endgültig zu verlassen: »Angebot schmeichelt und narkotisiert«. Er hält auch fest, daß seine primären Wechselmotive Versprechungen der Vereine für die Vermittlung einer Trainerausbildung waren. Der Präsident des VfR Mannheim, Prof. Dr. Streibich, Rektor eines Mannheimer Gymnasiums, sicherte Herberger zu, seine guten Beziehungen nach Berlin zur Sporthochschule für ihn zu nutzen. Er notiert auch »Meine härtesten Jahre«, in denen er in der Zeit der Sperre vor dem Arbeitsantritt in der Dresdner Bank jeden Morgen um 5.30 Uhr das Herweck-Bad in Mannheim aufschloß und sich dort mit gymnastischen Übungen fithielt. Abends trainierte er beim VfR Mannheim mit und betreute gleichzeitig die dortige Jugendmannschaft. In einer Berufungsverhandlung am 26. März 1922 wurde die lebenslange Sperre schließlich auf ein Jahr reduziert.

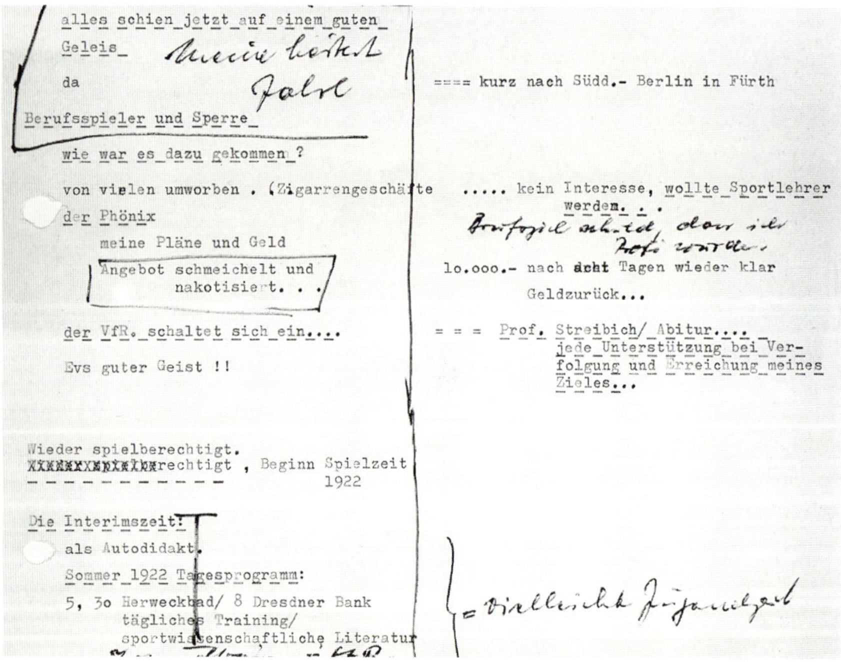
alles schien jetzt auf einem guten Geleis

da

Berufsspieler und Sperre

==== kurz nach Südd.- Berlin in Fürth

wie war es dazu gekommen ?

von vielen umworben . (Zigarrengeschäfte ..... kein Interesse, wollte Sportlehrer werden. . .

der Phönix

meine Pläne und Geld

Angebot schmeichelt und nakotisiert. . .

10.000.- nach acht Tagen wieder klar

Geldzurück...

der VfR. schaltet sich ein....

= = = Prof. Streibich/ Abitur.... jede Unterstützung bei Verfolgung und Erreichung meines Zieles...

Evs guter Geist !!

Wieder spielberechtigt.
XXXXXXXXXXXXrechtigt , Beginn Spielzeit 1922

Die Interimszeit:

als Autodidakt.

Sommer 1922 Tagesprogramm:

5, 30 Herweckbad/ 8 Dresdner Bank
tägliches Training/
sportwissenschaftliche Literatur

»Wenn ich sonntags gut spielen will, kann ich wochentags nicht in der Fabrik arbeiten.«

Dresdner Bank

Die Betriebsmannschaft der Dresdner Bank Mannheim vermutlich 1922. Stehend als dritter von links, Sepp Herberger, der diese Firmenelf während der Zeit seiner Sperre auch trainierte. Den Kontakt zur Dresdner Bank stellte im Zuge des Wechsels zum VfR Mannheim der jüdische Kaufmann Max Rath her, der ihm dort eine Anstellung als Geldzähler in den Zeiten der Inflation und später als Portier verschaffte. Rath war Mäzen des VfR Mannheim, des bürgerlichen Pendant zum proletarischen SV Waldhof, und bestrebt, Herberger zum VfR zu bringen. So schenkte er dem Ehepaar Herberger bereits 1920 zur Hochzeit eine komplette Kücheneinrichtung und ließ es in der Zeit der Sperre bei sich wohnen. Max Rath und Otto Nerz, damals Trainer des VfR Mannheim, waren die treibende Kräfte, die, als sie vom gescheiterten Wechsel zu Phönix Mannheim erfuhren, Herberger für den VfR Mannheim gewinnen konnten.

Die Kardinalfrage

Titelseite des »Kicker« vom 12. Dezember 1921 zur Frage der Einführung des »Professionalismus«, die die Fußballzeitung öffentlich stellte. Herbergers spektakulärer Wechsel 1921 war durchaus kein Einzelfall. Die aus dem zunehmenden Einfluß materieller Faktoren resultierenden Probleme betrafen den gesamten Fußballbetrieb und wurden Anfang der zwanziger Jahre breit diskutiert. Es häuften sich Vorkommnisse, bei denen Spieler sich vor dem Spiel weigerten, ohne Geld auf die Hand zu spielen, oder bei denen Vereine mehrfach je nach Finanzkraft gewechselt wurden. Der berühmte ungarische Mittelstürmer Adam Schaffer war in dieser Zeit in fünf Jahren Mitglied von sieben verschiedenen europäischen Vereinen (darunter Wacker München und 1. F.C. Nürnberg), der Nürnberger Star Hans Kalb soll an einem Sonntag ein Spiel für Eintracht Frankfurt gemacht haben und dann eine Woche später wieder eines für den 1. F.C. Nürnberg. Von den Sportbehörden wurden deshalb strenge Bestimmungen erlassen, die bei einem Nachweis der Annahme von Geld einen sofortigen Ausschluß vom Spielbetrieb zur Konsequenz hatten. Eine Folge davon war aber, daß viele gute Spieler, die eine feste Arbeitsstelle hatten, das Fußballspiel aufgaben, da sie zeitlich nicht mehr in der Lage waren, den gestiegenen Anforderungen gerecht zu werden. Schon 1920 warnte der Journalist Friedrich Golms: »Wir erreichen also das Gegenteil dessen, was wir immer angestrebt haben: Der Fußballsport wird zum Zeitvertreib einer Gesellschaftsklasse, der Vermögen oder Besitz die Ausübung auf eigene Kosten gestatten.« Es begann nun vor allem in der Fachpresse eine sehr intensive Diskussion um die Möglichkeiten zur Abschaffung des Amateurstatus. Der damalige Vorsitzende des DFB, Gottfried Hinze, kam zu dem Schluß, daß es für die Einführung des Berufsfußballs zu früh sei. Das größte Problem war dabei die unterschiedliche Finanzkraft der Vereine. Nur wenige hatten Sportanlagen, die entsprechende Einnahmen zur Bezahlung von Berufsspielern ermöglichten. Es drohte eine Zwei-Klassen-Gesellschaft, wenn nicht gar ein Verschwinden vieler Vereine mit der Folge, daß der Fußball als Breitensport infragegestellt war. Die Lösung war kurzfristig eine gewisse Toleranz gegenüber Regelverstößen. Eine Beruhigung der Lage trat auch dadurch ein, daß die Förderung der Spieler indirekt erfolgte. Die Mäzene der führenden Vereine verschafften den Spitzenkönnern Anstellungen, über die die Bezahlung abgewickelt wurde. Dies war bei strenger Auslegung der Regel zwar eine Abart des bekämpften »Berufsspielertums«. Doch konnte man es letztendlich nur schwer nachweisen, wenn die Spieler tatsächlich arbeiteten.

Der Kicker

eine illustrierte Fussball-Wochenschrift für Deutschland und die Schweiz

Herausgeber Walther Bensemann.

Nummer 50. — 12. Dez. 1921. Erscheint jeden Montag.

Quartalsabonnement: Deutschland M. 23.50. Preis der Einzelnummer: Deutschland M. 2.50, Österreich K. 30.—, Ungarn u. K. 20.—, Tschechoslovakei c. kr. 3.—, Jugoslavien j. kr. 8.—, Elsass-Lothringen Fr. —.75, übriges Frankreich, Luxemburg, Belgien Fr. —.90, Italien L. 1.50, Finnland f. M. 1.50, Holland fl. —.25, U. S. A. 10 c., Spanien, Skandinavien, England, Süd- und Zentralamerika Fr. —.60 (schweiz. Währung). Anzeigenpreise: 1 mm Höhe der 32 mm breiten Zeile 100 Pfg. — Reklamen oder Aufnahmen im Textteil der 98 mm breiten Zeile 400 Pfg. (Ausland besondere Vereinbarung.) — Beilagen nach Uebereinkunft. Adresse: Verlag des „Kicker", Stuttgart, Alexanderstr. 36. Tel. 8908-8909. Kreuzlingen, Postf. Postscheckkonto Karlsruhe 31750.

Jeder Abonnent ist nach Massgabe der vom Verlag erhältlichen Versicherungsbedingungen gegen Unfälle bei sportlichen Veranstaltungen, wie Fussballspiel und Rasensport (Leichtathletik), versichert und zwar mit M. 1000.— für den Fall des Todes, M. 1000.— für den Fall der Ganzinvalidität, bis zu M. 500.— bei Teilinvalidität und mit M. 3.— täglichem Unfallkrankengeld bei vorübergehender vollständiger Erwerbsunfähigkeit. — Jeder Unfall ist unverzüglich bei der Nürnberger Lebensversicherungs-Bank in Nürnberg, Tod durch Unfall sofort, spätestens innerhalb 48 Stunden nach dem Eintritte, telegraphisch (Telegrammadresse: Lebensbank Nürnberg) anzumelden. Verletzte müssen sich unverzüglich, spätestens am zweiten Tage nach dem Unfall in ärztliche Behandlung begeben.

Die Kardinalfrage.

Die Frage, die uns alle bewegt:

Berufsspieler oder Amateure?

hat der „Kicker" in drei Fragen zerlegt und an 160 Fachleute — Spieler, Schiedsrichter, Vereinsfunktionäre, Verbandskoryphäen, bedeutende Fussballmäcenn etc. — gerichtet.

Die Fragen:

1. Halten Sie die Zeit des Professionalismus für gekommen?
2. Glauben Sie, dass dem Fussballsport besser mit einer reinlichen Scheidung als mit dem jetzigen Zustand gedient ist?
3. Soll die Scheidung nach englischem Muster erfolgen, oder haben Sie andere Vorschläge zu machen?

Von den Antworten, die mit jeder Post einlaufen, bringen wir heute einen kleinen Teil ohne jede besondere Anordnung — in der Reihenfolge des Einlaufes — und ohne jeden Kommentar. Wir werden nach Veröffentlichung sämtlicher Ansichten das Material kritisch beleuchten.

Bei dieser Gelegenheit möchten wir gleich, in Anbetracht des fü[r d]e Veröffentlichung dieser so wichtigen Antworten benötigten Platzes, diejenigen unserer Herren Mitarbeiter, die in der heu[t]igen Nummer ihre Wochenbeiträge nicht finden, bitten, uns des[h]alb nicht gram zu sein. Uns erscheint im gegenwärtigen Augen[b]lick eine Klärung der von uns angeschnittenen, so ausserordent[l]ich bedeutsamen Frage wichtiger, als jedes Ereignis auf dem [g]rünen, leider zurzeit so harten Rasen.

Die Antworten:

Fritz Hölzle-Freiburg i. B.:

1. Die Zeit für den Professionalismus in Deutschland ist noch [n]icht gekomen. Zweifelsohne, wir haben Berufsspieler; doch um [e]ine Organisation gleich der englischen aufzubauen, dazu fehlen [v]orerst noch die Vorbedingungen. Das Berufsspielertum wird [s]ich — zurzeit wenigstens — in Deutschland noch nicht halten [k]önnen; ein lehrreiches Beispiel hat hierzu seinerzeit die Berliner [B]erufsspielermannschaft gegeben.

2. Es wäre selbstverständlich mehr wie erwünscht, wenn es zu [e]iner reinlichen Scheidung käme und unsere Fussballbewegung [v]on den Schlacken, die ihr jetzt anhaften, befreit werden könnte. [M]it dem jetzigen Zustand kann denen, die es aufrichtig mit dem [S]port meinen, nicht gedient sein. Dass wir verkappte Berufs[s]pieler haben, dazu hat Vereinsfanatismus in erster Linie die Hand [g]eboten. Ist es möglich, dass jeder Verein darauf verzichtet, mit [u]nreellen Mitteln Spieler zu ziehen und zu halten, dann ist die Be[r]ufsspielerfrage für Deutschland gelöst.

3. Sollte es zu einer Scheidung kommen, dann muss, wie dies [i]n England der Fall, danach getrachtet werden, Berufsspieler und [A]mateure unter einen Hut zu bringen. Unsere Bewegung ist eben [e]rst im Begriff, sich durchzusetzen und kann Zerplitterung nicht [v]ertragen.

Bauamtmann Kraus, der Vorsitzende des Bezirks Bayern im S.F.V. und Mitglied des B.V. des D.F.B.:

In Beantwortung Ihrer Anfrage vom 1. d. M. bitte ich Sie, mit einer kurzen Stellungnahme vorliebnehmen zu wollen; leider verbietet mir meine ausserordentliche dienstliche Überlastung (ich habe seit 6 Monaten die Vertretung des erkrankten Stadtbaurats übernommen und führe seit dieser Zeit zwei Referate), so eingehend, wie ich es gewünscht hätte, auf Ihre Fragen einzugehen.

1. Trotz der Ereignisse in Amsterdam, Budapest und Mannheim halte ich die Zeit des Professionalismus noch nicht gekommen. Wir stehen zurzeit noch in schwerem Kampfe um die richtige Würdigung und Anerkennung des Fussballsports und gegen die steuerlichen Belastungen, die man direkt und indirekt unseren finanziell schwer bedrängten Vereinen aufzuhalsen sucht. Die Einführung des Professionalismus würde, abgesehen von den Auswirkungen auf die Steuerbehörden, unsere bis jetzt getrennt kämpfenden zahlreichen Gegner vereint auf den Plan führen und ihnen willkommene Angriffspunkte für den Kampf bieten, den sie zurzeit mit sehr geringen Aussichten gegen uns führen. Ich gebe zu, dass man sich nach Lage der Verhältnisse in Wien und Budapest mit dem Professionalismus abfinden könnte; in Deutschland würde man es in weiten, uns zugetanen Kreisen nicht verstehen, dass ein geschlagenes und schwer bedrücktes Volk, das zum Wiederindiehöhekommen des Zusammenwirkens und der Arbeit aller Kräfte bedarf, sich den Luxus eines Berufsspielertums leisten kann. Die Hetze, die gegen uns einsetzen würde, müsste vor allem die vielen Vereine, die das Profitum nicht mitmachen können und heute rein ideal im Interesse der Gesundung und Kräftigung unserer Jugend arbeiten, auf das schwerste schädigen. — Auch vom rein praktischen Gesichtspunkte aus halte ich die Zeit nicht für gekommen. Eine überschlägige Berechnung der Aufwendungen eines Profiklubs zeigt ohne weiteres, dass bei der Entwertung unserer Mark die Durchführung des Professionalismus zurzeit auf ungeheure Schwierigkeiten stossen, wenn nicht direkt unmöglich sein müsste.

2. Nach meinem persönlichen Empfinden glaube ich, dass dem Fussballsport besser mit einer reinlichen Scheidung, als mit den Verhältnissen, die sich da und dort ergeben haben, gedient sein würde, wenn ich die Scheidung überhaupt für möglich halten würde. Auch die Einführung des Profitums würde — und zwar erst recht — einer grossen Anzahl von verkappten Amateuren Gelegenheit geben, ihren Amateurstandpunkt aufrechtzuerhalten und dabei doch von ihren Vereinen alle möglichen Aufwendungen und Zuschüsse zu beanspruchen. Ich glaube — und damit ist auch die Frage 3 beantwortet —, dass eine reinliche Scheidung erst dann eintritt, wenn die sämtlichen Vereine keinen Anreiz mehr besitzen, für die 11 Spieler ihrer ersten Mannschaften besondere Aufwendungen zu machen. Ich halte daher die neuen Vorschläge des Westdeutschen Spielverbandes für sehr bedeutungsvoll und glaube, dass sie die Grundlage für eine Besserung der Verhältnisse und für die nach meinen ersten Darlegungen unbedingt nötige Zurückhaltung des Professionalismus darstellen.

Willy Meisl-Wien:

Ich bin leider in dieser Woche mit Arbeit überhäuft, werde aber dem „Kicker" in der nächsten Woche ein ausführliches Elaborat senden, das zwar sehr viel Platz beanspruchen wird, aber, wie ich glaube, zum ersten Male in der deutschen Sportspresse einigermassen den Entwicklungsgang der „Professionalfrage" in den letzten drei Semestern dem Leserkreis vor Augen führen wird.

»Deutschlands bester Mittelstürmer«

Beim VfR Mannheim kommt Herberger nach der Zwangspause 1921/22 zwar nur langsam wieder in Tritt, aber mit zunehmender Spielpraxis wird er auch dort die spielbestimmende Figur. Mit technischer Brillanz macht er das Spiel des VfR und darüber hinaus die spielentscheidenden Tore. 1925 stellt der »Kicker« fest, daß in der Sturmmitte des VfR mit Herberger »Deutschlands bester Mittelstürmer« steht, und im gleichen Jahr heißt es in »Der Fußball« über ihn: »Er ist zweifellos ein Sturmführer allererster Klasse. (..) Er ist der Typus des mit Geist arbeitenden Spielers.«

Klassenverrat

Sepp Herberger (links) in Venedig 1923 während einer Privatspielreise des VfR Mannheim. Herberger war in das bürgerliche Lager übergetreten, Reisen dieser Art symbolisieren das veränderte Umfeld. Er hatte damit nicht nur den Verein, sondern auch das soziale Milieu gewechselt. Beim proletarischen SV Waldhof empfand man dies als eine Art „Klassenverrat", die Ressentiments daraus wirken dort gegenüber Herberger bis heute nach.

Länderspiele

Szene aus dem Länderspiel gegen Italien am 23. November 1924 in Duisburg, rechts Sepp Herberger. Durch die Sperre war auch das Tor zur Nationalmannschaft zugeschlagen, erst am 13. November 1924, nach dem Ende eines Auswahlspiels Süddeutschlands gegen Berlin (7:2) kommt Notar Keyl vom DFB auf ihn zu und bedeutet ihm, daß das Vergangene vergessen sein soll. Das Comeback verläuft nicht sehr glücklich. Deutschland verliert 0:1, und Herberger muß in der zweiten Halbzeit mit gebrochenem Arm ausscheiden. Am 29. März 1925 macht Herberger noch ein drittes Länderspiel gegen Holland, das 1:2 verlorengeht.

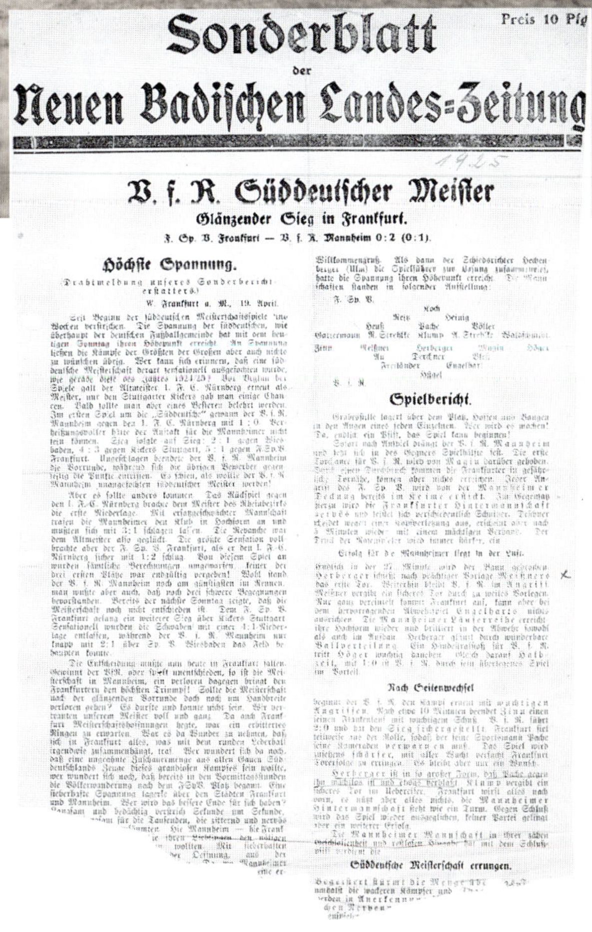

Sonderblatt
der
Neuen Badischen Landes-Zeitung

Preis 10 Pfg

1925

V. f. R. Süddeutscher Meister

Glänzender Sieg in Frankfurt.

F. Sp. V. Frankfurt — V. f. R. Mannheim 0:2 (0:1).

Höchste Spannung.

(Drahtmeldung unseres Sonderberichterstatters.)

W. Frankfurt a. M., 19. April.

Seit Beginn der süddeutschen Meisterschaftsspiele [illegible] Wochen verstrichen. Die Spannung der süddeutschen, wie überhaupt der deutschen Fußballgemeinde hat mit dem heutigen Sonntag ihren Höhepunkt erreicht. An Spannung ließen die Kämpfe der Größten der Großen aber auch nichts zu wünschen übrig. Wer kann sich erinnern, daß eine süddeutsche Meisterschaft derart sensationell ausgefochten wurde, wie gerade diese des Jahres 1924/25? Vor Beginn der Spiele galt der Altmeister 1. F. C. Nürnberg erneut als Meister, nur den Stuttgarter Kickers gab man einige Chancen. Bald sollte man aber eines Besseren belehrt werden. Im ersten Spiel um die „Süddeutsche" gewann der V. f. R. Mannheim gegen den 1. F. C. Nürnberg mit 1:0. Verheißungsvoller hätte der Auftakt für die Mannheimer nicht sein können. Sieg folgte auf Sieg: 2:1 gegen Wiesbaden, 4:3 gegen Kickers Stuttgart, 5:1 gegen F.Sp.V. Frankfurt. Ungeschlagen beendete der V. f. R. Mannheim die Vorrunde, während sich die übrigen Bewerber gegenseitig die Punkte entrissen. Es schien, als wollte der V. f. R. Mannheim unangefochten süddeutscher Meister werden!

Aber es sollte anders kommen. Das Rückspiel gegen den 1. F. C. Nürnberg brachte dem Meister des Rheinbezirks die erste Niederlage. Mit ersatzgeschwächter Mannschaft traten die Mannheimer den Klub in Hochform an und mußten sich mit 3:1 schlagen lassen. Die Revanche war dem Altmeister also geglückt. Die größte Sensation vollbrachte aber der F. Sp. V. Frankfurt, als er den 1. F. C. Nürnberg sicher mit 1:2 schlug. Von diesem Spiel an wurden sämtliche Berechnungen umgeworfen, keiner der drei ersten Plätze war endgültig vergeben! Wohl stand der V. f. R. Mannheim noch am günstigsten im Rennen, man wußte aber auch, daß noch drei schwere Begegnungen bevorstanden. Bereits der nächste Sonntag zeigte, daß die Meisterschaft noch nicht entschieden ist. Dem F. Sp. V. Frankfurt gelang ein weiterer Sieg über Kickers Stuttgart. Sensationell wurden die Schwaben mit einer 4:1-Niederlage entlassen, während der V. f. R. Mannheim nur knapp mit 2:1 über Sp. V. Wiesbaden das Feld behaupten konnte.

Die Entscheidung mußte nun heute in Frankfurt fallen. Gewinnt der VfR. oder spielt unentschieden, so ist die Meisterschaft in Mannheim, ein verloren dagegen bringt den Frankfurtern den höchsten Triumph! Sollte die Meisterschaft nach der glänzenden Vorrunde doch noch um Handbreite verloren gehen? Es durfte und konnte nicht sein. Wir vertrauten unserem Meister voll und ganz. Da auch Frankfurt Meisterschaftshoffnungen hegte, war ein erbittertes Ringen zu erwarten. War es da Wunder zu nehmen, daß sich in Frankfurt alles, was mit dem runden Lederball irgendwie zusammenhängt, traf. Wer wundert sich da noch, daß eine ungeahnte Zuschauermenge aus allen Gauen Süddeutschlands Zeuge dieses grandiosen Kampfes sein wollte, wer wundert sich noch, daß bereits in den Vormittagsstunden die Völkerwanderung nach dem FSpV. Platz begann. Eine fieberhafte Spannung lagerte über den Städten Frankfurt und Mannheim. Wer wird das bessere Ende für sich haben? Langsam und bedächtig verstrich Sekunde um Sekunde, [illegible] für die Tausenden, die zitternd und nervös [illegible] Hie Mannheim — hie Frankfurt [illegible] ihren Lieblingen den nötigen [illegible] wollten. Mit fieberhaften [illegible] der Oeffnung, aus der [illegible] Mannheimer [illegible] eine er- Willkommengruß. Als dann der Schiedsrichter Hechenberger (Ulm) die Spielführer zur Losung zusammenrief, hatte die Spannung ihren Höhepunkt erreicht. Die Mannschaften standen in folgender Aufstellung:

F. Sp. V.

Koch
Reis Heinig
Heuß Bache Völler
Gattermann R. Strehlke Klump A. Strehlke Waldschmidt

Zinn Meißner Herberger Magin Höger
Au Derchner Bleß
Freiländer Engelhardt
[illegible]

V. f. R.

Spielbericht.

Grabesstille lagert über dem Platz. Hoffen und Bangen in den Augen eines jeden Einzelnen. Wer wird es machen! Da, endlich ein Pfiff, das Spiel kann beginnen!

Sofort nach Anstoß drängt der V. f. R. Mannheim und setzt sich in des Gegners Spielhälfte fest. Die erste Torchance für V. f. R. wird von Magin darüber gehoben. Durch einen Durchbruch kommen die Frankfurter in gefährliche Tornähe, können aber nichts erreichen. Jeder Angriff des F. Sp. V. wird von der Mannheimer Deckung bereits im Keime erstickt. Im Gegensatz hierzu wird die Frankfurter Hintermannschaft nervös und leistet sich verschiedentlich Schnitzer. Derchner scheidet wegen einer Kopfverletzung aus, erscheint aber nach 5 Minuten wieder mit einem mächtigen Verband. Der Druck der Rasenspieler wird immer stärker, ein

Erfolg für die Mannheimer liegt in der Luft.

Endlich in der 27. Minute wird der Bann gebrochen. Herberger schießt nach prächtiger Vorlage Meißners das erste Tor. Weiterhin bleibt V. f. R. im Angriff. Meißner vergibt ein sicheres Tor durch zu weites Vorlegen. Nur ganz vereinzelt kommt Frankfurt auf, kann aber bei dem hervorragenden Abwehrspiel Engelhardts nichts ausrichten. Die Mannheimer Läuferreihe erreicht ihre Hochform wieder und brilliert in der Abwehr sowohl als auch im Aufbau. Herberger glänzt durch wunderbare Ballverteilung. Ein Handelfmeter für V. f. R. tritt Höger wuchtig daneben. Gleich darauf Halbzeit, mit 1:0 ist V. f. R. durch sein überlegenes Spiel im Vorteil.

Nach Seitenwechsel

beginnt der V. f. R. den Kampf erneut mit wuchtigen Angriffen. Nach etwa 10 Minuten beendet Zinn einen seinen Flankenlauf mit wuchtigem Schuß. V. f. R. führt 2:0 und hat den Sieg sichergestellt. Frankfurt fiel teilweise aus der Rolle, sodaß der feine Sportsmann Bache seine Kameraden verwarnen muß. Das Spiel wird zusehens schärfer, mit aller Macht versucht Frankfurt Torerfolge zu erringen. Es bleibt aber nur ein Wunsch.

Herberger ist in so großer Form, daß Bache gegen ihn machtlos ist und etwas verblaßt. Klump vergibt ein sicheres Tor im Uebereifer. Frankfurt wirft alles nach vorn, es nützt aber alles nichts, die Mannheimer Hintermannschaft steht wie ein Turm. Gegen Schluß wird das Spiel wieder ausgeglichen, keiner Partei gelingt aber ein weiterer Erfolg.

Die Mannheimer Mannschaft in ihrer zähen [illegible] und restlosen Hingabe hat mit dem Schlußpfiff verdient die

Süddeutsche Meisterschaft errungen.

Begeistert stürmt die Menge [illegible] umarmt die wackeren Kämpfer und [illegible] werden in Anerkennung [illegible] den Nerven- [illegible] entsiel- [illegible]

Süddeutscher Meister 1925. Sonderausgabe der »Neuen Badischen Landes-Zeitung« zur Süddeutschen Meisterschaft des VfR Mannheim, die am 19. April 1925 durch einen 2:0-Sieg beim FSV Frankfurt sichergestellt wird. Es ist der größte Erfolg Herbergers als Spieler, der in der Meisterschaftsrunde acht der 17 VfR-Tore und beim wichtigsten Spiel gegen den 1.FC. Nürnberg im Februar 1925 das Siegtor zum 1:0 erzielt.

Wiederbeginn

Sepp Herberger in der Mitte in Aktion für den VfR Mannheim. Das erste Spiel für seinen neuen Verein nach Ablauf seiner verkürzten Sperre bestreitet er am 8. Oktober 1922 – gegen Waldhof Mannheim. Der VfR gewinnt 1:0, das entscheidende Tor schießt zehn Minuten vor Schluß – Sepp Herberger. Im »Kicker« vom 18. Oktober 1922 heißt es zu diesem Spiel unter »Klagen über Publikum«: »Bei diesem Spiel war allerdings für manchen der Zuschauer Veranlassung gegeben, denn die Rasensportathleten haben Josef Herberger wieder in ihren Reihen, und das konnte halt manchem nicht einleuchten. Die Leistungen dieses Spielers wurden von den Waldhof-Anhängern stark herabgemindert, so daß sein erstes Wiederauftreten auf heimischem Boden kein Entzücken war.«

Dem Tennis-Borussia-Innensturm fehlt etwas Musik, verehrter Herr Herberger.

Herberger im Dreß von Tennis Borussia Berlin im Spiel gegen Wedding in der Spielzeit 1926/27. Er spielt nach seinem ersten Auftreten am 26. November 1926 drei Jahre lang für die Berliner, die zu einer führenden Kraft im Fußball der Hauptstadt werden. Zur Berliner Meisterschaft reicht es als Spieler aber nicht, Hertha BSC steht hier immer im Wege, auch wenn in packenden Endspielen Tennis Borussia mehrfach nahe am Ziel ist. Insgesamt wird er noch zehnmal in die Auswahlmannschaft von Berlin-Brandenburg berufen. Mit seinen 30 Jahren hat er allerdings den Zenit seines körperlichen Leistungsvermögens bereits überschritten. Zu einem Länderspiel kommt es nicht mehr, auch weil seine Beteiligung an den Olympischen Spielen 1928 wegen seiner Profi-Vergangenheit ausgeschlossen ist. Seine Spielkunst bleibt aber unübertroffen. In einem späteren Kommentar zu einem Städtevergleich zwischen London und Berlin im Jahre 1928, den die Berliner 4:1 gewannen, heißt es: »Seppl Herberger erreichte als 31-jähriger noch einmal den Gipfel seines Könnens. Er nahm die Spielweise seines späteren Favoriten Fritz Walter vorweg: blitzschnell bei technischer Perfektion in Aktion, ein Energiebündel, drahtig und gummiartig geschmeidig. (..) Einen Hauch des Fußballs der Zukunft hatten die Berliner auf dem Mutterboden des Spiels hinterlassen. Und der Mann, der 26 Jahre später die deutsche Nationalmannschaft auf den Weltmeisterschaftsgipfel führen sollte, war in hohem Maße bestimmend für diese Demonstration neuartig fließenden Fußballspiels gewesen.«

Herberger in Karikaturen Berliner Zeitungen als Spieler und Trainer sowie als Motiv auf einem Fußballsammelbild aus dieser Zeit. Er war für die Berliner eine interessante Figur, obwohl der badische Legionär einen besonderen Status genoß. Herberger besuchte selten das Training seiner Mannschaft. Sein Studium an der Sporthochschule und seine Trainertätigkeit bei der Jugend von Tennis Borussia sowie für die Berliner Vereine Lichtenberg und Nowawes füllten ihn komplett aus. Im Januar 1930 beendet er seine aktive Laufbahn und wird Trainer der ersten Mannschaft von Tennis Borussia. Mit dieser schafft er dann das, was ihm als Spieler versagt blieb: die Berliner Meisterschaft zu holen und Hertha BSC das Nachsehen zu geben.

Herberger verwandelt eine Vorlage Raues zum 2. Tor für Tennis

Als Sepp Herberger im Sommer 1925 die Zulassung zu einem Sportstudium an der Deutschen Hochschule für Leibesübungen in Berlin angeboten bekommt, tritt der aktive Fußball für ihn in den Hintergrund. Sein Ehrgeiz gilt nun dem lang ersehnten Trainerberuf, das Fußballspielen dient jetzt in erster Linie der finanziellen Absicherung. Mit dem VfR Mannheim einigt er sich darauf, mit Ende der Spielzeit 1925/26 auszuscheiden. Als die Absicht einer Übersiedlung nach Berlin bekannt wird, bekommt er ein Angebot vom Vorsitzenden von Hertha BSC, einem gebürtigen Mannheimer. Otto Nerz, inzwischen Trainer bei Tennis Borussia Berlin, ist aber schneller. Er überzeugt ihn zu einem Wechsel zu seinen neuen Verein, wo man Herberger neben einer beruflichen Unterstützung zusichert, seine Zeit für das Studium frei einteilen zu können.

Der Pionier

»Am Anfang war auch bei uns die Tat«

Als der Deutsche Fußball-Bund im Jahre 1900 gegründet wird, ist Sepp Herberger gerade drei Jahre alt. In dieser Zeit hat der Fußball um seine gesellschaftliche Anerkennung noch zu kämpfen. »Bewegungsspiele« im allgemeinen und das Fußballspiel im besonderen werden von der etablierten Riege der Turner als gesundheits- und volksschädlich gebrandmarkt. Herberger wächst in diesem Konflikt auf und ergreift frühzeitig Partei für die Lust am Spiel – gegen Schule, Kirche und Elternhaus, gegen den Sport als reines Erziehungsinstrument. Von Beginn seiner fußballerischen Leidenschaft an ist Herberger damit in Grundsatzfragen des Fußballspiels involviert. Später wird er in allen Positionen, in denen er tätig ist, dessen Entwicklung entscheidend mit befördern. Als Verbandstrainer baut er ein Ausbildungs- und Sichtungssystem auf, dessen Grundzüge bis heute gültig sind. Mit der Ernennung zum Reichstrainer reißt er das Ruder hinsichtlich der Spielweise radikal herum und führt in eine Sportart, »die gearbeitet wurde«, die Spielkunst ein. Nach dem Zweiten Weltkrieg gelingt ihm der Aufbau eines Systems, das neun Jahre nach Kriegsende zur Weltmeisterschaft führt. Nur die Bundesliga, erst im Spieljahr seines Rücktritts eingeführt, hat er fast dreißig Jahre vergeblich gefordert. Herbergers Geschichte ist auch die Geschichte des deutschen Fußballs. Entscheidende Weichenstellungen sind seiner Weitsicht, seiner Tatkraft und vor allem seinem leidenschaftlichen Engagement zu verdanken.

Fußball vs. Turnen

Seit Anfang des 19. Jahrhunderts bestimmte das Bild des durch Turnübungen gekräftigten und ausgebildeten (männlichen) Leibes das Körperideal in Deutschland. Die Turner gaben den Ton an, wenn es um Ziele und Methoden der körperlichen Ertüchtigung und der Leibeserziehung ging. Um die Jahrhundertwende begann das in England seit 1863 praktizierte und von dort importierte Fußballspiel auch in Deutschland Fuß zu fassen. In Mannheim wurde mit der »Mannheimer Fußballgesellschaft« (MFG) 1896 der erste Verein gegründet, der Deutsche Fußball-Bund (DFB) entstand 1900. Das Spiel stieß auf den Widerstand der Turner; in den Schulen wurde es verboten. Herbergers frühe Biographie zeigt, daß er nicht bloß der Fraktion einer neuen Körperkultur angehörte, sondern sich zu einer artistisch begabten Avantgarde rechnete, in deren motorischen Fähigkeiten und Vorlieben sich die gewandelte Dynamik einer kommenden Zeit ankündigte.

»Wir waren aus dem persönlichen Erlebnis und der Auseinandersetzung mit dem Ball dem damaligen Denken und Meinen weit voraus!«

Herberger als Akrobat

Figur einer Akrobatikgruppe um 1916 mit Herberger als zweiter von rechts. Auch Herberger konnte sich für das Turnen begeistern, allerdings nicht für die wilheminische, auf starre Haltung und Körperertüchtigung ausgerichtete Leibeserziehung. Herberger bevorzugte das Spiel, die Bewegung, die Artistik. Schon sehr früh war er ohne spezielle Ausbildung ein guter »Parterreakrobat«. Sein nie erlahmender Bewegungstrieb suchte sich von selbst immer schwierigere Bewährungsproben. Der »Handstand aus der Kreuzbeuge« heraus, der Flick-Flack, aber auch Salto vorwärts und rückwärts gehörten schon bald zu Herbergers Repertoire. Wie das Bild erkennen läßt, beherrschten dabei Statik und Symmetrie die körperlichen Übungen. In dem streng spiegelbildlich angeordneten Turner-Fries fungiert Herberger als zweiter »Untermann« bei einer »Stützwaage«.

»Geist und Lust tötendes Programm«

Aufzeichnungen Herbergers zum Schulsport seiner Zeit. 1903 wurde Sepp Herberger in die Volksschule Mannheim-Waldhof eingeschult. Fußball war dem auf militärische Straffheit ausgerichteten Sportverständnis dieser Zeit verpönt. Es galt als eine englische Krankheit, eine »undeutsche Lümmelei«, die den Körper einseitig bildet. An vielen Schulen herrschte deshalb ein Fußballverbot, in der Öffentlichkeit wurde es oft polizeilich verfolgt. Herberger litt unter dem auf Drill und korrekte Haltung ausgerichteten Schulsport. Seine Begeisterung für das seinem Bewegungsdrang wie maßgeschneiderte Fußballspiel brachte ihm manchmal sogar Probleme mit seinen Lehrern ein.

Schule_und_Fussball

Geist und Lust tötrndes Programm . . . .

== in seinen einzelnen Teilen, seinem Aufbau genau vorgeschrieben, von den Lehrern genaustesn bechtet, leicht abzuwickeln, die schnell bekannt und gekonnt uns der Reihe nach beschäftigewobei es als Krönung und Abschluss auf stramme, militäri sche Haltung und Starffheit ankam...

Zuerst: Dispotion und Gliederung_:_

Paralell mit dem Widerstand der Elternhauses war auch der Gegnerschaft von Schule und Kirche als belebendes Element dazugekommen.....

Schule war an Fussball nicht zu denken! Oh weh,

XXXXXXXXXXXXXX her war man auf restlose Ausmerzung eingestellt.

Turnunterricht und seine Gestaltung ein Spiegel der damaligen Denkart und Gesinnung gegenüber dem Sport.

Fussball eine undeutsche Lümmelei!

einseitge körperliche Ausbildung!

Dabei hätte es nur eines einfachen Versuches eines den Ba l zu treffen um zu erfahren, da s es keine Gegenstand und keine Gerät gibt, der eine volkommener Beherrschung des Körpers bedarf um den Ball zu beherrschen.
Acj got, waren wir aus dem persönlichen Eelebnis mit der Auseinandersteung mit dem Ball der damaligen Denken und Meinen meileinweit voraus!
Und die so dachten und meinten hatten die a Caht zu lenken und zu betsimnen !

Noch ein Übriges, wie wir später erfuhren, es ging die Ablehnung gint auch gegen das englische Vorbild.

Erlebnisbericht aus _

unseren damaligen Turn- (und Sport) stunden !

= Barren:

strammes Angehenbis zur Mitte der Holmen. Erneutes Stammstehen! In der Mitte des Barrens ! Zwischen den Holmen ind der Mitte des Barrens. Barrenhöhe! Aufprung in den Stütz. Mehrmaliges Voeschwingen im Stütz und Absprunc nach der Seite!
XXXXXXX Striktes Verhalten entsprechend der gegebenen Voeschriften!

Reck:

Vorbereitung auf den Drill, wie beim Barren. Sprung aus dem Stand in den Hang. Aufzug in .....

Abschwung und Stand. Massgebdn für die Beurteilung: straffe, militärische Haltung!

XXXXXXXXXX Erinnerung und Erfahrung der Lehrer an ihre militärische Dienstzeit!

(Der Schullehrer hat den Krieg gewonnen (7oer) er ihrer Nachfilger hätten auch einen neuen gewonnen!

(und im Geräteschrank wussten wir einen nagelneuen Fussball) er gehröte zum Inventar, seine Benutzgegen seine Benutzung bestand ab ein strenges Verbot. Was mussten wir leiden !

Fußlümmelei

Titelbild einer Schmähschrift gegen das Fußballspiel um die Jahrhundertwende. In einer Zeit, zu der der Spruch: »Jeder Franzos' ein Stoß!, jeder Russ' ein Schuß, jeder Brit' ein Tritt!« Konjunktur hatte, mußte eine Sportart, die mit dem erklärten Ziel auftrat, den »Fußstoß« zu kultivieren, bei der »kulturtragenden Schicht« Mißtrauen hervorrufen. Durch einen Fußtritt bekräftigte man seinen Abscheu – mehr nicht! Die Turner, die ihr Monopol in Sachen Körperkultur zu erhalten suchten, waren von dem Zulauf, den der »Rasensport« verzeichnen konnte, beunruhigt. Den Schulsport betrachteten sie als ihre nachwuchsträchtige Domäne. Erst allmählich änderte sich die Einstellung. So wurde an den Mannheimer Schulen 1907 das Verbot des Fußballspiels aufgehoben.

Aufbauarbeit beim WSV

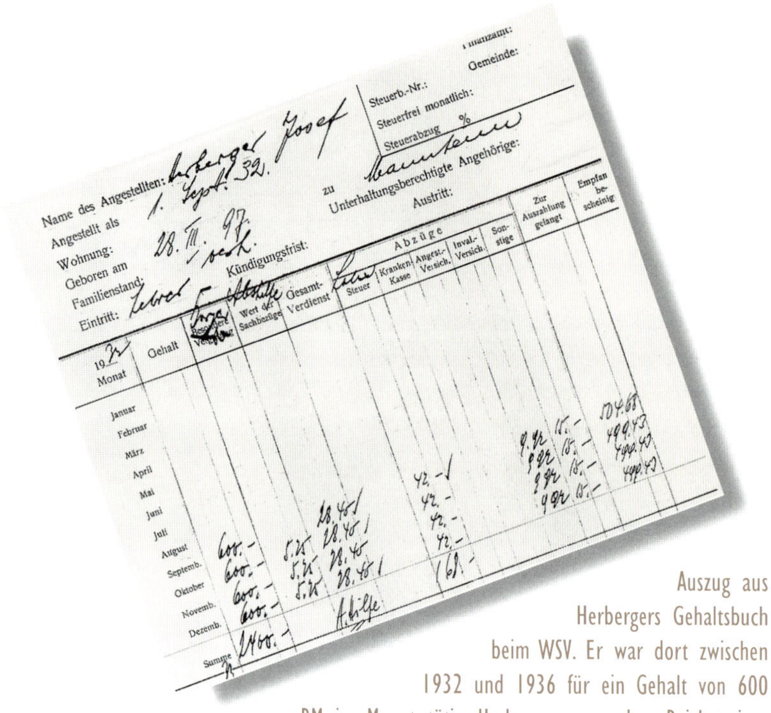

Name des Angestellten:
Angestellt als
Wohnung:
Geboren am
Familienstand:
Eintritt:
Kündigungsfrist:
Steuerb.-Nr.:
Steuerfrei monatlich:
Steuerabzug %
Unterhaltungsberechtigte Angehörige:
Austritt:
Gemeinde:
Monat
Gehalt
Wert der Sachbezüge
Gesamt-Verdienst
Abzüge
Steuer
Kranken-Kasse
Angest.-Versich.
Inval.-Versich.
Sonstige
Zur Auszahlung gelangt
Empfang bescheinigt
Januar
Februar
März
April
Mai
Juni
Juli
August
Septemb.
Oktober
Novemb.
Dezemb.
Summe

Auszug aus Herbergers Gehaltsbuch beim WSV. Er war dort zwischen 1932 und 1936 für ein Gehalt von 600 RM im Monat tätig. Herberger war neben Reichstrainer Otto Nerz der einzige hauptamtlich angestellte Trainer im Deutschen Fußball-Bund.

1932 übernimmt Herberger die Stelle des Verbands-Sportlehrers beim Westdeutschen Spielverband (WSV) in Duisburg-Wedau. Diesem Landesverband kam eine besondere Bedeutung zu. Zahlreiche Spieler aus dem Bereich des WSV gehörten zum Kreis der Nationalmannschaft. Die Arbeit des westdeutschen Verbandstrainers wirkte sich deshalb in besonderem Maße auf die Nationalmannschaft aus. Herberger, der 1930 in Berlin seine aktive Laufbahn und das Sportstudium beendet hatte, übernahm die neue Aufgabe mit Engagement. Er baute ein vollkommen neues Sichtungs-, Ausbildungs- und Trainingssystem auf. Hierarchisch organisiert bis in die kleinsten Verbandsbereiche hinein, wurde eine Vorsichtung der Spieler durchgeführt und die jeweils besten an die nächsthöhere Bereichsebene gemeldet. Dieses von Herberger entwickelte System der Verbandsarbeit ist in seinen Grundzügen bis heute gleich geblieben.

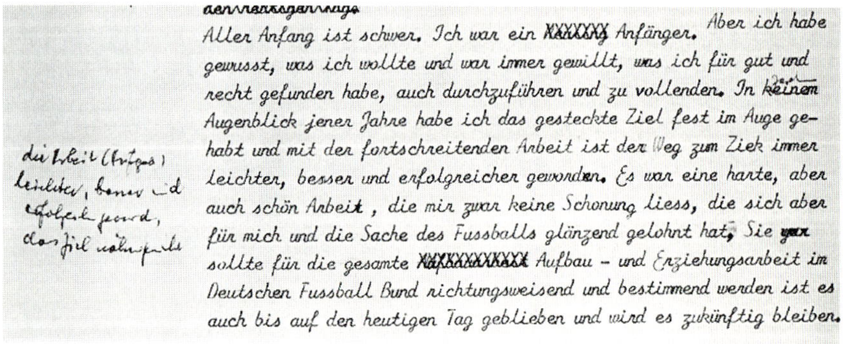

Aller Anfang ist schwer. Ich war ein Anfänger. Aber ich habe gewusst, was ich wollte und war immer gewillt, was ich für gut und recht gefunden habe, auch durchzuführen und zu vollenden. In keinem Augenblick jener Jahre habe ich das gesteckte Ziel fest im Auge gehabt und mit der fortschreitenden Arbeit ist der Weg zum Ziel immer leichter, besser und erfolgreicher geworden. Es war eine harte, aber auch schön Arbeit, die mir zwar keine Schonung liess, die sich aber für mich und die Sache des Fussballs glänzend gelohnt hat. Sie sollte für die gesamte Aufbau- und Erziehungsarbeit im Deutschen Fussball Bund richtungsweisend und bestimmend werden ist es auch bis auf den heutigen Tag geblieben und wird es zukünftig bleiben.

»Ich war enttäuscht vom Stand der Aufbauarbeit«

Aufzeichnungen Herbergers zu den Neuerungen, die er beim WSV eingeführt hat. Die Situation des deutschen Fußballsports Ende der zwanziger Jahre war geprägt von regionalen Interessen und Rivalitäten auf der einen sowie fehlender systematischer Trainingsarbeit auf der anderen Seite. Viele Vereine hatten überhaupt keinen eigenen Trainer. Nachdem sich Herberger von der mangelnden Qualität der fußballerischen Leistungen überzeugt hat, etabliert er neben der Spielersichtung auch regelmäßige Kurse, in denen Übungsleiter geschult und ausgebildet werden. Schließlich erarbeitet er Trainingsprogramme, die den Vereinen des Verbandes als Grundlage für ihre Trainingsarbeit zur Verfügung gestellt werden.

»Ein guter Anfang war gemacht. Nach Ablauf von etwa zwei Jahren gab es kein Kreisgebiet im Bereich des WSV, in dem ich nicht mindestens einmal, meist aber mehrere Kurse durchgeführt hatte.«

Neue Trainingsmethoden

Training unter Herberger (ganz rechts) beim WSV mit jugendlichen Talenten anläßlich eines Kurses vom 7. bis 12. November 1932. Herberger etablierte beim WSV nicht nur ein völlig neues Ausbildungs- und Sichtungssystem, sondern auch eine andere Art des Trainings. Sein Credo war die Förderung von Spontaneität und ursprünglicher Bewegungsfreude, um daraus die notwendige Leistungs- und Aufnahmebereitschaft zu gewinnen. In seiner Diplomarbeit von 1930 schreibt er zum Training allgemein: »Der allgemeine Zweck dient der Erhöhung der Spiellust. Wenn nicht verstanden wird, Spiellust und -freude zu wecken und durch die Gestaltung des Trainings wachzuhalten, wird auch in absehbarer Zeit der Besuch des Trainings zu wünschen übrig lassen.«

Umbruch: Vom Lauf- zum Balltraining

Der seit 1925 als Reichstrainer amtierende Nerz hatte den deutschen Fußball revolutioniert und für die WM 1934 das sogenannte »WM-System« als Spielsystem der deutschen Mannschaft eingeführt. Die damit einhergehende Schematisierung von Training und Spiel hielt Herberger, als Trainer des WSV faktisch der Assistent von Nerz, auf Dauer für einen Irrweg. Nerz arbeitete den Fußball systematisch auf. Er orientierte sich England, das ihm in Spielsystem und in der Härte des Trainings als Vorbild diente. Für Herberger war Nerz ein »Fußballwissenschaftler«, ihm selbst ging es um die Kultivierung von Spielwitz und einen leistungsfördernden Wechsel zwischen harten Trainingseinheiten und Erholungsphasen. In der Zeit zwischen 1932 und 1936 wird ein Prozeß der Selbstfindung bei Herberger in Gang gesetzt, bei dem er Schritt für Schritt seine Vorstellungen vom Fußball und vom Fußballtraining über sein individuelles Spielvermögen hinaus als eine Art allgemeines Konzept formuliert.

Alles hört auf mein Kommando!

Szene aus dem Lehrgang zur WM 1934 vom 9. bis 15. April 1934 in Duisburg. In der Mitte instruiert Reichstrainer Dr. Otto Nerz seine Spieler; rechts am Rand etwas skeptisch Sepp Herberger. In diesem Lehrgang kommt es zu ersten Auseinandersetzungen zwischen beiden. Herberger notiert: »Trainingsprogramm nach Ottos Geschmack: harte Arbeit auf der Laufbahn, abends Geländesport, Meinungsstreit mit Nerz in dieser Frage. Auch alte Gegensätze über Trainingsmethoden wieder oft im Gespräch.« Bei der anschließenden WM wird Deutschland – auch aufgrund der verbesserten Athletik – Dritter.

»Ich war – aus eigener praktischer Erfahrung als Aktiver – von der Richtigkeit des von mir nunmehr einzuschlagenden Weges überzeugt und entschlossen, ihn auch zu gehen. Von nun an würde mehr die Höchstleistung im Fußball und der Erfolg im Wettkampf, der Ball im Mittelpunkt aller vorbereitenden und aufbauenden Arbeit stehen.«

»Übertraining!«

Notiz Herbergers zu den Gründen des Olympia-Debakels von 1936. Am 7. August 1936 ist der Goldmedaillenfavorit Deutschland sensationell gegen Norwegen 0:2 ausgeschieden. Bei der Ursachenforschung gibt es erstmals harte Kritik an den Trainingsmethoden von Otto Nerz. Herberger hatte die Mannschaft im Juli in Duisburg vorbereitet. Nerz setzte dann zusätzlich im olympischen Dorf entgegen der Vorschläge seines Assistenten noch einmal hartes Lauftraining an – auch an den Spieltagen. Einige Spieler verletzten sich, andere waren ausgebrannt.

2.Okt.36

Die XXXXXXXXXXXUrsache für unser Ausscheiden in olympischen Dussballturnier war einzig und allein Übertraining!
Tasache ist,dass fast ausnahmslos alle Spieler Gewichtsverlust schon in den ersten Tagen nach Einzug ins olympische Dorf hatten, Diese wichtige Tatsache dran, deshalb nicht zu den Ohren der verantwortlichen Leuten,weil diese in unverantwortlicher Weise,die XXGewichtsüberprüfung wohl täglich, aber von den Spielern selbst vornehmen liessen.Die Gewichtstabelle wurde von Munkert durchgeführt.
Zum Gaudium aller Spieler.Weder Dr.Glasser,noch Dr.Gaggenmiller,noch Dr.Nerz waren auch nur einmal bei dieser Gewichtsannahme zugegen.
Die Spieler verschwiegen ihren Gewichtsverlust aus Angst,dann nicht berücksichtigt zu werden.
Es kam auch vor dass das Gewicht in Kleidung genommen wurde.
Mü.Abnahme 2,5 Pfund,Gramlich noch mehr,

Bei Nerz war Tempo, und
Zweckmässigkeit, das erstrebenswerte Ziel:
daraus leitete er die Aufgaben ab: Schnelligkeit, war Trumpf!
Schnelligkeit der Beine!
er übersah und überging: die Spielkunst !
oder schätzte sie nich entsprechend hoch ein!
er ging vom der Kraft und den athleticshen Qualitäten an das Spiel heran !

Siffling: kein ?ämpfe und
nie eine gute Kondition.....
aber Spielsinn, die ihn immer
rechzeitig zur Stelle sein liess,
hinschleichen, hingehen,
kein Hetzen und Rennen.......
Meister im Stellungsspiel, zu
dem ihn sein Instinkt machte.
kein grosser Arbeitsraum aber
immer "dabei " er war kein Halbrechter Nerzscher Auffassung gewesen.
(Hinten und vorn, hetzen und jagen!

»Hetzen und jagen!«

Aufzeichnungen Herbergers zur Problematik des Nerzschen Fußballverständnisses aus seiner Sicht. Otto Nerz war ein Verfechter eines athletischen Fußballs. Die systematische und wissenschaftliche Förderung der körperlichen Konstitution erschien ihm als der Schlüssel zum Erfolg. Leichtathletisches Training mit 3000-m-Läufen oder 400-m-Rennen auf Zeit stand dementsprechend im Vordergrund. Herberger kritisierte, daß mit der Überbetonung der leichtathletischen Momente die Spielkunst verlorengeht und so Spieler wie etwa Otto Siffling, der Held der Breslauelf von 1937, auf lange Sicht keinen Platz haben können. »Nerz' Konzept immer nur kurzfristig erfolgreich, nie auf Dauer.« Mit der Übernahme der Verantwortung für die Nationalmannschaft nach 1936 beginnt Herberger gegen dieses Konzept zu steuern. So werden z.B. die paramilitärischen Geländeübungen bei der Nationalmannschaft von ihm abgeschafft.

Umbruch: Das Ende des Schema-Fußballs

Das Leistungsbild unserer Mannschaften jener XXXX Zeit trug das Zeichen des ungestümen und ungezügelten, durchsichtigen, kraftzehrenden, mehr nach anstrengender Arbeit als gefälligem Spiel aussehenden Ringens.
Es konnte und durfte nur eine Übergangserschein ng sein. Aber sie war nicht zu umgehen, denn für alle war das Neue ungewohnt, und viele waren anfangs von dem Neuen weder begeistert, noch oft dazu die richtigen Leute, weder gewillt, nocht geeignet noch schon in der Lage, geübt!

Als ich 1937 für die Mannschaft mitverantworlich wurde, XXXXX hatte diese Entwicklung zur spielerischen Gestaltung bereits eingesetzt! Sie wurde - so glaube ich - in erster Linie von den Aktiven selbst angebahnt! Klar und unaufha l sam fand unsere Nationalma nschaft XXXXXX vom Nur - und Jmmersteispiel zum durchdachten, planvollen und gefälligen Spiel, wie es für diese Phase unserer Entwicklung in der Breslauelf seine XXXXXXXXX in XXXXXXXXXXXXXXXX Spielgestaltung und Spielergebnis erfolgreiche Vollendung fand.

Die Spielweise der Stil - ist nicht an das Sytem gebunden! Wir mussten uns n r daran gewöhnen, ein neues Schönheitsideal zu gewinnen! Das Alte war gestorben! Auch di Breslauelf war nur eine Übergangserschein ng, die noch nich XXXXXXX

Mit der völlig überraschenden Olympia-Niederlage gegen Norwegen war die Weiterentwicklung des 1934 in Italien so erfolgreichen WM-Systems an einem Endpunkt angelangt. Das WM-System drohte - nicht nur in Deutschland - in statischem Vollzug zu erstarren. „Es war mitunter grausam, im Spiele gegen Norwegen sehen zu müssen, wie sich die Spieler immer und immer wieder auf dieselbe Art abquälten und sich kein einziger fand, der aus eigener Initiative den Bau umstürzte“, schrieb der „Kicker“. Der Mann, der diesen Umsturz herbeiführen wollte und konnte, war Sepp Herberger. Was sich zunächst nur als intuitiver, aus der praktischen Erfahrung als Aktiver stammender Widerstand gegen Nerz' Trainingsmethoden artikulierte, war inzwischen zu einer neuen „System-Philosophie“ gediehen. Herberger war gewillt, vom athletischen zu einem von schnellen Kombinationen inspirierten Tempo-Fußball zu kommen.

»Ein neues Schönheitsideal!«

Darstellung Herbergers über die von ihm initiierte Wende in der Spielweise der deutschen Nationalmannschaft 1937. In dem 1948 entstandenen Text beschreibt er die Sackgasse, in die der Fußball sich manövriert hatte, und sein Rezept zur Überwindung der Krise. Ein auf Toreverhinderung perfektioniertes WM-System mit festen, starren Mannschaftspositionen und vorgeschriebenen Spielzügen eines einfachen »Kick-and-Rush« (»Ball nach vorne und dann Hetzen und Rennen!«) verhinderte jegliche spielerische Weiterentwicklung. Dem Ideal einer starren Ordnung stellte Herberger das System eines variantenreiches Kombinationsspiels gegenüber, in dem systematisch die technische Kreativität gefördert werden soll. Herberger sieht es auch als ein ästhetisches Problem: Fußball soll nicht »gearbeitet«, sondern »gespielt« werden.

»Die Leistung im Fußball hat vom Spiel her zu kommen, das Spiel wird mit dem Ball gemacht (und auch gewonnen), das Tempo macht der Ball, nicht (nur) die schnellen Leute! Der Ball hat die beste Kondition. Schnelligkeit im Fußball ist nicht so sehr das Resultat schneller Beine, sondern klugen Vorausdenkens.«

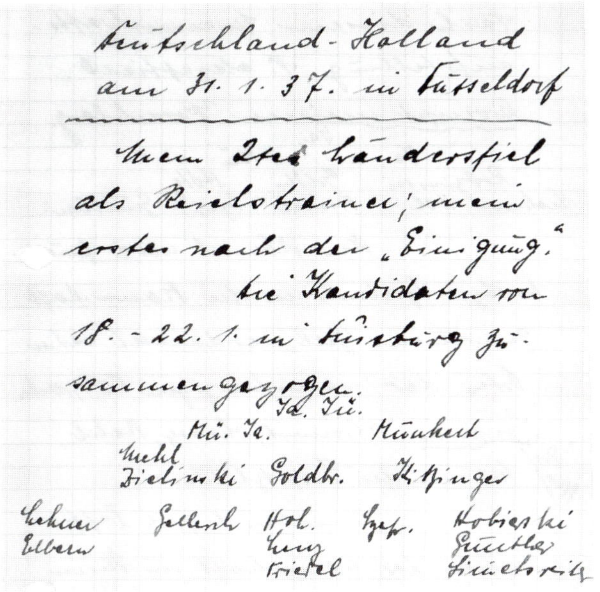

Deutschland-Holland
am 31. 1. 37. in Düsseldorf

Mein 2tes Länderspiel
als Reichstrainer; mein
erstes nach der „Einigung".
Die Kandidaten von
18.-22. 1. in Duisburg zu-
sammengezogen.

Ja. Jü.
Mü. Ja. Munkert
Mehl
Zielinski Goldbr. Kitzinger
Lehner Elbern Gellesch Hoh. Lenz Friedel Szep. Kobierski Günther Simetsreiter

Schwur

Tagebucheintragung Herbergers nach dem Fußball-Länderspiel gegen Holland am 31. Januar 1937, in der er bekräftigt, daß er ein neues Zeitalter im Spiel der deutschen Mannschaft anbrechen lassen möchte: »Es ist mein unabänderlicher Wille, mit dem starren, exerziermäßig eingedrillten Spiel unserer Mannschaft zu brechen.«

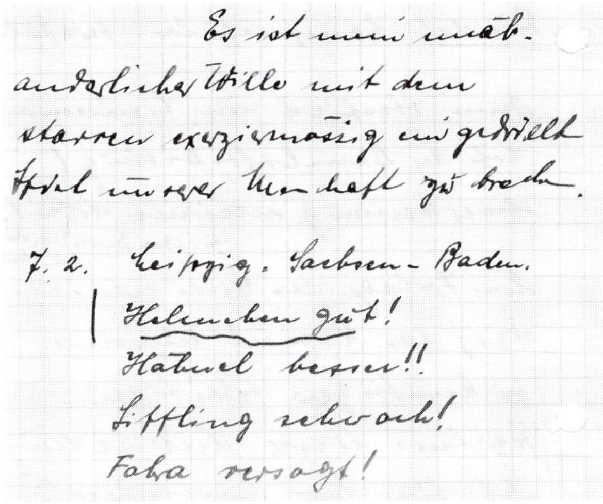

Es ist mein unab-
änderlicher Wille mit dem
starren exerziermäßig eingedrillt
Spiel unserer Mannschaft zu brechen.

7. 2. Leipzig. Sachsen-Baden.
Helmchen gut!
Hahnel besser!!
Liffling schwach!
Faha versagt!

Kampf um den Ball

Auszug aus einem Brief Herbergers an Otto Nerz vom Januar 1937. In der Zeit der »Doppellösung« in der Verantwortung für die Nationalmannschaft 1937/38 kommt es immer wieder zu Auseinandersetzungen. Herberger vertritt dabei offensiv seine Methoden, z.B. gegenüber dem Konzept einer rein läuferischen Schulung der Spieler, wie es Nerz bevorzugte. »Als hauptsächlichstes Mittel zur Erreichung der bestmöglichen Kondition der Spieler diente die Arbeit auf der Laufbahn und technische und taktische Übungen mit dem Ball.«

Nerz - meine Trainingsmethoden
Ball

Herrn
Dr. Otto NERZ,
Berlin-Eichkamp
Am Vogelherd 28

An dem in der Zeit vom 18.-23. Januar im Duisburger Reichsbundheim zur Vorbereitung auf das Länderspiel gegen Holland durchgeführten Kurs haben nachstehend aufgeführte Spieler teilgenommen: Jakob, Jürissen, Münzenberg, Munkert, Janes, Zielinski, Mehl, Goldbrunner, Kitzinger, Elbern, Lehner, Gellesch, Hohmann, Lenz, Friedel, Szepan, Kobierski, Simetsreiter, Günther.

Die Spieler: Helmchen, Sold, Sonnrein und Kupfer konnten der an sie ergangenen Einladung aus Gründen beruflicher oder privater Natur nicht folgen.

Mass und Art der Arbeit im Kurs waren durch den ganz bestimmten Zweck der Einberufung gegeben. Als hauptsächlichstes Mittel zur Erreichung der bestmöglichsten Kondition der Spieler diente die Arbeit auf der Laufbahn und technische und taktische Übungen mit dem Ball. Neben ihrem hohen Wert als Mittel der Verbesserung der Technik und der taktischen Schulung haben sich mir die Übungen des Freistellens und Deckens als unschätzbarer Helfer für die Erfüllung meiner besonders gestellten Aufgabe erwiesen. Täglich wurde auch am Pendel gearbeitet. Das Abschlussspiel gegen eine Niederrheinmannschaft ging 1:0 verloren. Dieses Trainingsspiel hat, weil es unsere Spieler noch einmal bis zum letzten beanspruchte, seinen Zweck voll und ganz erfüllt.

Weiterentwicklung im Krieg

Unsere Nationalmannschaft hat im Kriege XXXXXXXXXXX die angebahnte Entwicklung abgeschlossen. Sie alle, die zu dieser Mannschaft zählten, waren von der Erkenntnis durchdrungen, und in dem Geist erzogen, dass es XXXXX nunmehr und letzlich darauf ankomme,

stets eine geschlossene Mannschaft zu sein,

die sich auf beide Aufgaben des Spiels,
auf Toremachen und Toreverhindern versteht,
und die in XXXXXXXXXXXXXXXXXXXXX jedem Augenblick gedanklich und willensmässig in dieser einheitlichen Rolle wirksam ist, Klarheit in der Willensrichtung diese bestimm und Bestimmtheit in der Willensrichtung.

Aufzeichnung Herbergers zum Leistungsstand der deutschen Nationalmannschaft im Krieg. In diesem Papier erklärt Sepp Herberger den von ihm 1937 initiierten Umbruch in der Spielweise bis 1942 als abgeschlossen. Herbergers Ideal der organischen Mannschaft, die sich permanent in einer kollektiven Angriffs- oder Abwehrbewegung befindet, hat nun Gestalt angenommen. Die Grundlage für den Herbergerschen Wirbel ist gelegt.

Mit der »Breslauelf«, die 1937 für einen der Höhepunkte in der deutschen Länderspielgeschichte gesorgt hatte, war nach Herbergers Ansicht lediglich ein weiteres Übergangsstadium innerhalb einer weitergehenden Gesamtentwicklung bewältigt worden. Das »Neue«, so Herberger später, entstand in zahlreichen Nachwuchslehrgängen in der Kriegszeit. Nachdem der Schritt vom rein athletisch geprägten Steilspiel zur planvollen Kombination vollzogen war, begann Herberger die Philosophie des »Wirbels« in die Tat umzusetzen: Positionswechsel, permanentes Abwehr- und Angriffsspiel aller Akteure auf dem Platz waren nun das Ziel. Trotz der widrigen Bedingungen der Kriegsjahre gelingt es Herberger, sein System endgültig zu etablieren. Ein Indiz für die gelungene Umsetzung ist auch die Bilanz bis zum letzten Länderspiel gegen die Slowakei am 22. November 1942. Seit Kriegsbeginn hatte die Mannschaft in 29 Spielen mit 18 Siegen, 4 Unentschieden und 7 Niederlagen ihre Klasse bewiesen.

Trainingsszene vor dem Spiel gegen Spanien am 12. April 1942. Ganz links Fritz Walter. Herberger bewältigte auch in den Kriegsjahren ein enormes Arbeitspensum. Nicht nur zu den Lehrgängen besuchte er die einzelnen Gaue; er ließ auch sonst keine Gelegenheit verstreichen, sich vor Ort zu informieren und seine Kontakte zu pflegen. Oft war er sechs bis sieben Wochen ununterbrochen zu Sichtungen unterwegs.

»Spielerische Kunst«

Protokoll Herbergers zum Länderspiel gegen Ungarn am 6. April 1941, das mit einem 7:0-Kantersieg der Deutschen endete. Herberger konstatiert begeistert die erfolgreiche Umsetzung der neuen Spielauffassung: »Rollende Angriffe, toller Spielwirbel, entschlossenes Dazwischenfahren unserer Abwehrspieler, wenn Gegner am Ball.« Auch Fritz Walter hinterläßt im Sturm einen herausragenden Eindruck.

Deutschland - Ungarn am 6.4.41 in Köln.

)Der Sieg der Mannschaftsleistung und der überlegenen Kondition!

Der Nationalmannschaftslehrgang vom 24.bis 31. 3. hat Wunder gewirkt.

Erfreuliche Feststellung: konzentrierte, verbissene Angriffskraft unserer Mannschaft trotz der Mis erfolge beim Abschluss unserer rollenden Angriffe in den ersten 2o Minuten des Spiels.

Unsere klare, solide Abwehrleistung auch beim Stand von 7: o.

Spielerische Kunst auf dem Boden ersnter.zielstrebiger Mannschaftsarbeit

Toller Spielwirbel, entschlossenes Dazwischenfahren unserer Abwehrspiele wenn Gegner am Ball.

Janes, Kupfer in der Hintermannschaft, Walter im Sturm, die überragenden Kräfte.

Köln war das Spiel von Walter. ([illegible], der jedoch nicht gut war

Hahnemann hatte Pech mit den Schüssen, aber er entwickelt sich mehr und mehr zum Mannschaftsspieler und kniet sich mehr und mehr in seine Aufgabe als Halbstürmer.

Erster Auswärtssieg gegen Ungarn

Ausschnitt aus dem Protokoll Herbergers zum Länderspiel gegen Ungarn 1942 sowie eine Szene aus dem Spiel. Nach dem Kölner Sieg im Jahr davor gewann die National-Elf auch die Revanche am 3. Mai 1942 in Budapest. Obwohl die Mannschaft zur Pause nach schnellem Ausgleich durch die Ungarn, einem unberechtigt gegebenen Elfmeter und einem Abseitstor mit 1:3 zurückgelegen hatte, konnte sie dem Gegner in der zweiten Halbzeit ihr Tempo-Spiel aufzuwingen und dem Spiel noch eine Wende geben.

5.5. 42

5:3 gewonnen!!! Der erste Sieg auf Budapester Boden! Gegen ein Mannschaft die grossartig im spielerischen Können war und die uns in der ersten Hälfte mörderisch zusetzte.

Das 1:3 zur Pause war noch recht günstig für uns. Es konnte schlimm werden in den ersten 45 Minuten.

Trotzdem unsere Mannschaft auf eine Überumplung durch die Ungarn vorbereitet war, gelang den Ungarn diese vollständig.

Sepp Herberger nach dem Spiel Bayern–Sachsen (5:1) am 14. April 1948 in Nürnberg. Rechts: Helmut Schön, der Trainer der Sachsen-Auswahl; von links die Spieler Schade, Pöschl, Hänel.

Als im Trümmerfeld Deutschlands 1945 auch der Fußball darniederliegt, läßt sich Herberger davon nicht beirren. Bald beginnt er erste Aktivitäten zu entfalten, um die Voraussetzungen für einen zukünftigen Spielbetrieb zu schaffen. Als Basis wählt er die Sporthochschule in Köln, an der er Fußballdozent wird und die Trainerausbildung aufbaut. Von dort aus beginnt er erste Trainingsstrukturen im Westdeutschen Verband aufzubauen. Parallel dazu kümmert sich Herberger um jene Vereine, in denen potentielle Spieler einer künftigen Auswahlmannschaft stehen. Herberger nimmt eine Bestandsaufnahme vor. Er erkennt, daß das von der Nationalmannschaft 1942 erreichte Leistungsniveau als verloren gelten muß. Der Vorsprung anderer Ländermannschaften, die keine »Kriegspause« hinnehmen mußten, wird nur sehr schwer aufzuholen sein. Herberger will deshalb nicht »auf den Anpfiff des ersten Länderspiels warten«, dessen Zeitpunkt ungewiß ist, sondern sofort »mit den Vorarbeiten« beginnen. Erneut ist es Herberger, der die Initiative ergreift und die Weichen stellt. Der erste Lehrgang für Spitzenspieler, den er leitet, findet nach seiner Ernennung zum Bundestrainer im November 1949 statt.

Die Hebung der Spielstärke im westdeutschen Fussball - Verband.

Welche Massnahmen können ergriffen werden, um die Spielstärke im Laufe der nächsten Jahre zu heben ?

Ursachen und Gründe für den Leistungsrückgang im Fussball.

Heute und früher
Im Urteil der breiten Masse
System?

Jn Wirklichkeit:

Wir stehen mitten in einer Entwicklung!
Krieg zunächst verhindert, Nachkriegszeit schleppend
Tempo! Anknüpfung unmöglich !
Ziel: Kombination im Blitztempo!!

Vereine Nutznieser!!
Organisation dieser Kurse: wie im früheren WSV.
~~XXXXXXXXXXXXXXXXXXXXXXXXX~~
1) Kreislehrgänge!
Abendlehrgänge, im Sommer!
~~XXXXXX~~ Dienstag - Freitag!
35 Teilnehmer! Bestauslese!! Auswahl von Kreisbeauftragten!
(Kreiswauswahlspiel!!)
Deckung der Unkosten!!

2) Bezirkslehrgänge
8 Tage! Eine Woche!
Tageslehrgang!
Frühzeitige Bekanntgabe sichert Teilnahme!
Spieler bringt gerne Opfer um vorwärts zu kommen!

Tafel,
Kreide, Abend ssen,

»Ziel: Kombination im Blitztempo!!«

Aufzeichnungen Herbergers zu den Anforderungen des Neuaufbaus 1947/48. Diesen versucht er im Westdeutschen Verband voranzutreiben, noch bevor Entscheidungen über Verbandsstruktur und Personalien auf Bundesebene getroffen sind. Herberger hat sofort einen klaren Blick für die notwendigen Maßnahmen, um dem Fußball wieder auf die Beine zu helfen. Fazit von Herbergers Bestandsaufnahme nach dem Krieg war gewesen: »Wir müssen ganz von vorn anfangen!« Er entwarf ein »Sofortprogramm« für die Regionalverbände, das eine Sichtung der Spieler und einen systematischen Trainingsbetrieb gewährleisten sollte. Von der Organisation der Tafelkreide bis zur Auswahl der Teilnehmer und der Kursinhalte lag alles in seinen Händen.

Schreiben von Carl Diem vom 7. Mai 1947, in dem er Herberger an die neugegründete Sporthochschule in Köln beruft. Herberger übernimmt die Dozentenstelle für das Fach »Fußball«. Carl Diem, der für das Gesamtkonzept der Ausbildungsstätte verantwortlich zeichnet, holt Herberger, nachdem er schon im Februar 1946 diesbezüglich Kontakt mit ihm aufgenommen hat. Nach zwei kleineren Fortbildungslehrgängen beginnt unter einfachsten Bedingungen am 3. November 1947 der erste Lehrgang für Fußball-Lehrer. Unter den Lehrgangsteilnehmern war auch Hennes Weisweiler, der spätere Trainer von Borussia Mönchen-Gladbach und dem 1. F.C. Köln.

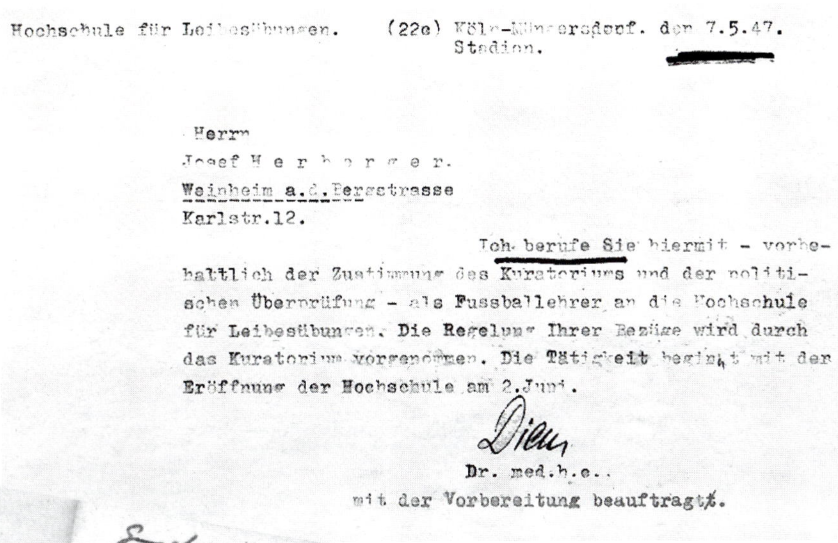

Hochschule für Leibesübungen. (22c) Köln-Müngersdorf, den 7.5.47.
Stadion.

Herrn
Josef Herberger.
Weinheim a.d.Bergstrasse
Karlstr.12.

Ich berufe Sie hiermit - vorbehaltlich der Zustimmung des Kuratoriums und der politischen Überprüfung - als Fussballehrer an die Hochschule für Leibesübungen. Die Regelung Ihrer Bezüge wird durch das Kuratorium vorgenommen. Die Tätigkeit beginnt mit der Eröffnung der Hochschule am 2.Juni.

Diem
Dr. med.h.c.
mit der Vorbereitung beauftragt.

Auszug aus Sepp Herbergers Terminkalender vom November 1946, der seine rastlosen Aktivitäten in der Nachkriegszeit dokumentiert. Am 3.11. Besuch des Spiels zwischen dem VfR Mannheim und dem 1. F. C. Nürnberg; anläßlich des Spiels möglicherweise Treffen mit Carl Diem. Am 5.11. Besuch des Spiels von Phönix Ludwigshafen, am 6.11. auf einen Sprung zu Fritz Walter. Am 9.11. bereits wieder in Stuttgart.

»Großvater der Bundesliga«

Sepp Herberger hat einmal gesagt, wenn man Franz Kremer – den Vorsitzenden des 1. F. C. Köln in den sechziger Jahren und Protagonisten der Bundesliga – als »Vater der Bundesliga« bezeichnet, müßte man ihn den »Großvater der Bundesliga« nennen. Seit seiner Verantwortung für die Nationalmannschaft hat er die Einführung einer Einheitsliga gefordert. Bereits Ende 1937 versuchte Herberger Felix Linnemann für seine »Lieblingsidee« einer »Reichsliga« zu gewinnen. Herberger erhoffte sich von der Neuorganisation eine wesentliche Anhebung der Leistungsfähigkeit des deutschen Fußballs. Im internationalen Vergleich drohte sich die Tatsache, daß es in Deutschland nach wie vor keinen Fußball-Professionalismus gab, nachteilig auszuwirken. Die Lehrgänge für die Nationalmannschaft konnten die fehlende Leistungsverdichtung, wie sie durch eine Spitzenliga gewährleistet wurde, auf Dauer nicht ausgleichen. Der »Anschluß« Österreichs, die bevorstehende Weltmeisterschaft in Frankreich und schließlich der Kriegsausbruch verhinderten jedoch, daß der Plan einer Reichsliga umgesetzt wurde. Nach dem Krieg war es erneut Herberger, der immer wieder eine – nun als »Bundesliga« bezeichnete – höchste Spielklasse forderte. Aber erst 1963 wurde sie eingeführt. Herbergers Rücktritt fiel in die erste Saison der neuen, von ihm fast drei Jahrzehnte herbeigesehnten Liga.

»Wegen drohender Kriegsgefahr abgesetzt«

Aufzeichnungen Herbergers über seinen Versuch, Fußballverbandschef Felix Linnemann 1937 von der Notwendigkeit einer Reichsliga zu überzeugen. Als Herberger Reichstrainer wurde, spielte man in 16 gleichberechtigten regionalen Oberligen, den »Gauligen«, mit je zehn Vereinen. Die 16 Gaumeister ermittelten dann in einer speziellen Runde den deutschen Meister. Das Manko dieses Systems lag auf der Hand, Herberger mußte für seine Arbeit 160 verschiedene Vereine begutachten. Zudem hatten die Spitzenspieler nur in wenigen Spielen ebenbürtige Gegner, die sie wirklich forderten. »Die Kondition unserer Nationalspieler war gemessen an den Anforderungen eines Länderspiels von Haus aus, d.h. vom Vereins- und Trainingsbetrieb her, nicht ausreichend.« Diese Argumente schienen auch für Linnemann überzeugend. Doch dieser gab sich ob der zu erwartenden politischen Schwierigkeiten – wegen der notwendigen Entmachtung der Gaue – sybillinisch. »Wie reagierte Linnemann auf mein Drängen? Er konnte zuhören! Ließ mich zappeln!« 1938 rief er Herberger dann doch überraschend nach Stettin zu sich, um ihm stolz die Idee einer vierteiligen Reichsliga zu präsentieren. Am 28. August 1939 sollte dieser Vorschlag bei einer Jahrestagung der Gaufachwarte in Bremen noch einmal diskutiert werden. Doch als die Versammlung das Thema erörterte, platzte die Nachricht vom drohenden Kriegsausbruch herein. Sie wurde sofort aufgelöst.

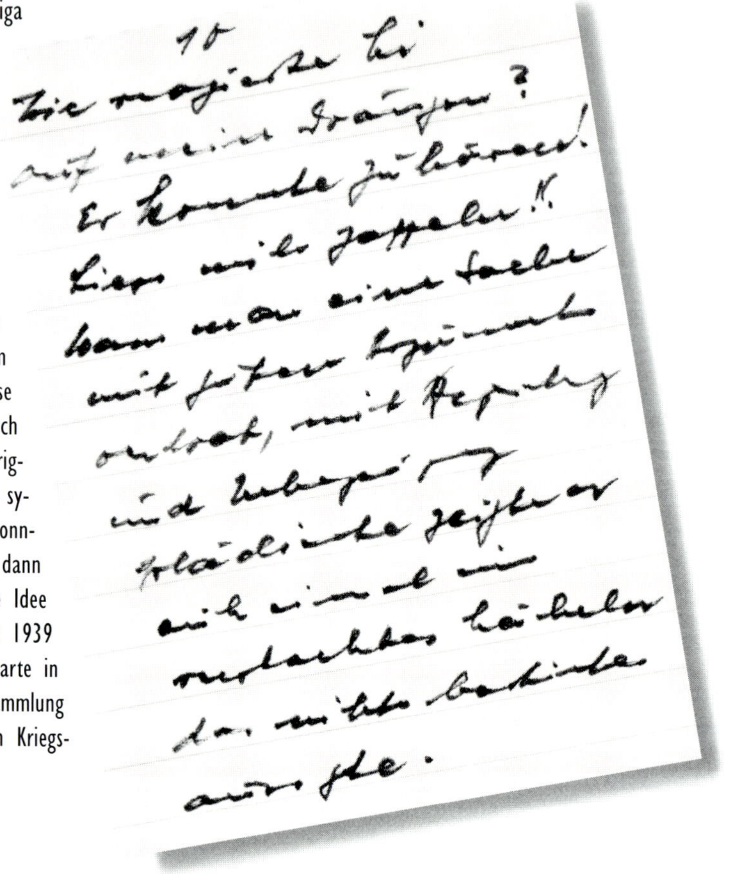
10
Wie reagierte L.
auf mein Drängen?
Er konnte zuhören!
Ließ mich zappeln!

»Den Niedergang aufhalten«

Vorschlag Herbergers für eine zweigleisige Bundesliga, vorgetragen in einem Referat am 21. Januar 1954, also fünf Monate vor dem Gewinn der Weltmeisterschaft. Herberger fordert in diesem Vortrag mit drastischen Worten eine Umkehr in der Organisation des Spielbetriebs, um das Niveau in den Vereinen zu erhöhen um die Leistungsfähigkeit der Nationalmannschaft zu erhalten. Es geht seiner Meinung nach um die Akzeptierung »der Tatsache, daß Spielniveau und Leistung einen beängstigenden Tiefstand erreicht haben und noch abzusinken drohen«. Herberger führt sogar den Umstand, daß die Nationalmannschaft regelmäßig 1:0 in Rückstand gerät, auf einen fehlenden Leistungsdruck zurück, wie ihn nur eine Bundesliga garantiere. Von den Vereinen kommt jedoch starker Widerstand gegen eine Auflösung der Oberligen, da in einer Einheitsliga weniger Spiele stattfinden würden, für die Mehrzahl außerdem zweitklassig. In diesem Referat greift Herberger auch noch vehement die Praxis der über das Vertragsspielerstatut hinausgehenden Geldzahlungen an. Er fordert als eine Alternative im Zuge der Bundesliga den Vollprofi, da nur er »täglich trainiert und aus reiner Existenzfrage mit seiner ganzen Persönlichkeit auf die Erreichung und Erhaltung der Höchstleistung aus ist.«

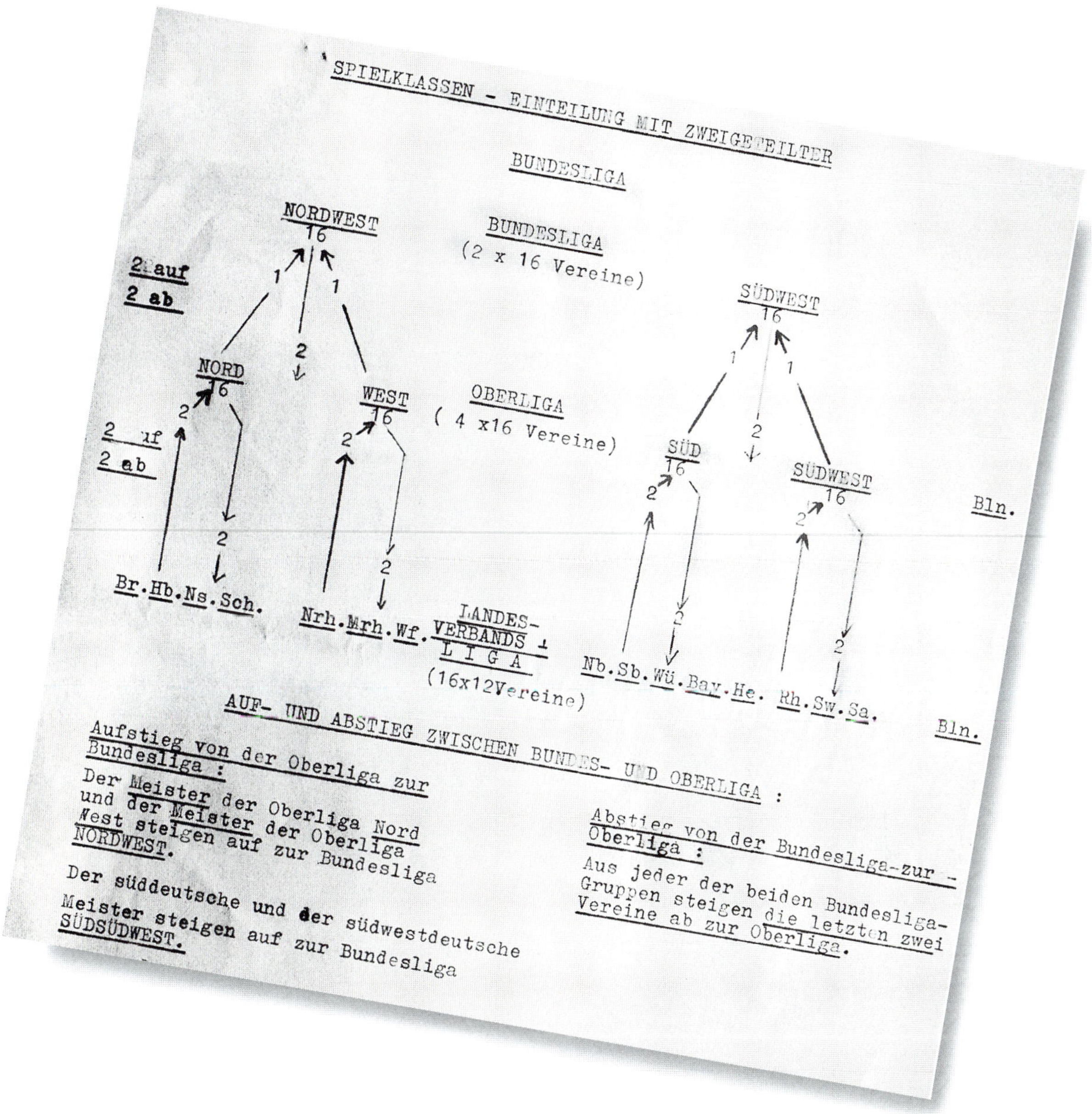

Der Theoretiker

»Zurück zur Natur«

In den fünfziger Jahren kursierte der Satz, der Platz, auf dem sich Sepp Herberger am wohlsten fühle, sei das Klassenzimmer. Die Öffentlichkeit hatte etwas wahrgenommen, was seinen Spielern längst ein Begriff war: daß Herberger ein begeisterter Lehrer war und er unermüdlich auf der Suche nach letzten Erkenntnissen war, die er seinen Schützlingen vermitteln konnte. Er hatte in diesem Zusammenhang ein fast triebhaft zu nennendes Verhältnis zur Theorie. Mit hoher Intelligenz ausgestattet, war er immer bestrebt, sein Wissenspotential stetig zu vergrößern. Wissen galt ihm als Instrument einer Beherrschung der Realität. In seiner akademischen Ausbildung entwickelte er außerordentliche Fähigkeiten in der Systematisierung von komplexen Sachverhalten. Seine Diplomarbeit liest sich z.B. wie eine Enzyklopädie des fußballerischen Bewegungsablaufs. Herberger war immer gewillt, übergeordnete Zusammenhänge zu erkennen und sie zur Grundlage seiner Aktivitäten zu machen. So war sein Konzept zur Etablierung einer neuen Spielkultur kurz nach dem Zweiten Weltkrieg eingebettet in eine Bestandsaufnahme der historischen Entwicklung des Fußballspiels. Der Fokus seiner theoretischen Bemühungen war dabei die »Natürlichkeit«. Herberger wollte herausfinden, wie auf dem Platz das natürliche spielerische Element triumphiert. Seine Trainingstheorie fußt folgerichtig auf einer Förderung der Spielfreude, sein Spielsystem des »Wirbels« auf dem Konzept der Mannschaft als organisches, »fließendes« System. Als Theoretiker war Herberger von dem Drang beseelt, den Fußball zu perfektionieren und den individuellen sowie den mannschaftlichen Bewegungsablauf auf ein hohes ästhetisches Niveau zu heben.

Berufswunsch: Lehrer

Für Sepp Herberger kam bereits sehr früh nur eine Tätigkeit infrage: die des Lehrers. Die Wurzeln für diesen Berufswunsch reichen dabei weit zurück. Als Kind prägen sich bei ihm für Letztgeborene typische Charakterzüge aus. Der kleine Herberger zeichnet sich durch eine große Unbefangenheit, eine fast naive Neugier der Welt gegenüber aus, aber auch durch ein starkes Interesse an älteren Personen, die etwas vom Wissen über die Welt weitergeben können. Herberger entwickelt sich zu einem aufgeweckten, intelligenten Kind, das auch in der Schule – ein Ort, an dem es seine Wißbegierde befriedigen kann – Furore macht. Man will ihm die Lehrerausbildung ermöglichen, doch die familiären Umstände zwingen Herberger, mit 14 Jahren die Schule zu verlassen. Der Lehrerberuf wird nun für ihn der Inbegriff der Fähigkeit, sich aus den Beschränkungen der sozialen Unterklasse lösen zu können. Wissen, der Erwerb von Wissen und dessen Weitergabe gelten ihm als die Chance, sein Schicksal in die Hand nehmen zu können. Erkenntnis bietet im Verständnis des frühen Herbergers so ein doppeltes Versprechen. Sie schafft Unabhängigkiet von sozialen Beschränkungen, und sie ist das Instrument, um Herausforderungen bewältigen zu können. Rückblickend war sein Leben in dieser Zeit von einer Maxime geprägt: »Ich war ein Suchender, ich wollte lernen.«

Zeugnisse Sepp Herbergers aus verschiedenen Schuljahren in der Waldhof-Volksschule und der Bürgerschule in der Mannheimer Innenstadt. Wie aus der Platzziffer jeweils zu entnehmen ist, war Herberger in jeder Volksschulklasse der Klassenbeste.

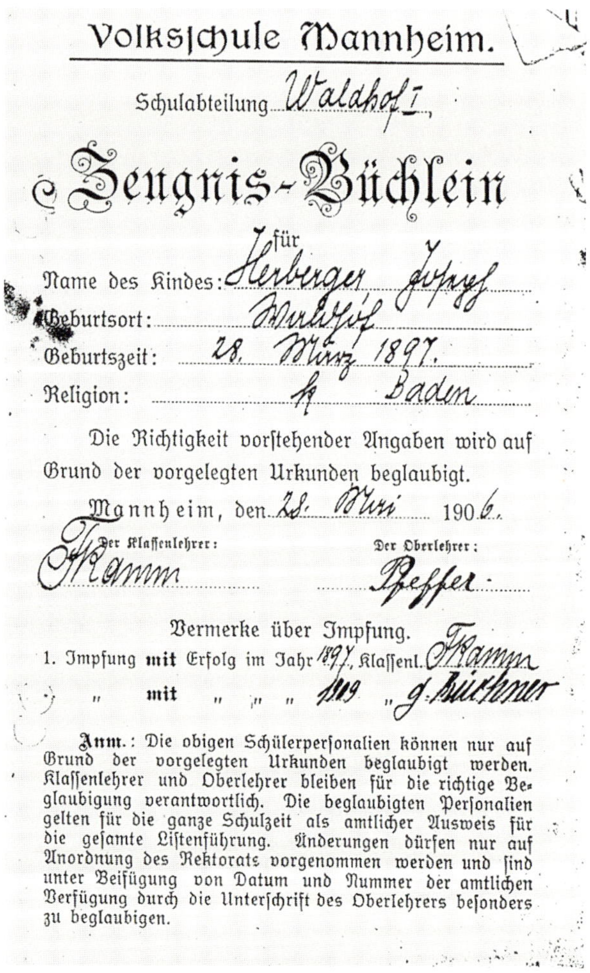

Volksschule Mannheim.

Schulabteilung Waldhof I

Zeugnis-Büchlein

für

Name des Kindes: Herberger Joseph

Geburtsort: Waldhof

Geburtszeit: 28. März 1897.

Religion: k. Baden

Die Richtigkeit vorstehender Angaben wird auf Grund der vorgelegten Urkunden beglaubigt.

Mannheim, den 28. März 1906.

Der Klassenlehrer: Kamm

Der Oberlehrer: Pfeffer

Vermerke über Impfung.

1. Impfung mit Erfolg im Jahr 1897, Klassenl. Kamm

" mit " " 1909 " J. Büchner

Anm.: Die obigen Schülerpersonalien können nur auf Grund der vorgelegten Urkunden beglaubigt werden. Klassenlehrer und Oberlehrer bleiben für die richtige Beglaubigung verantwortlich. Die beglaubigten Personalien gelten für die ganze Schulzeit als amtlicher Ausweis für die gesamte Listenführung. Änderungen dürfen nur auf Anordnung des Rektorats vorgenommen werden und sind unter Beifügung von Datum und Nummer der amtlichen Verfügung durch die Unterschrift des Oberlehrers besonders zu beglaubigen.

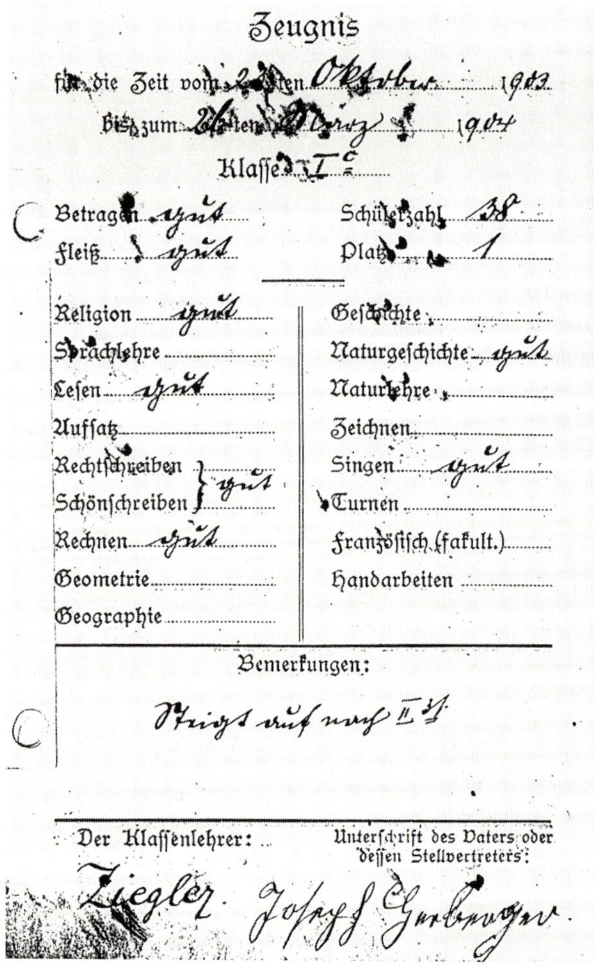

Zeugnis

für die Zeit vom 2. ten Oktober 1903

bis zum 26. ten März 1904

Klasse [illegible] c

Betragen gut — Schülerzahl 38

Fleiß gut — Platz 1

Religion gut	Geschichte
Sprachlehre	Naturgeschichte gut
Lesen gut	Naturlehre
Aufsatz	Zeichnen
Rechtschreiben } gut	Singen gut
Schönschreiben }	Turnen
Rechnen gut	Französisch (fakult.)
Geometrie	Handarbeiten
Geographie	

Bemerkungen:

Steigt auf nach II [illegible]

Der Klassenlehrer: Ziegler

Unterschrift des Vaters oder dessen Stellvertreters: Joseph Herberger

»Mein Entschluß stand fest«

Aufzeichnungen Herbergers zum vergeblichen Bemühen, eine Lehrerausbildung für ihn in die Wege zu leiten. Nachdem er aufgrund des Ablebens seines Vaters von der »Bürgerschule« – einer Art Realschule – wieder auf die Volksschule zurück mußte, versuchten seine Lehrer ihm ein Stipendium für den Besuch einer weiterführenden Schule zu verschaffen. Dies mißlingt jedoch, so daß er 1911 auch die Volksschule verlassen muß, um seinen Lebensunterhalt zu verdienen. Zurück bleibt der feste Wille, den Lehrerberuf zu ergreifen.

- 2 -

Bürgerschule

Mit dem loten Lebensjahr wechselte ich auf die höhere Schule in Mannheim. Ich glaube dass hierbei der Lehrkörper meiner alten Schule auf dem Waldhof den Anstoss dazu gegeben hat. Dan versrab plötzlich mein Vater an den Folgen einer nicht ausgeheilten Grippe. Das war ein schwerer Schlag. Ich war gerade 11 Jahre gwworden. Meine Geschwister waren alle verheiratet. Ich war mit meiner Mutter allein. XXXXXXXXXXXXXXXXXXXXXXXXXXXXXXXXXXXXXX. XXXXXXX Das Schulgeld und dieFahrtkosten zur Schule machten für unsere damaligen Verhältnisse eine schöne Stange Geld. Woher nehmen und nicht stehlen. Also hiess es für mich wieder zurück zur alten Schule. Und so gescha es dann auch. Die letzten drei Jahre meiner Schulzeit verbrachte ich dann wieder auf der alten Schule.

Stipendium gab es wohl nicht

Und dann kam der Zeitpunkt der Schulentlassung. Von Hause aus konnte ich keine grossen Pläne hinsichtlich meiner Berufswahl schmieden. Ich musste Geld verdienen.
XXXXXXXXXXXXXXXXXXXXXXXXXXXXXXXXXXXXXXXXXX
Offen ar müssen doch auch gute Seiten in mir erkannbar gewesen sein. Ansonsten hätte wohl nicht mein Lehrkörper so darauf gedrungen ich solle Lehrer werden. Dazu hätte ich auch schon Lust gehabt und auch meine Mutter hätte mitgemacht. Aber das hätte Geld gekostet. Das hatten wir nicht und XXXXXX zum Stehlen fehlten mir die Voraussetzungen. Alle Versuche vonseiten des Lehrkötpers und auch vonseiten meiner Mutter ein Stipendium zu erhalten hatten keinen Erfolg. Also . . . .

Zeugnis

für die Zeit vom ... April 1904
bis zum ... Oktober 1904
Klasse VI 31

Betragen	gut	Schülerzahl	41
Fleiß	gut	Platz	1
Religion	gt	Geschichte	
Sprachlehre		Naturgeschichte	gt
Lesen	gt	Naturlehre	
Aufsatz		Zeichnen	
Rechtschreiben	gt	Singen	gt
Schönschreiben	gt	Turnen	
Rechnen	gt	Französisch (fakult.)	
Geometrie		Handarbeiten	
Geographie			

Bemerkungen:

Der Klassenlehrer: Ziegler

Unterschrift des Vaters oder dessen Stellvertreters: Joseph Herberger

Aber ein gedanke hat mich in jenen Tagen der fehgsschlagenen Hoffnungen zutiefst erfasst und nie mehr losgelassen. Er wurde zu meinem ständigen, mahnenden und treibenden Begleiter auf Schritt und Tritt. : Ich wollte Lehrer werden.

Zunächst allerdings sich nicht das geringste Anzeichen einer nur leisen Chance zu seiner Verwirklichung. Jetzt standen auch vordringlichenAufgaben an. Vorerst hiess es zunächst einmal für den eigenen und den Lebensunterhalt der Mutter zu sorgen. Meine Schulzeugnisse verhalfen mir schnell zu einer Stellung im kaufmännischen Beruf. Ich kam schnell voran.

13. Prüfungen.

a) Allgemeines.

Vorsitzender des Prüfungsausschusses war auch im Berichtsjahre Kapt. z. S. a. D. Kopp, der dieses Amt bereits seit dem 1. September 1927 bekleidet.

Die „August Bier-Plakette" wurde vom Senat für das Sommersemester 1930 Herrn Josef Herberger aus Mannheim-Waldhof (Baden) und für das Wintersemester 1930/31 Herrn Walter Delingat aus Wilhelmshaven zuerkannt.

* * *

In Zukunft wird das Prüfungswesen der Hochschule, ohne in materieller Beziehung wesentliche Aenderungen zu erfahren, infolge der staatlichen Anerkennung rechtlich und formell auf eine andere Grundlage gestellt sein. Die Diplomprüfungen finden fortan unter Vorsitz eines Reichs- bezw. Preußischen Staatskommissars statt, die wechselweise tätig sind, und die Diplom-Zeugnisse werden von diesen Kommissaren unterzeichnet und damit amtlich anerkannt. Die vom Kuratorium ernannten Mitglieder des Prüfungsausschusses, sowie der vom Rektor ernannte Leiter der Prüfungen bedürfen der ministeriellen Genehmigung. Auch hat die seit dem 1. April 1927 geltende Prüfungsordnung eine Neubearbeitung erfahren und ist in dieser ihrer neuen Form von den 3 die Aufsicht führenden Ministerien genehmigt worden. Die Neubearbeitung ist den in der Prüfungsordnung der Turnphilologen gestellten Anforderungen angeglichen worden, geht aber in Bezug auf die geforderten Leistungen über diese hinaus. Insbesondere sind

Auszug aus der Verlautbarung der Deutschen Hochschule für Leibesübung (DHfL) vom Jahr 1930. Sepp Herberger erhält als bester Absolvent des Sommersemesters 1930 die »August-Bier-Plakette« verliehen.

Der Weg zum Lehrerberuf führte für Sepp Herberger über den Fußball. Herausragende Leistungen bei einem Fußballtrainerkurs des DFB hatten ihm eine Ausnahmegenehmigung für ein Sportstudium an der Deutschen Hochschule für Leibesübungen (DHfL) in Berlin ermöglicht. Das dreijährige Studium von 1927 bis 1930 bot ihm die Möglichkeit, seine intellektuellen Fertigkeiten zu schärfen und sein theoretisches Wissen auszubauen. Es war nicht immer einfach: In wissenschaftlichen Fächern wie Anatomie oder Physiologie mußte sich Herberger z.B. ohne Lateinkenntnisse zurechtfinden.

(K)ein Psychologe

Abschrift des Abschlußzeugnisses Herbergers als Diplom-Sportlehrer. Das Originalzeugnis der DHfL von 1930 ging im Krieg verloren. Die aus 1956 stammende Prüfungsbescheinigung bestätigt dem später auf der ganzen Welt als Motivationskünstler gerühmten Bundestrainer eine »Vier« in Psychologie. Herberger hatte die entsprechenden Vorlesungen bei Professor Sippel nicht besuchen können, weil er zu diesem Zeitpunkt zwei Vereine hatte trainieren müssen. Sippel ließ ihn bei der ersten Prüfung durchfallen; bei der Nachprüfung beichtete Herberger, daß er gefehlt habe, um seinen Lebensunterhalt verdienen zu können, und bestand die Prüfung mit »Genügend«.

SPORTHOCHSCHULE KÖLN

KÖLN-MÜNGERSDORF, DEN 13.10.1956
STADION · TEL. 58401/02. 53346

Bescheinigung

Hierdurch wird bescheinigt, daß Herr Josef Herberger, geb. am 28.3.1897 in Mannheim, vom Sommersemester 1927 bis Sommersemester 1930 an der Deutschen Hochschule für Leibesübungen Berlin studiert und zum Schluß des Sommersemesters 1930 die

Prüfung
als
Diplom-Turn- und Sportlehrer

bestanden hat.
Die Prüfungsergebnisse lauteten u.a. wie folgt:

Pädagogik	Gut
Psychologie	Genügend
Übungsstättenbau	Gut
Anatomie	Gut
Hygiene	Sehr gut
Erste Hilfe	Sehr gut
Fußball	Sehr gut
Leichtathletik	Gut
Schwimmen	Gut
Boxen	Sehr gut

Die Diplomarbeit
"Der Weg zur Höchstleistung im Fußballsport"
wurde mit
"Sehr gut"
bewertet.

Herrn Herberger wurde als bestem Studenten des Prüfungssemesters Sommer 1930 die
August-Bier-Plakette
verliehen.

Sporthochschule Köln · Der Rektor

Diem
Rektor
der Sporthochschule Köln,
früher Prorektor
der Deutschen Hochschule für Leibesübungen Berli

Auszug aus der Prüfungsordnung für das Studium zum Diplom-Sportlehrer an der DHfL von 1928. Sie gibt einen Eindruck von der Vielfältigkeit der zu erbringenden Leistungen. Um das »Gut« im Fach Leichtathletik zu erreichen, mußte Herberger z.B. unter 12,8 Sekunden über 100 m laufen.

Anhang

Forderungen für die praktischen Prüfungen.

(Zu § 6).

I. Für männliche Studierende.

A. Pflichtfächer.

1. Körperschule.

Umfassende gymnastische Fähigkeit und Fertigkeit, genaue Kenntnis aller physiologisch bedeutsamen Uebungsgruppen und Einsicht in die Mechanik und physiologische Wirkung.

2. Leichtathletik.

Die Ausführung wird besonders gewertet.

	genügend	gut	sehr gut
100 m Laufen mindestens	13,4 Sek.	12,8 Sek.	11,8 Sek.
5 km Geländelauf . .	wird jeweils bestimmt.		
Hochsprung m. A. . .	1,35 m	1,50 m	1,60 m
Weitsprung m. A. . .	4,75 m	5,50 m	6,25 m
Kugelstoßen 7¼ kg . .	8 m	9,25 m	10,50 m
Speerwerfen	30 m	36 m	40 m

3. Schwimmen.

Die Ausführung wird besonders gewertet.

	genügend	gut	sehr gut
300 m Schwimmen (beliebig) . mindestens	8 : 30 Min.	7 : 30 Min.	6 Min.

Nachweis genügender Fertigkeiten in den vier Schwimmarten.

Springen (nach der Wertung des D. S. V.):
1 m Brett: Kopfsprung mit Anlauf.
Kopfsprung rückwärts.
Kopfhechtsprung aus dem Stand vorlings.
5 m Brett: Ein Kürsprung.

Im Rettungsschwimmen: Erfüllung der Bedingungen zur Erwerbung des Lehrscheines der Deutschen Lebensrettungsgesellschaft.

9

Deutsche Hochschule für Leibesübungen.

Uebersichtsplan

	Mittwoch Männer	Mittwoch Frauen	Donnerstag Männer	Donnerstag Frauen	Männer
7—8	I, II Kleinkaliberschießen: Haupt III IV V VI Tennis: Amtsberg, Pfeifer	I II III IV V VI Tennis: Amtsberg, Pfeifer	I II III IV V VI Tennis: Amtsberg, Pfeifer	I II III IV V VI Tennis: Amtsberg, Pfeifer	I II III IV V VI
8—9	I, II Kleinkaliberschießen: Haupt III, IV Turnspiele: Folkerts V, VI Fußball: Nerz	I/II V. Leichtathletik: Frl. Bail, Köhler I, II, III Gerätturnen.: Dr. Klinge, Harms, Wälken IV V VI T.G. Gerätt.: Meusel	I, II Fußball-Uebungsspiel: Nerz III IV V VI Boxen (Ftg.): Schäfer	I/II V. Gerätturnen: Frl. Bail, Harms, Wälken I, II, III Leichtathletik: Frl. Köhler IV, V, VI Kamitz, Leppke Folkerts (Sondf.)	I, II Turnspiele: Harms III, IV Turnspiele: Folkerts V, VI Fußballübun[…] spiel: Nerz
9—10	I, II Sportmassage: Dr. Kichberg III, IV Turnspiele: Folkerts V, VI Fußball: Nerz	I/II V. Leichtathletik: Frl. Bail, Köhler I II III, IV, V, VI Lehrgang in vorbeug. Leibesübungen: Dr. Beck Bodenturnen (Ftg.): Meusel	I, II Fußball-Uebungspiel: Nerz III, IV, V, VI Lehrg. in vorbeug. Leibesübungen: Dr. Beck Boxen (Ftg.): Schäfer	I/II V. Turnspiele: Frl. Bail I, II, III Leichtathletik: Frl. Köhler IV, V, VI Kamitz, Leppke Folkerts (Sonderfach)	I, II Turnspiele: […] III, IV Turnspiele: […] V, VI Fußball-Uebu[…] Nerz T.G. Gerätturnen: […]
10—11	I Schwimmen: Kellner II III, IV Leichtathletik: Folkerts, Kamitz, Westerhaus, V, VI Holz (Sonderf.) Schelenz (Sondf.) Tennis: Amtsberg, Pfeifer	I/II V. I, II Sportmassage: Dr. Kirchberg III IV, V, VI Turnspiele: Dr. Klinge Tennis: Amtsberg, Pfeifer	I Leichtathl.: Leppke II Leichtathl.: Opitz III IV 10³⁰-11¹⁵ Schwimm.: Kellner V VI Sondf.: Fußball: Nerz Tennis: Amtsberg, Pfeifer	I/II V. Turnspiele: Frl. Bail I, II, III Turnspiele: Frl. Köhler IV V VI Tennis: Amtsberg, Pfeifer	I Gerätturnen: Harms, Opi[…] II Wälken III, IV Leichtathletik: Folkerts, Kam[…] Westerhaus V, VI Holz (Sonder[…]) Schelenz (Son[…])
11—12	I II Schwimmen: Kellner III, IV Leichtathletik: Folkerts, Kamitz, Westerhaus, V, VI Holz (Sonderfach) Schelenz (Sondf.)	I/II V. I, II Beweg.-Stud.: Frau Trumpy III IV, V, VI Turnspiele: Dr. Klinge	I Leichtathl.: Leppke II Leichtathl.: Opitz III IV V, VI Schwimmen: Kellner Sondf.: Fußball: Nerz	I, II, III Turnspiele: Frl. Köhler IV V VI	I II III, IV Leichtathletik: Folkerts, Kam[…] Westerhaus V, VI Holz (Sonder[…]) Schelenz (Son[…])
12—13	I II III, IV, V, VI Gerätturnen: Harms, Opitz, Wälken	I/II V. I, II Bew.-Studien: Frau Trumpy III IV V, VI Schwimmen: Kellner	I–VI 12—13³⁰ Handball: Leppke, Opitz, Schelenz	I, II Schwimmen: Kellner III–VI 12—13³⁰ Tänzer. Korperbildung n. „Laban“: Frl. Wedekind	I II Schwimmen: […] III, IV 12-13³⁰ Fußball: Nerz V VI
13—14					
14—15					
15—16	I–IV Jugendkunde: Dr. Littmann	I–VI Jugendkunde: Dr. Littmann	I, II Anatomie: Dr. Mair III–VI Pädag. Seminar: Dir. Dr. Häußler	I, II Anatomie: Dr. Mair III–VI Pädag. Seminar: Dr. Häußler	I, II, III Alte und neue deutsche Tänze[…] A. Müller IV, V, VI Prakt. Uebun[…] zur Jugendk[…] Dr. Littmann
16—17	I–VI Vortragsseminar: Prof. Dr. Schiff, Dr. Diem	I/II V. I–VI Vortragsseminar: Prof. Dr. Schiff, Dr. Diem	I, II Anatomie: Dr. Mair III–IV Pädag. Seminar: Dir. Dr. Häußler	I, II Anatomie: Dr. Mair III–VI Pädag. Seminar: Dir. Dr. Häußler	I, II, III Alte und neue deutsche Tänze[…] Alfred Müller IV, V, VI Prakt. Uebun[…] zur Jugendk[…] Dr. Littmann
17—18	Am 2., 9. u. 16. Mai: I, II, III Ausgew. Kapitel aus der Biologie: G.-R. Prof. Dr. Bier IV, V, IV sonst: Vortragsseminar: Prof. Dr. Schiff, Dr Diem	I/II V. Am 2., 9. u. 16. Mai: I, II Ausgew. Kapitel aus d. Biologie: Geh.-Rat Prof. Dr. Bier III, IV, V, VI sonst: Vortragssem.: Prof. Dr. Schiff, Dr Diem	I, II, III Grundbegriffe der Pädagogik: Dir. Dr. Häußler IV V VI	I, II, III Grundbegriffe der Pädagogik: Dir. Dr. Häußler IV V VI	I–VI Bildungsfrag[…] Leibesübunge[…] Westerhaus
18—19	I–VI Geschichte der Leibesübungen im Altertum: Dir. Dr. Neuendorff	I–VI Geschichte der Leibesübungen im Altertum: Dir. Dr. Neuendorff			I, II, III Mechan. d. me[…] Gelenke u. Sp[…] Dr. Kniepkam[…] IV, V, VI Uebungsstätte[…] Architekt Sei[…] 19-21 II-VI Boxen-Trainingsstunden: S[…]

Auszug aus dem Stundenplan für den Studiengang »Diplom-Sportlehrer« an der DHfL für das Sommersemester 1928.

Spiel vs. Leibesübungen

Die Auseinandersetzung um den aus der Sicht der Turner schädlichen Einfluß des Fußballspiels auf die Volksgesundheit war in den zwanziger Jahren in der Öffentlichkeit abgeebbt. Ein Grund dafür war auch die überwältigende Popularität, die die »Fußlümmelei« mittlerweile erreicht hatte. Sportideologisch waren die Fronten jedoch noch nicht geklärt. Das Fußballspiel wurde von namhaften sporttheoretischen Fraktionen immer noch als eine bessere Art des »Raufens um einen Ball« betrachtet, dessen Bewegungsablauf weder ästhetische noch gesundheitliche Qualität beanspruchen konnte. In dieser Situation greift Sepp Herberger mit seiner Diplomarbeit in die theoretische Diskussion ein. In seiner Studie »Der Weg zur Höchstleistung im Fußballsport« von 1930 erweist er sich als ein präziser und systematischer Kopf, der die Grundlagen des Fußballsports zu legen in der Lage ist. Zum einen zeigt Herberger, daß der Fußballsport einen äußerst komplexen und damit körperbildenden Bewegungsablauf verlangt. Zum anderen entwickelt Herberger methodische Herangehensweisen, um das bloße »Balgen um den Ball«, den damals noch eher ungeordneten Kampf der Spieler, in geordnete Bahnen zu lenken. Dabei verfolgt Herberger bereits seine eigene Theorie zur Etablierung einer adäquaten Fußballkultur: Jede Formung, jede körperliche Ertüchtigung muß den Spieltrieb, die Lust an der Bewegung lediglich kanalisieren, sie darf den Bewegungstrieb nicht zerstören und muß deshalb immer mit dem Ball durchgeführt werden.

»Gymnastik hat für Fußball nur einen bedingten Wert«

Auszug aus der Diplomarbeit Herbergers von 1930. Gegenüber den Vorwürfen aus der Ecke der Leibeserziehung, Fußball würde den Körper nur einseitig belasten, setzt Herberger die These, daß das Fußballspiel eine Komplexität aufweist, die mit den Maßstäben des Turnens, der Gymnastik gar nicht erfaßt werden kann. Herberger betont, »daß alle Gymnastik für das Fußballspiel nur einen bedingten Wert aufzuweisen hat; denn beim Fußballspiel finden wir eine derartige Fülle von Gesamtbewegungen, die sich nicht etwa aus den einzelnen gymnastischen Bewegungen erlernen lassen«.

Richtigkeit des Gesagten gibt uns der Versuch des Anfängers,des in allen Variationen an und um seinen Körper herumspringenden Balles Herr zu werden.Jhm geht die Herrschaft über seinen Körper ab und schon die Versuche,auch nur den ruhenden Ball zu treffen,lassen für die Gesundheit seiner Glieder fürchten.

Aus diesen Ausführungen gewinnen wir die Erkenntnis,dass allgemein körperliche Beweglichkeit Voraussetzung dafür ist,um Fussball spielen zu können.Aus diesem Grunde darf nicht versäumt werden,die Jugend körperlich durchzuarbeiten.Dass hierzu Gymnastik und Laufschule erforderlich sind,ist uns klar.Da aber gerade auf diesem Gebiete genügend all-und vielseitige Erwägungen vorliegen,glaube ich mir ersparen zu XXXXXX dürfen,hier weiter darauf einzugehen.Allerdings möchte ich trotzdem betonen,dass all alle Gymnastik für das Fussballspiel nur einen bedingten Wert auf zuweisen hatX;denn beim Fussballspiel finden wir eine derartige Fülle von Gesamtbewegungen,die sich nicht etwa aus den einzelnen gymnastischen Bewegungen erlernen lassen.Der Gymnastik kann ich al solediglich nur einen formalen Wert zuweisen,wodurch aber die Notwendigkeit ausgiebigster Körperschulung und Körperbeherrschung dur durch Gymnastik keineswegs geschmälertsein soll.Jn gleicher Weise gilt das Gesagte für die Schulung und Beherrschung des Laufes.Gerade die Jugend fühlt aber Gymnastik und Lauf als eine Störung de des Spielbetriebes mit dem Ball.Der jugendliche Körper ist immerhin vorläufig noch elastisch genug,um sich in der Gesamtbewegung den Erfordernissen des Balles anpassen zu können.Gymnastik wird bei der Jugend erst Anklang,wenngleich auch kein Verständnis finden,wenn es der Lehrer versteht,sie entweder unbemerkt unbemerkt einzuflechten,oder sie in Verbindung mit dem Ball zu geben.

Für die Erlernung und den Fortschritt sind ausserdem noch folgende grundsätzliche Erfordernisse Bedingung.

»Das Schöne am Fußball ist, daß man nie weiß, wie es ausgeht.«

Auszug aus dem Fußball-Jahrbuch des DFB von 1913 mit einer von Herberger angestrichenen Passage. Das Jahrbuch bringt die unterschiedlichen ideologischen Positionen auf den Punkt. Darin heißt es: »Das Turnen (...) ist ein gutes Mittel zur Disziplinierung der Massen im geschlossenen Verbande.« Demgegenüber zeichnet sich das Fußballspiel durch ein hohes Maß an Ungeordnetheit aus: »Keine Regel schreibt vor, wie der Spielzweck zu erreichen ist, und deshalb kann jede Mannschaft ein Spiel führen, ihrer Eigenart entsprechend. (...) Die Möglichkeiten des Kampfes sind unendlich vielgestaltig. Gerade die Tatsache, daß es keine andere Wertung gibt als ›Tor‹, hält das Spiel fern von allen Nebensächlichkeiten und zwingt andererseits zum Wechsel in der Kampfweise.« Hier spiegelt sich noch einmal der schroffe Gegensatz zwischen der reinen Körperertüchtigung und dem Spiel um des Spiels willen wider.

Keine Regel schreibt vor, wie der Spielzweck zu erreichen ist, und deshalb kann jede Mannschaft ein Spiel führen, ihrer Eigenart entsprechend. So erklärt sich die Individualität des Spieles, so können wir von einer besondern Spielweise sprechen, in der wir Temperament und Intelligenz, ja den Nationalcharakter der Mannschaften deutlich erkennen. Die Möglichkeit, etwas Eigenes im Spiele schaffen zu können, erzeugt den Eifer, und das stets neue Interesse für das Spiel leiht ihm den nie versagenden Reiz. Die Möglichkeiten des Kampfes selbst sind unendlich vielgestaltig. Gerade die Tatsache, daß es keine andere Wertung gibt als „Tor" hält das Spiel fern von allem Nebensächlichen und zwingt anderseits zum Wechsel in der Kampfesweise. So lösen sich in bewußter Absicht Angriffe und Nachlassen, Flügelspiel und Innenspiel, Durchbrüche und Abgeben des Balles ab, jede einzelne Phase herbeigeführt und beherrscht durch den Spiel[...]ken.

Abb. 23. Ausholen zum Stoß.

28

Der Spannstoss.

Auch hier wieder Hinweis auf die grundsätzlichen Erfordernisse bezüglich des Standbeins.Dieses ist auch hier vor dem Abschlag leicht im Kniegelenk gebeugt.Dem zum Schlag ausholenden XXXXXXXX Spielbein liegt folgende Ausgangsstellung zu-grunde.Leicht zurückgebracht,ist es im Kniegelenk fast rechtwinklig abgebeugt, wodurch ein grosser Durchschlagswinkel entsteht.Dies ist umsomehr notwendig,als der Spannstoss in seiner Grundform ein Schlag aus dem Kniegelenk darstellt.Trotzdem möchte ich hier schon betonen, dass durch schnelle Bewegung im Kniegelenk ein Ausgleich für all' zu XXX betontes Ausholen geschaffen werden kann,das ausserdem noch den Vorteil hat,als es dem Gegner nicht schon vorher ~~die~~ die Absichten "telegrafiert."Denn der Spannstoss in seiner grund-

Darstellung der Technik des Spannstosses in Herbergers Diplomarbeit. Theoretisch-didaktische »Leitfäden« in Sachen Fußballtechnik gab es in dieser Zeit viele. Herberger aber bemühte sich mit Erfolg um die Ableitung der Ballbehandlung aus einer allgemeinen »Entwicklungslehre« des fußballerischen Könnens. Sein Ziel war die exakte Erfassung des Bewegungsablaufs und daraus abgeleitet die Möglichkeit seiner perfekten Reproduktion.

Tafel 2. Der hohe Spannstoß.

Abb. 11. Spannstoß I.

Abb. 13. Töten des Balles.

3. Phase: Die Abwehr jetzt neu organisiert,
Herr der Situation!
Mit Husarenstil schlecht beizukommen!
Das Angriffsspiel musste neue Mittel und Wege fi
finden!
<u>Mittel des Angriffsspiels:</u>
Bislang hatt schnelles, raumgreifens Spiel, Erfolg gebracht!
mit der XXXXXXXXXX Anwachsen des Wid rstandes der Abwehr, musste XXXXXXXXXXXXXXXXX der Angriff sich einsetzen und kämpfen, dann reichten auch diese Mittel nicht mehr aus!
<u>Neue Mittel und Wege:</u>
Spiel, dann aber schnell und wirbelnd!
und Kampfharte Spielweise!!
Das Angriffsspiel fand diesen Weg!!
Der Wirbel,wurd in der Nationalmannschaft erfunden!
<u>Am Ende dieses Entwicklungsabschnittes stand:</u>
von =
a) die Mannschaft mit Angriff und Abwehr versteht und beherrscht!
b) dass Erfolg vom wirbelden, blitz chnellen flüssigen Spiel abhängt!
irbel noch

Von aller Anfang an ist die Entwicklung und das Endziel unseres Spiels für jeden Einsichtigen klar vorgezeichnet.

Mannschaft die beide Spiwaufgaben beherrscht. Angriff und Abwehr waren von Anfang an in einem wechselseitgen Kampf um die Vorherrschaft in unserem Spiel.
Wer die Geschichte unseres Spiels kennt, weiss , dass es weite Zeitstrecken gab, wo die Abwwhr diminierte. Aber immer hat das Angriffsspiel Mittel und Wege gefunden um verlorenen Boden wieder zurückzugewinnen und selbst wieder die Vorherrschaft zurückzugewinnen.
Die Macht der Abwehr wird aber für alle Zeiten bestehen.
Mit ihr ist immer zu rechnen. Seine Macht ist erkannt und wird auch in Zukunft stets eine Zwingende Rolle spielen.
Man wird sich dieser Macht auch gerne bedienen. von Fall zu Fall .... sie ist ein Zeichen der Entwicklung! Meisterschaft sie zu beherrschen, Meisterschaft sie zu überwinden ein Schnippchen zu schlagen!

Phase drei

Skizzierung des Ausgangspunkts der dritten Phase im historischen Drei-Phasen-Modell von Herberger. Sie ist konzipiert als Phase der Überwindung der negativen Auswirkung des WM-Systems, wie es Otto Nerz in Deutschland anläßlich der WM 1934 einführte. Für Nerz war das WM-System Garant eines kalkulierbaren Spiels. Perfekt ausgeführt, mußte es unüberwindlich sein. Die wichtigste Änderung bestand darin, daß der Mittelläufer, der bisher sowohl die Abwehr unterstützte als auch den Angriff ankurbelte, als »Stopper« zurückgezogen wurde und hinter den Läufern direkt dem gegnerischen Mittelstürmer zugeordnet wurde. Auch allen anderen Positionen im WM-System wurden feste Positionen zugewiesen: Die Verteidiger spielten gegen die Außenstürmer, die Läufer nach vorne versetzt gegen die Halbstürmer, die nun hinter dem Mittelstürmer das Mittelfeld bildeten. Die Abwehr war damit in Form eines »W« gestaffelt, der Sturm in Form eines »M«. In Phase zwei ist die Abwehr dadurch »Herr der Situation«.

»Die Macht der Abwehr brechen«

Allgemeine Eckpunkte von Herbergers Theorie der »dritten Phase«. Herberger begreift die Veränderung der Spielweise als einen logisch ablaufenden Optimierungsprozeß, dessen Ziel vorweggenommen werden kann. Die prinzipiell bestehende »Macht der Abwehr« läßt sich in letzter Konsequenz nur mit einer neuen Ordnung überwinden: dem fließenden Ineinandergreifen aller Teile einer Mannschaft, in der je nach Spielsituation alle verteidigen oder alle angreifen, wobei die Positionen der einzelnen Spieler permanent variieren.

Spielweise und auch Regeln des Fußballspiels, wie man es heute kennt, sind das Produkt einer historischen Entwicklung in diesem Jahrhundert. Normalerweise sind für die Beteiligten an einem solchen Prozeß dessen Phasen in ihrer Alltagsarbeit kaum auszumachen. Herberger ist auch in dieser Hinsicht eine Ausnahme. Von Beginn seiner Nationaltrainertätigkeit an war er bemüht, den historischen Kontext theoretisch zu bestimmen und daraus die richtigen Entscheidungen für seine Arbeit abzuleiten. Die Beurteilung seiner aktuellen Problemstellungen nahm er vor dem Hintergrund eines »Drei-Phasen-Modells« vor, in die er die Geschichte des Fußballs strukturierte. Danach verlief das Spiel in seiner Theorie in der ersten Phase bis Mitte der zwanziger Jahre ungeordnet und vom Zufall regiert. Der Torerfolg wurde durch Einzelleistungen (Dribblings) erzielt, planloses Nach-Vorne-Schlagen des Balles (»Kick and rush«) regierte und überwand eher zufällig als kalkuliert die Abwehr. Da diese Spielweise sehr bald durch eine Perfektionierung der Abseitsfalle unattraktiv wurde, kam es 1925 zu einer Änderung der Abseitsregel. Bis zu dieser Zeit war ein Stürmer bereits dann »abseits«, wenn er »nur noch« drei Gegner vor sich hatte, nun waren es zwei. Damit erhielt das Sturmspiel tatsächlich neue Impulse, es kommt zu torreichen Begegnungen mit überfallartigen Angriffen. Für Herberger ist dies Phase zwei, in der aber eine »Gegenbewegung« ausgelöst wird. Durch Perfektionierung des sogenannten »WM-Systems« mit zurückgezogenem Mittelläufer dominiert nach einiger Zeit wieder der Abwehrblock, dessen Stärke der Sturm zunächst wieder mit »Kick and rush« zu überwinden trachtet – für Herberger ein Stillstand in der Entwicklung der Spielästhetik. Logische Folge ist deshalb nach seiner Auffassung die Einleitung einer Phase drei, in der die Macht der Abwehr wieder aufgebrochen wird. Es ist die Phase der planmäßigen Kombination und des »Wirbels« als systematischer Ausweg aus der Blockade des Angriffsspiels.

Illustrationen aus dem Leitfaden »Wie wird Fußball gespielt?« von 1923 zur Darstellung von Kombinationen.

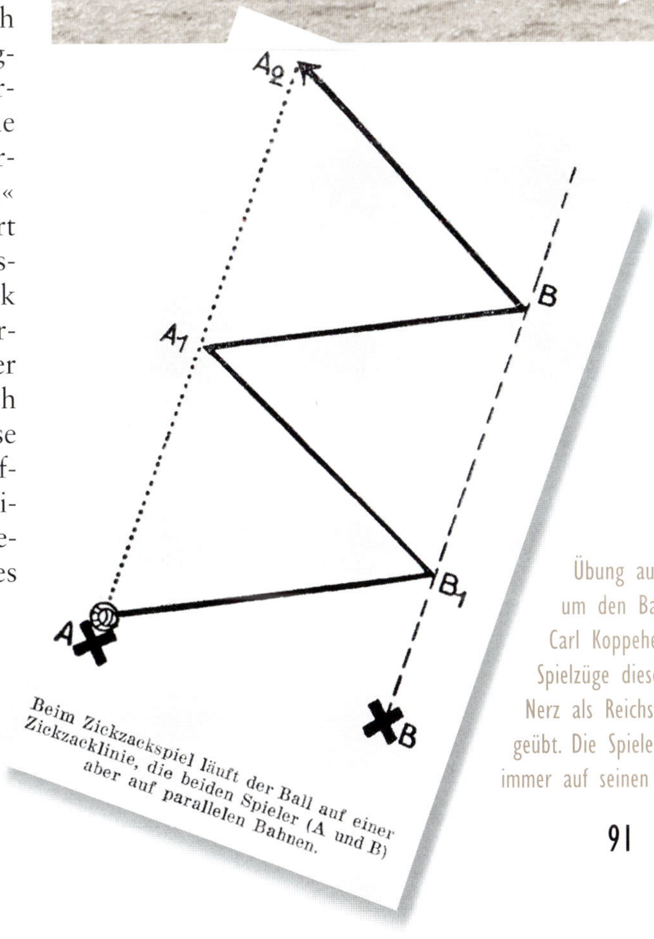

Übung aus dem Buch »Der Kampf um den Ball« von Otto Nerz und Carl Koppehel von 1933. Schematische Spielzüge dieser Art wurden von Otto Nerz als Reichstrainer auf Kommando geübt. Die Spieler mußten das Abspiel immer auf seinen Pfiff hin durchführen.

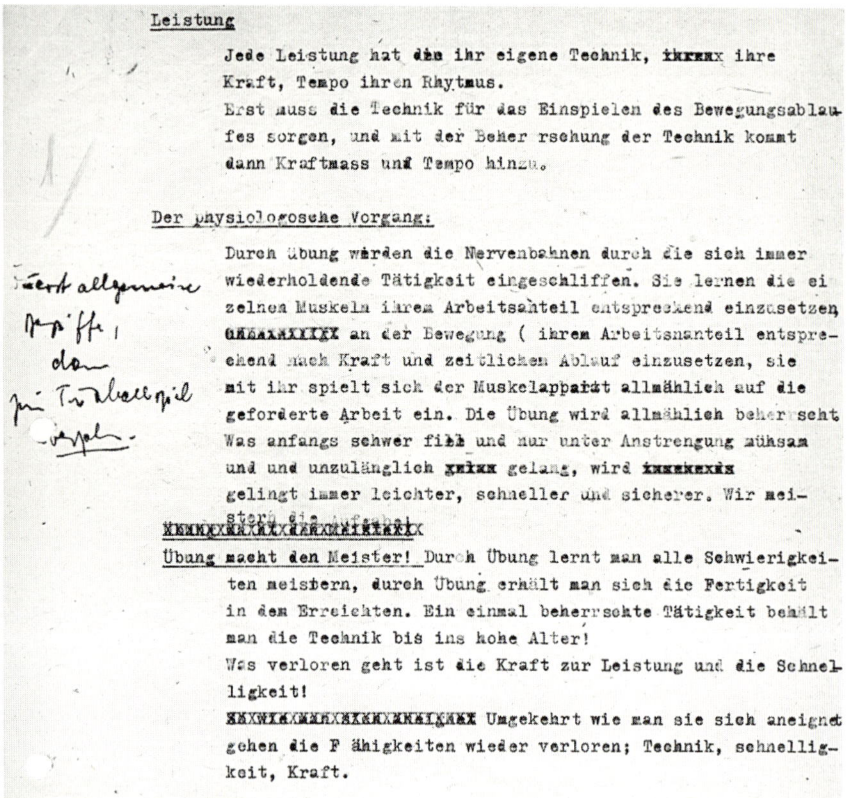

Leistung

Jede Leistung hat die ihr eigene Technik, ihre Kraft, Tempo ihren Rhytmus.
Erst muss die Technik für das Einspielen des Bewegungsablaufes sorgen, und mit der Beherrschung der Technik kommt dann Kraftmass und Tempo hinzu.

Der physiologosche Vorgang:

Durch Übung werden die Nervenbahnen durch die sich immer wiederholdende Tätigkeit eingeschliffen. Sie lernen die einzelnen Muskeln ihrem Arbeitsanteil entsprechend einzusetzen an der Bewegung (ihrem Arbeitsnanteil entsprechend nach Kraft und zeitlichen Ablauf einzusetzen, sie mit ihr spielt sich der Muskelapparat allmählich auf die geforderte Arbeit ein. Die Übung wird allmählich beherrscht Was anfangs schwer fiel und nur unter Anstrengung mühsam und und unzulänglich gelang, wird gelingt immer leichter, schneller und sicherer. Wir meistern die Aufgabe.

Übung macht den Meister! Durch Übung lernt man alle Schwierigkeiten meistern, durch Übung erhält man sich die Fertigkeit in dem Erreichten. Ein einmal beherrschte Tätigkeit behält man die Technik bis ins hohe Alter!
Was verloren geht ist die Kraft zur Leistung und die Schnelligkeit!
Umgekehrt wie man sie sich aneignet gehen die Fähigkeiten wieder verloren; Technik, schnelligkeit, Kraft.

Herberger bei einer Medizinball-Übung während des Abschluß-trainings vor dem Länderspiel gegen Bulgarien am 19. Juli 1942 in Sofia. Rechts die Spieler Janes und Kupfer, kniend Sing, sich vorbeugend Miller. Herberger versuchte jedes Kraft- und Lauftraining mit dem Ball zu verbinden, um »die Spielfreude als wunderbaren Treibstoff« zu erhalten.

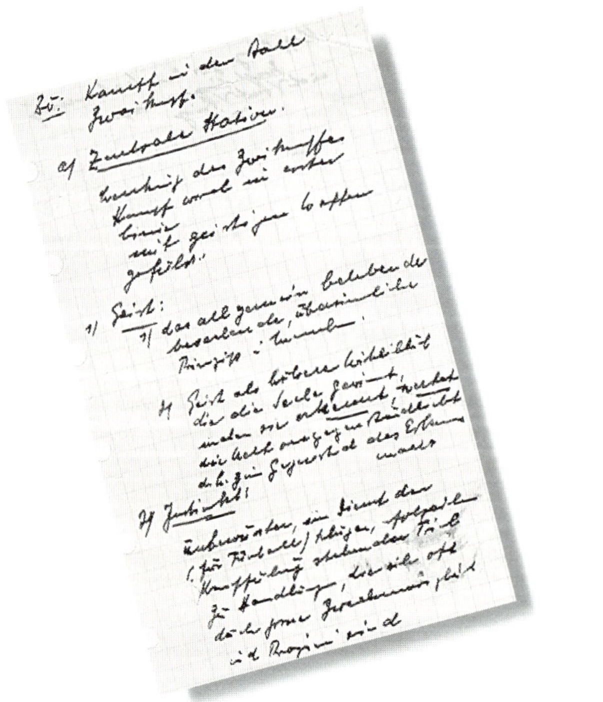

Wie bei der Entwicklung des Spielsystems war Sepp Herberger bei der Ausarbeitung seiner Trainingsmethoden bestrebt, dafür einen theoretischen Rahmen zu finden. Dieser sollte ihm eine sichere Handhabe für die detaillierte Perfektion seiner fußballerischen Vorstellungen liefern. Herbergers Ideal war die genaue Bestimmung noch des kleinsten Bewegungsablaufs. So konnte er z.B. seitenlange Abhandlungen über die verschiedenen Aspekte und die Bedeutung des Einwurfs schreiben inklusive einer präzisen Beschreibung der Fußhaltung. Für die Entwicklung seiner Konzepte nahm er Anleihen bei der Sportmedizin wie später bei der Theorie des Schachs. Die Theorie war für Herberger im Bereich des Trainings ein unverzichtbares Hilfsmittel, um gegensätzliche Anforderungen zu einem funktionierenden Ganzen zu integrieren. Dies galt vor allem für zwei Problembereiche: Trainingsarbeit sollte die Kondition fördern, ohne die Spielfreude zu zerstören, sowie den Verstand der Spieler ansprechen, ohne deren Instinkt zu beeinträchtigen. Der geniale Fußballer war für Herberger der, der sowohl instinktiv als verstandesmäßig auf dem Platz das Richtige tat, wie es die Situation erforderte. Die Optimierung dieser Verbindung war für ihn das höchste Ziel eines »stets nach letzten Erkenntnissen forschenden Geists« des Trainers.

»Übung macht den Meister«

Herberger rechts bei einer Übung am Kopfballpendel. Links oben eine Aufzeichnung zur theoretischen Begründung der Funktion einer Übung als solcher. Herberger war in seinem Perfektionsdrang ein Anhänger der permanenten Wiederholung von Übungselementen, er konnte eine bestimmte Kopfballhaltung fünfzigmal hintereinander trainieren lassen. Dies tat er jedoch nicht ohne eine theoretische Begründung der Richtigkeit eines solchen Vorgehens – auch für sich selbst. Im vorliegenden Beispiel dient dazu eine Theorie der Übung, nach der durch Wiederholung »die Nervenbahnen eingeschliffen werden«.

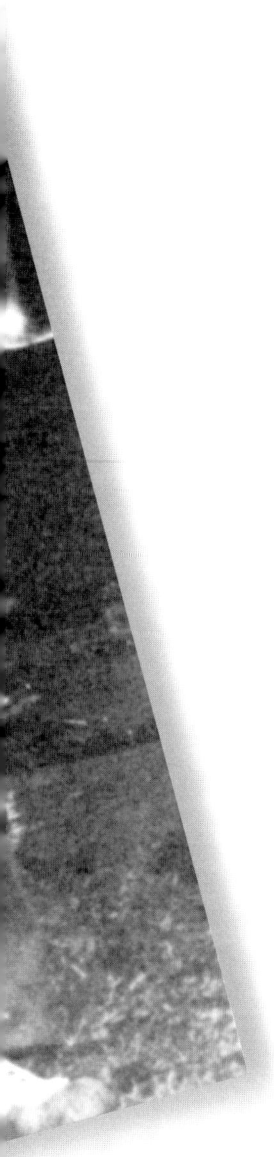

Der Stratege

»Wir wollen eine Mannschaft internationaler Extraklasse werden«

»Die Vorbereitung unserer Mannschaft auf die nächste Weltmeisterschaft beginnt mit dem Abpfiff des Endspiels der gerade laufenden.« Diese Feststellung Herbergers ist nicht nur ein Beleg für seine akribische Arbeitsweise. Sie drückt auch aus, auf welche Zeiträume hin Herberger seine Arbeit plante, und sie läßt den für ihn allein gültigen Maßstab ahnen: es zählte nur der Weltmeistertitel. Angesichts des jahrzehntelangen Sonderwegs der Deutschen in Sachen Profiliga, der alle Voraussetzungen geboten hätte, in die internationale Zweitklassigkeit zu führen, ist das weitgreifende strategische Kalkül Herbergers ein Phänomen. Viermal bereitete er Mannschaften für eine Weltmeisterschaft vor, ohne den Leistungsstandard einer Spitzenliga und ihre Auslese voraussetzen zu können. Er vermochte dies aufgrund seiner fast visionär zu nennenden Vorstellung von der Entwicklung des Fußballs. Sie sicherte ihm Unabhängigkeit vom öffentlichen Urteil, wenn es negativ, aber auch wenn es positiv ausfiel. 1938, als sich die Deutschen schon vor dem Turnier für die Weltmeister hielten, wußte Herberger um die Einfältigkeit dieser Überzeugung. Ende der vierziger Jahre, als jeder realistisch Denkende es für unmöglich halten mußte, legte sich Herberger auf einen Fünfjahresplan für den Anschluß an die internationale Spitze fest. Bei der WM 1958 gelang ihm die Bestätigung der weltmeisterlichen Klasse von 1954. Und auch das unglückliche Ausscheiden bei der WM 1962 ist letztlich kein Argument gegen Herbergers strategisches Geschick. Erstens hatte er in der Vorbereitung den kompletten Neuaufbau der Mannschaft bewältigt; zweitens war das Einschwenken auf die international sich durchsetzende Defensivtaktik ein Gebot der Stunde. Das erkannt zu haben unterstreicht Herbergers strategisches Vermögen um so mehr, als die »Riegel-Taktik« seiner Fußball-Philosophie widersprach.

Scheitern (WM 1938)

Die WM 1938 in Frankreich war Herbergers erste Weltmeisterschaft, bei der er die Verantwortung für die deutsche Nationalmannschaft trug. Otto Nerz – in der Praxis ohnehin nur noch mit geringem Einfluß ausgestattet – war einen Monat zuvor als »Fachreferent Fußball« zurückgetreten. Aufgrund des erfolgreichen Länderspieljahres 1937 mit dem glanzvollen Sieg der Breslauelf schien der zu vergebende Weltmeistertitel gerade recht, dem deutschen Starensemble die angemessene Ehre zuteil werden zu lassen. Mitte März 1938 kam aber – nach einem ohnehin nicht befriedigenden Jahresauftakt – das »Aus« für die weitreichenden Ambitionen. Österreich wurde in das Deutsche Reich eingegliedert, und die nationalsozialistische Führung verlangte eine Fusion der deutschen mit der österreichischen Nationalmannschaft. Herberger sah seine WM-Pläne über den Haufen geworfen. Es war unmöglich, in der noch verbleibenden Zeit die vollkommen unterschiedlichen Systeme der beiden Ländermannschaften aufeinander abzustimmen. Bei der Weltmeisterschaft wurde von Anfang an nach dem »K.O.-Verfahren« entschieden. Deutschland schied schon in der ersten Runde gegen die Schweiz aus. Nach einem 1:1 in der ersten Begegnung verlor man das Wiederholungsspiel in Paris mit 2:4.

Großdeutschlands „Elf" entsteht!

Alle Aufnahmen: Hanns Hubmann

Schulter an Schulter: unermüdlich wird das präzise Zuspiel von Mann zu ... geübt, bis die Stürmer wie ein Räder... ...er abgestimmt sind.

Links: Lehner ... (Schalke 04) und Stroh

... da schrillt die Pfeife des Reichstrainers Herberger, seine erhobene Rechte signalisiert: „Das Ganze halt!"

Die stärkste Kombination wird er...
Ein Flankenangriff ist in voller En... lung im gegnerischen Spielfeld. Der In... stürmer (A) hat den Ball – da wirft der feindliche linke Läufer (D) entgeg... Ein blitzschnelles Abgeben des Balles wi... erforderlich, und deshalb gibt A seinen Nebenmann B den Ball im Flachschuß weiter. Doch ...

Mit größter Spannung blickt die gesamte Fußball-Welt auf die Neuformung der deutschen Ländermannschaft, der die besten Spieler der Ostmark für die im Juni in

„Herrschaften, der Querpaß war hier unmöglich – habe ich euch nicht vorhin an der Tafel deutlich erklärt, daß der angreifende Läufer nur mit einem Rückpaß umspielt werden soll, da sonst die Gefahr, daß er den Angriff stört, zu groß wäre. Los ... nochmal!"

So war's richtig!
Mit einem überraschenden Rückpaß hat der Innenstürmer (A) den Ball an seinen Kameraden (C) zurückgegeben. Der Gegner (D) ist mattgesetzt, im gleichen Zug kann der Angriff weiter vorgetragen werden.

»Deutschland + Österreich = Fußball-Weltmacht!«

Auszüge aus der »Berliner Illustrierten Zeitung« zur Entstehung der »Großdeutschen Elf« 1938. Für Teile der deutschen Presse war die Kombination von Spielern des »Altreichs« mit solchen der »Ostmark« nur eine Frage der Gewöhnung. In den Augen der Öffentlichkeit galt die »Mischung« der beiden Mannschaften vielfach nicht nur politisch erwünscht, sondern bot aus fußballerischer Sicht sogar die Möglichkeit einer unverhofften Steigerung des Spielniveaus. »Aus zwei guten mach eine Bessere! Oh heilige Einfalt!!« kommentierte hingegen Herberger in einer Notiz die Forderung nach politischem Proporz (5:6 oder 6:5) in seiner Mannschaft.

»Getrennt marschieren, vereint schlagen!«

Aufzeichnung, in der Herberger seine Gedanken zur »gemischten« Nationalelf rekapituliert. Am 12. März marschierte die Wehrmacht in Österreich ein; am 15. März erfolgte der »Anschluß«. Herberger beendete zu diesem Zeitpunkt gerade seinen dritten WM-Lehrgang und holte Spieler für einen vierten zusammen. Zehn Wochen vor Beginn der WM veränderte die politische Entwicklung mit einem Schlag die gesamte Ausgangslage. Herberger regte an, daß beide Mannschaften: Deutschland und Österreich, das sich ebenfalls qualifiziert hatte, bei dem Turnier antreten sollten. Er glaubte, die Konkurrenz zwischen »Breslauelf« und Wiener »Wunderteam« würde beide Mannschaften beflügeln und zu Höchstleistungen treiben. Felix Linnemann aber beschied ihn: »Seppl, Sie sind verrückt!«

»Sie sind die Auserwählten«

Auszüge aus der Ansprache Herbergers vor dem letzten Lehrgang zur WM 1938 am 1. Juni. Nachdem verbissene Versuche Herbergers, die Sportführung von einem getrennten Auftritt Deutschlands und Österreichs bei der WM zu überzeugen, an den politischen Notwendigkeiten gescheitert waren, vollzog Herberger eine Kehrtwendung. Wenn schon die beste Lösung nicht realisierbar war, dann sollte die zweitbeste optimal umgesetzt werden. Er setzte nun seinen gesamten Ehrgeiz daran, eine eigentlich unlösbare Aufgabe zu bewerkstelligen: die Integration zweier unterschiedlicher Spielsysteme innerhalb von zehn Wochen.

»Die Österreicher sind noch keine Kämpfer!«

Auszüge aus Herbergers Analyse des Scheiterns bei der WM 1938. Herberger setzte die politische Vorgabe wunschgemäß um. Im ersten Spiel trat die großdeutsche Mannschaft mit fünf Österreichern und sechs Deutschen an. Im Wiederholungsspiel gegen die Schweiz mußte Herberger Albin Kitzinger, der zusammen mit Andreas Kupfer ein Läuferpaar von Weltklasse bildete, durch Stefan Skoumal von Rapid Wien ersetzen. Skoumal aber mißachtete seine taktische Order, vernachlässigte die Deckung und spielte im »Wiener Stil« offensiv. Herberger führte die Niederlage auch auf den fehlenden Körpereinsatz der österreichischen Spieler und deren »körperloses Spiel« zurück.

15.3.38
Meine Sorgen :
meine ersten Gedanken !

Langehegter Traum : Mannschafr die beide Systeme beherrscht !

meine ersten Gedanken, die Wurzeln meiner gedachten Alleinganges !

getrennt marschieren, vereint schlagen !

Der Anschluss überrwschte mich im Nachwuchslehrgang:

dieser stand im Aufbau und Vorbereitung unserer Spieler cür die WM. in Frankreich .

Die Wünsvhe Millionen Deutscher begleiten uns auf unserem Weg.
Grosse Unterstützung werden wir von aussen nicht haben!
Keine Extrazüge! Wir sind ein Devisenarmes Land!!!
Aber ~~inxeix~~ eines soll all denen in die Augen springen,die am Samstag Zeuge unseres Spiels in Paris sind, nämlich der unverkennbare Wille unserer elf Mannen die auserwählt sind die Farben unseres Vaterlandes zu vertreten,der Wille des Einsatzes der letzten Kraft für das Ansehen unseres Vaterlandes.
Jn diesem Sinne wollen wit an die Arbeit gehen!

Die Gründe für unser Ausscheiden.

Die Hautgründe für den Verlust des Spiels gegen die Schweiz waren:
1.Der Ausfall in der Abwehr auf dem linken Läuferposten.
2.Der Ausfall von Szepan und ~~Kupfer~~ Goldbrunner durch Verletzung.
3.Der unzulängliche Einsatz unserer oesterreichischen Spieler in Scenen wo allein Kraft und kämpferisches Wollen ausschlaggebend gewesen wären.

Die Oesterreicher sibd keine 8oder doch noch keine Kämpfer.
Sie sind durch die Bank glänzende Spieler.Aber mit Spiel allei gewinnt man nicht.Am wenigsten eine Weltmeisterschaft!
Sie haben auch noch ganz v4 waschene Begriffe vom Harten Körper

Weltmeisterscaftslehrgang.1.6.38
Jm Namen des Reixhsfachsmatsleiters ... heisse ich Sie auf das Herzlichste willkommen.
Sie sind die ~~letzten~~ Auserwählten denen die hohe Ehre zuteil wird,Deutschland auf der Weltmeisterschaft zu verttreten.Diese Auszeichnung legt Euch allen eine hohe Verpflichtu auf.Die Verpflichtung zu höchstem Einsatz ~~fürxdasxZiel~~x um das Ziel zu erreichen,dass wir uns gesetzt haben und das unseren Auftrag einschliesst.
Höchster Einsatzwille und ~~unverbrüchli~~c unübertreffliche Kameradschaft müssen sich vereinen und ein festes ~~unzerreissbares~~ Band um uns alle schlingen.Einsatz und Kameradschaf: zwei Dinge die eng zusammenghören.im Mannschaftskampf.

Wiedergeburt (1949–1952)

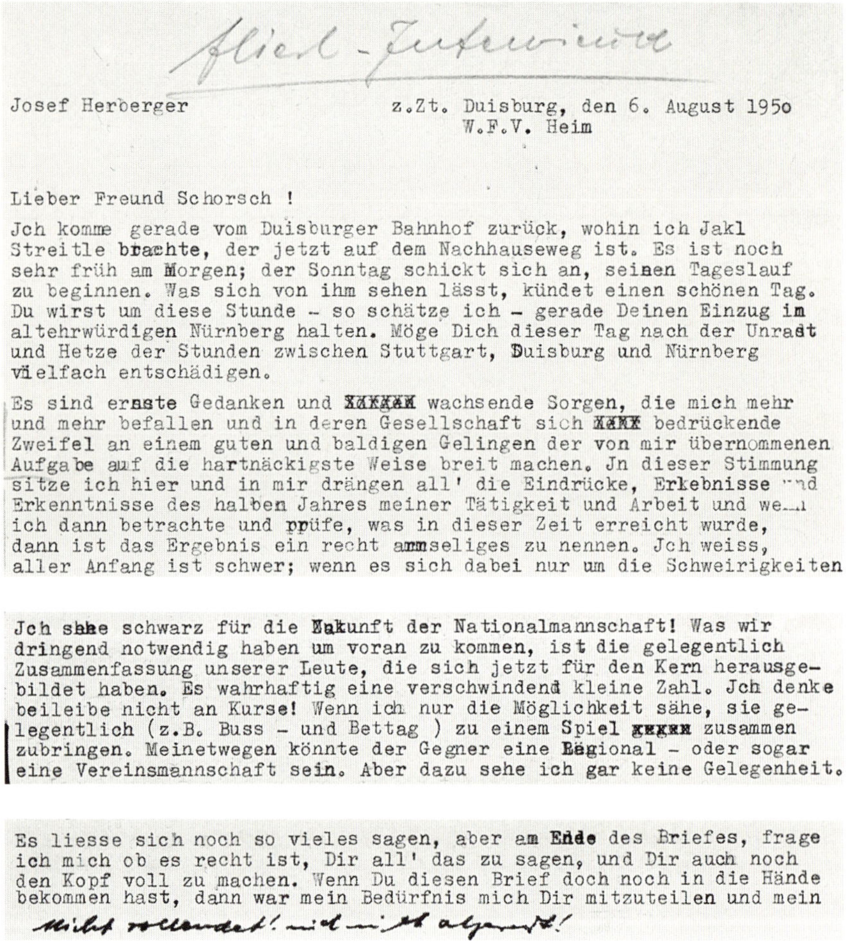
Josef Herberger z.Zt. Duisburg, den 6. August 195o
W.F.V. Heim

Lieber Freund Schorsch !

Jch komme gerade vom Duisburger Bahnhof zurück, wohin ich Jakl Streitle brachte, der jetzt auf dem Nachhauseweg ist. Es ist noch sehr früh am Morgen; der Sonntag schickt sich an, seinen Tageslauf zu beginnen. Was sich von ihm sehen lässt, kündet einen schönen Tag. Du wirst um diese Stunde - so schätze ich - gerade Deinen Einzug im altehrwürdigen Nürnberg halten. Möge Dich dieser Tag nach der Unrast und Hetze der Stunden zwischen Stuttgart, Duisburg und Nürnberg vielfach entschädigen.

Es sind ernste Gedanken und XXXXXX wachsende Sorgen, die mich mehr und mehr befallen und in deren Gesellschaft sich XXXX bedrückende Zweifel an einem guten und baldigen Gelingen der von mir übernommenen Aufgabe auf die hartnäckigste Weise breit machen. Jn dieser Stimmung sitze ich hier und in mir drängen all' die Eindrücke, Erlebnisse und Erkenntnisse des halben Jahres meiner Tätigkeit und Arbeit und wenn ich dann betrachte und prüfe, was in dieser Zeit erreicht wurde, dann ist das Ergebnis ein recht armseliges zu nennen. Jch weiss, aller Anfang ist schwer; wenn es sich dabei nur um die Schweirigkeiten

Jch sehe schwarz für die Zukunft der Nationalmannschaft! Was wir dringend notwendig haben um voran zu kommen, ist die gelegentlich Zusammenfassung unserer Leute, die sich jetzt für den Kern herausgebildet haben. Es wahrhaftig eine verschwindend kleine Zahl. Jch denke beileibe nicht an Kurse! Wenn ich nur die Möglichkeit sähe, sie gelegentlich (z.B. Buss - und Bettag) zu einem Spiel XXXXX zusammen zubringen. Meinetwegen könnte der Gegner eine Regional - oder sogar eine Vereinsmannschaft sein. Aber dazu sehe ich gar keine Gelegenheit.

Es liesse sich noch so vieles sagen, aber am Ende des Briefes, frage ich mich ob es recht ist, Dir all' das zu sagen, und Dir auch noch den Kopf voll zu machen. Wenn Du diesen Brief doch noch in die Hände bekommen hast, dann war mein Bedürfnis mich Dir mitzuteilen und mein

Von Oktober 1949 an war Herberger auch offiziell wieder für den Aufbau der Nationalmannschaft verantwortlich. Zu diesem Zeitpunkt plante er bereits, den deutschen Fußball binnen fünf Jahren auf den Stand von 1940 zu bringen. Herberger knüpfte bewußt an den Werdegang der Nationalelf im Krieg an. Der in diesen Jahren erreichte Standard gab ihm das Kriterium für den Neuaufbau vor. Auffallend ist, daß der Stratege Herberger sein Spielsystem als das Maß aller Dinge begriff und sich seine Spieler danach aussuchte, ob sie dieses auszufüllen in der Lage waren. Der Perfektion des »wirbelnden Mannschaftsspiels« wurden talentierte Einzelspieler geopfert, die nicht in das Konzept paßten. Dies brachte ihm in der Öffentlichkeit vor allem vor dem ersten Länderspiel gegen die Schweiz 1950 harsche Kritik ein. So kursierte der Vorwurf der »Vetternwirtschaft« und des »starren« Festhaltens an einem »zu alten« Fritz Walter. Herberger blieb unbeirrt. Nach dem 5:1-Sieg gegen die Schweiz im November 1952 konnte er an Fritz Walter & Co. »einen großartigen Erfolg« vermelden. »Es ist Euer Verdienst und Euer Geschenk an den deutschen Fußball und an alle diejenigen, die an uns geglaubt haben.«

»Ich sehe schwarz für die Zukunft der Nationalmannschaft!«

Auszüge aus einem nicht abgeschickten Brief Herbergers an den DFB-Generalsekretär Georg Xandry vom 6. August 1950. Im Juli und im August 1950 fanden in Duisburg die ersten Lehrgänge für die neu zu bildende Nationalmannschaft statt. Herbergers Sorge richtete sich darauf, daß die Vereine den Spielern kaum Zeit für das Training der Nationalelf ließen. Auch störten ihn die Versuche von Funktionären, auf seine Arbeit Einfluß zu nehmen. Der Brief artikuliert eine tiefe Skepsis, von der Herbergers couragierte Pläne in der Nachkriegszeit nicht frei waren.

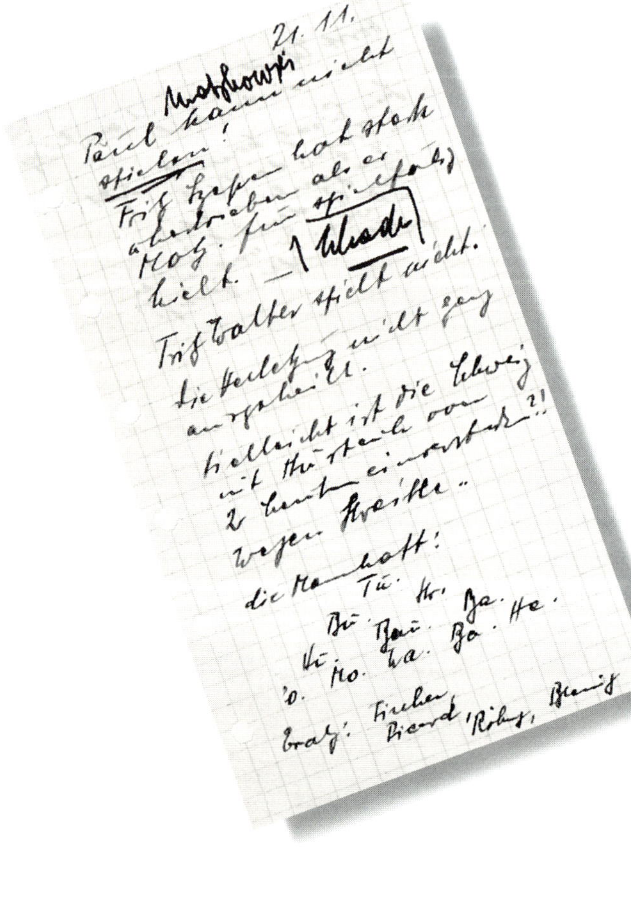

Noch ohne Nationalhymne und Rückennummern

Herberger in der Pause des ersten Länderspiels nach dem Krieg am 22. November 1950 in Stuttgart gegen die Schweiz sowie auf der Bank während des Spiels. Vor dem Beginn der zweiten Hälfte versucht er Jakl Streitle, einen der »Alten«, noch einmal anzufeuern. Vor den beiden Berni Klodt, der später zur WM-Mannschaft von 1954 gehören sollte. Die deutsche Mannschaft – die sich noch keine Rückennummern leisten konnte – gewann das Spiel vor 120.000 begeisterten Zuschauern durch ein Elfmetertor des Bremers Herbert Burdenski mit 1:0.

»Der erste Schritt nach oben«

Nachbetrachtung Herbergers zum ersten Länderspiel nach dem Krieg. Herberger ist erleichtert, auch die Presse spricht von einem Erfolg, »den der Bundestrainer mit seiner vielfach unverstandenen Starrköpfigkeit doch noch errungen hat«. Obwohl mit Fritz Walter und Horst Schade wichtige Spieler gefehlt hatten, konnte die Mannschaft Herbergers Taktik umsetzen. Herberger sieht aber auch die Probleme (»Kupfer nicht mehr der Alte!«). Speziell Toni Turek fiel dem Bundestrainer negativ auf; dies sollte bis zum WM-Turnier noch häufiger der Fall sein. Links Aufzeichnungen in seinem Notizbuch zu diesem Spiel.

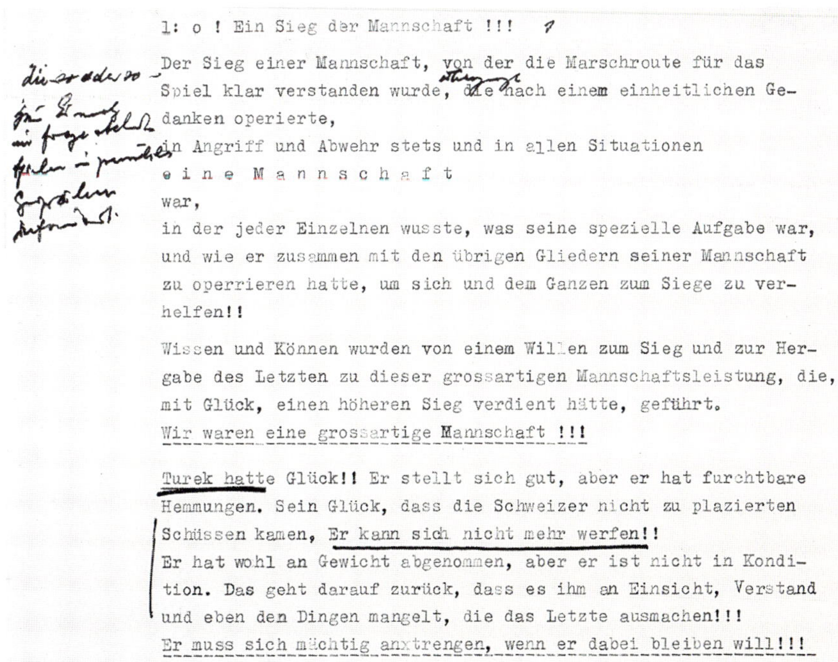

1: o ! Ein Sieg der Mannschaft !!!

Der Sieg einer Mannschaft, von der die Marschroute für das Spiel klar verstanden wurde, die nach einem einheitlichen Gedanken operierte,
in Angriff und Abwehr stets und in allen Situationen
e i n e M a n n s c h a f t
war,
in der jeder Einzelnen wusste, was seine spezielle Aufgabe war, und wie er zusammen mit den übrigen Gliedern seiner Mannschaft zu operrieren hatte, um sich und dem Ganzen zum Siege zu verhelfen!!

Wissen und Können wurden von einem Willen zum Sieg und zur Hergabe des Letzten zu dieser grossartigen Mannschaftsleistung, die, mit Glück, einen höheren Sieg verdient hätte, geführt.
Wir waren eine grossartige Mannschaft !!!

Turek hatte Glück!! Er stellt sich gut, aber er hat furchtbare Hemmungen. Sein Glück, dass die Schweizer nicht zu plazierten Schüssen kamen, Er kann sich nicht mehr werfen!!
Er hat wohl an Gewicht abgenommen, aber er ist nicht in Kondition. Das geht darauf zurück, dass es ihm an Einsicht, Verstand und eben den Dingen mangelt, die das Letzte ausmachen!!!
Er muss sich mächtig anxtrengen, wenn er dabei bleiben will!!!

Das Spiel der Nationalmannschaft hatte sich Ende des Jahres 1952 konsolidiert. In der Nachbetrachtung bezeichnete Herberger die Begegnung gegen Spanien am 28. Dezember 1952 (2:2) als das beste Spiel seit Wiederaufnahme der Länderspiele. Später hält er fest: »Die WM-Mannschaft für 1954 stand praktisch zu diesem Zeitpunkt schon.« Sie enthielt im Kern einen Kaiserslauterer Block, nicht weil dies die besten Einzelspieler waren, sondern weil sie mit dem »Einen« harmonierten, der das Herbergersche Konzept perfekt umsetzte. Seit dem Wiederbeginn waren von 17 Spielen elf gewonnen und nur drei verloren worden. Diese Bilanz war beachtlich, die Erwartungen in Hinsicht auf die Qualifikation für die Weltmeisterschaft entsprechend hoch. Deutschland traf auf Norwegen und das Saarland. In den vier Spielen konnte die Mannschaft nur in der zweiten Halbzeit des in Hamburg stattfindenden Rückspiels gegen Norwegen die Kritiker überzeugen. Das erste Ziel, die Teilnahme an der WM, aber war erreicht. Herberger bemerkte das gewachsene Verständnis innerhalb der Mannschaft; er arbeitete darauf hin, daß die Mannschaft genau zum WM-Turnier in der Schweiz ihren Leistungszenit erreichte. Im Rahmen dieser Strategie begegnete er den Schwächen in der Qualifikation gelassen.

Hohes Ziel

Konzept Herbergers anläßlich des Lehrgangs zur Vorbereitung auf das Qualifikationsspiel gegen Norwegen vom 13. bis 17. August 1953 in Malente. Die Stimmung war gedrückt, und um die Kondition der Spieler stand es nicht zum Besten. Herberger ließ erst einmal »faulenzen«. Er sah das Verständnis in der Mannschaft für sein Spielkonzept gewachsen und die Zeit gekommen, seine Zielsetzung intern publik zu machen: »Wir wollen eine Mannschaft von internationaler Extraklasse werden.«

M a l e n t e 25.7.53

A. U n s e r Z i e l

1) Eine Mannschaft von internationaler Extraklasse !

Voraussetzungen hierzu:

a) Hervorragendes Können !!

b) Spielverständnis, Sinn für Zusammenspiel
Ein – und Unterordnung.
Sinn für gemeinsames Denken und Handeln.

c) Kondition!
(Training und Lebensweise!)

d) Wettkampferfahrung !

2) Die Taktik und unsere Zielsetzung :

a) was versteht man unter Taktik ?

Clausewitz:

Geschichte des Spätheimkehrers und seiner Frau

Hermann Langer.

also: wirkungsvolle, erfolgreiche Ausnutzung der Situation unter Ausspielung der eigenen Stärken!

Aufzählung und Beispiele:

Max Morlock in Augsburg:
Ballschlepper!
Flitzender Drippler!!

Jeder seine Fähigkeiten erkennen und entsprechend seiner Eigenart sich ein – und durchsetzen !!!

Auf dieser Basis wollen wir uns entwickeln und unsere Mannschaft aufbauen!!

Mannschaft der Individualisten ausgehend und gebunden in der Taktik der Mannschaft

Verriß

Szene aus dem WM-Qualifikations-Spiel Deutschland gegen Norwegen am 19. August 1953 in Oslo (1:1). Morlock schießt auf das Tor, rechts ist Helmut Rahn zu sehen. Nach dem Spiel, das viele vorher schon gewonnen glaubten, gab es aus dem Kreis der Funktionäre und in der Presse heftige Kritik. Auch Herberger war nicht zufrieden, vor allem nicht mit Helmut Rahn: »Oslo war ein schwarzer Tag für Sie. Daran sind Sie alleine schuld. Immer wieder haben Sie sich mit Ihrem eigensinnigen Trotz festgerannt. Es ist wirklich jammerschade, Helmut. Sie sind ein so großes Talent.« Er sah aber auch etwas Nützliches im Ausgang des Spiels: »Wir sind jetzt nicht mehr der große Favorit, den man in uns gesehen hat. Das ist ganz gut!«

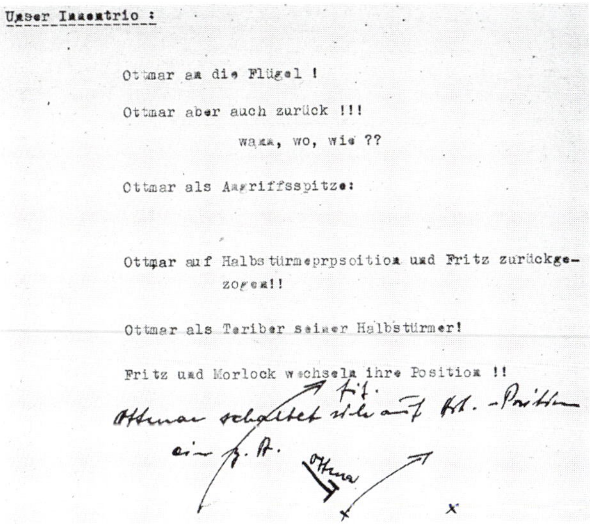

Unser Innentrio :

Ottmar an die Flügel !

Ottmar aber auch zurück !!!

wann, wo, wie ??

Ottmar als Angriffsspitze:

Ottmar auf Halbstürmerposition und Fritz zurückgezogen!!

Ottmar als Treiber seiner Halbstürmer!

Fritz und Morlock wechseln ihre Position !!

Taktische Aufzeichnungen Herbergers zum WM-Qualifikations-Spiel Deutschland gegen Norwegen am 19. August 1953 in Oslo (1:1).

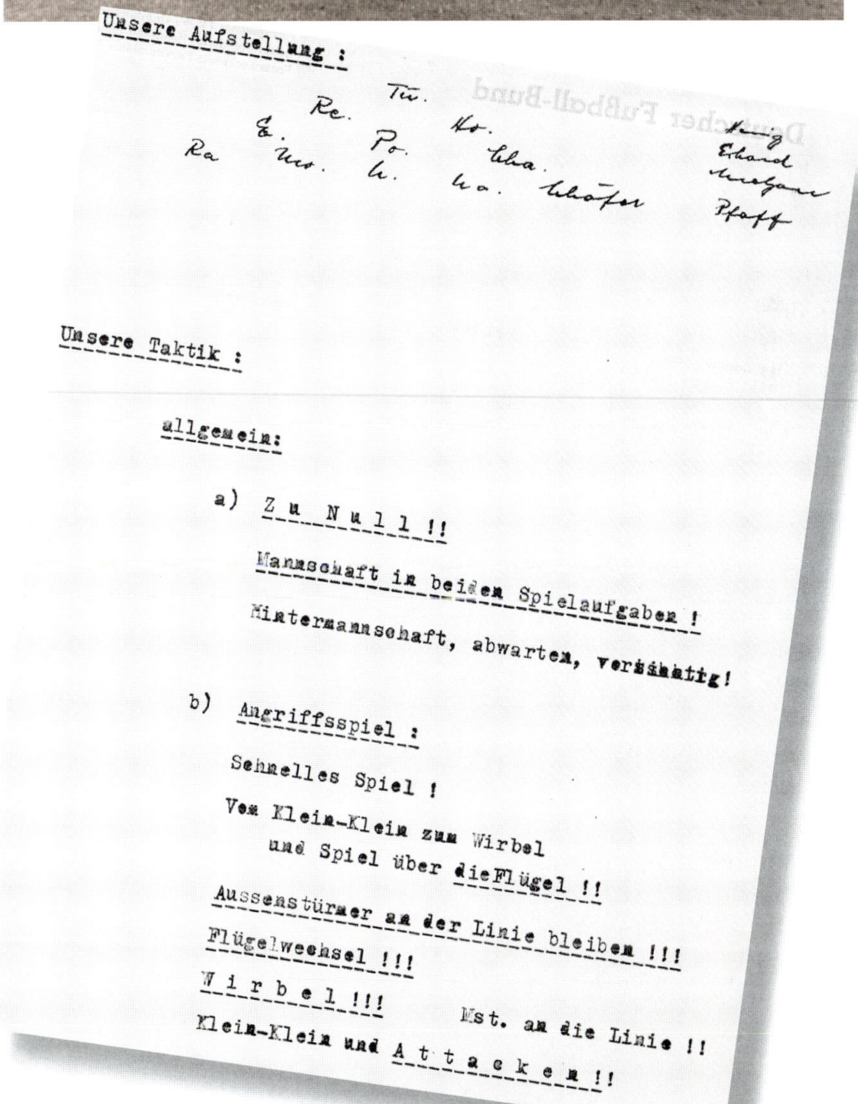

Unsere Aufstellung :

Unsere Taktik :

allgemein:

a) Z u N u l l !!

Mannschaft in beiden Spielaufgaben !

Hintermannschaft, abwarten, vorsichtig!

b) Angriffsspiel :

Schnelles Spiel !

Vom Klein-Klein zum Wirbel und Spiel über dieFlügel !!

Aussenstürmer an der Linie bleiben !!!

Flügelwechsel !!!

W i r b e l !!!   Ast. an die Linie !!

Klein-Klein und A t t a c k e n !!

Krise (1955–1957)

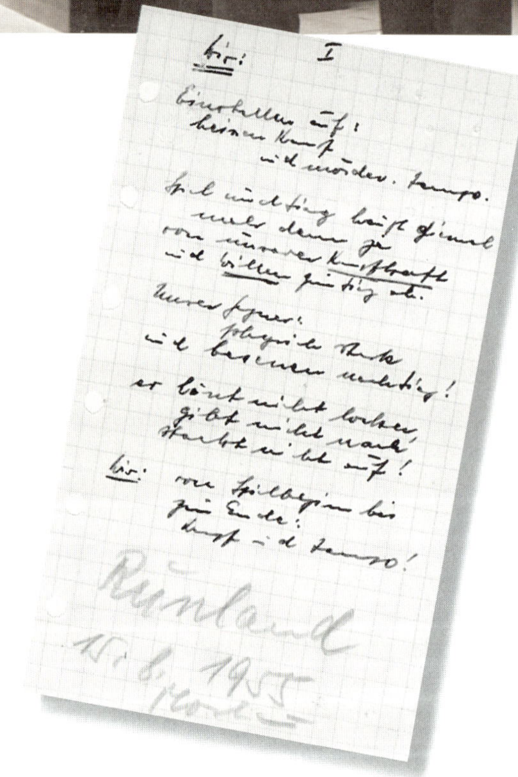

Die Jahre des Wirtschaftswunders, die durch den Weltmeistertitel effektvoller nicht hätten eingeläutet werden können, wurden zu Herbergers schwerster Zeit. Nach dem gewonnenen Titel hatte er die Absicht, die Mannschaft gezielt um einen Stamm der »Alten« herum zu verjüngen und gleichzeitig das in der Schweiz oft mangelhafte Spiel in der Verteidigung zu verbessern. Doch dann brach Ende 1954 unter den WM-Teilnehmern eine Gelbsuchtepidemie aus, von hämischen Stimmen mit Doping während der WM in Verbindung gebracht. Die Vorwürfe konnten widerlegt werden (auch das Hotelpersonal im WM-Quartier ereilte die Krankheit), doch Herberger mußte seinen Neuaufbau mit zweitklassigen Spielern bestreiten. Seine WM-Helden genossen zudem den WM-Triumph (»Es ist ja auch so leicht, in Vergnügen zu machen.«). Es folgte eine Phase sich häufender Niederlagen, Herberger fühlte sich 1955/56 nach eigener Aussage »auf der Talsohle«. Auch Fritz Walter zog sich 1956 aus der Nationalmannschaft zurück, Herberger hatte aber keinen geeigneten Nachfolger parat. »Ich stand allein, völlig allein.« Herberger suchte vor allem für die Abwehr neue Leute und konnte Anfang 1957 vermelden: »Es geht wieder aufwärts. Der Abwehrblock steht.«

Karikatur vom 3.3.56 in der Frankfurter »Neuen Presse«: Der große Ball von 1954 droht den deutschen Nationalspieler von 1956 zu erschlagen.

»Von Spielbeginn an: Kampf und Tempo«

Herberger und der Bremer Willy Schröder (oben) im Hof des Kremls in Moskau vor dem Spiel gegen die Sowjetunion am 21. August 1955. Darunter Auszüge aus dem Notizbuch Herbergers mit seiner Rede vor diesem Spiel. Die Begegnung, die auch von politischer Brisanz bestimmt war (Adenauer bemühte sich um die Freilassung der letzten deutschen Kriegsgefangenen), endete 2:3. In seiner Ansprache legte Herberger das Schwergewicht auf kämpferische Qualitäten, welche die spielerischen Mängel dieser Zeit kompensieren sollten. Am Ende sprach Herberger von einer »unverdienten Niederlage« und glaubte sich »nahe am Ziel früherer Leistungen«. »Ein Sieg hätte unserem Aufbau mächtigen Aufwind gegeben«, schrieb er. Statt dessen führte der Weg weiter in die »Talsohle«.

»DFB am Scheideweg«

Auszug aus einem Papier von Herberger aus dem Jahr 1956 zum Verhältnis zwischen Vereinen und Nationalmannschaft. Herberger führte die Krise in diesen Jahren auch auf überkommene Strukturen im Spielbetrieb des DFB zurück. Der Bundestrainer, der die von den Oberligaspielen unterforderten Spieler durch Lehrgänge auf internationalem Niveau zu halten versuchte, hatte zunehmend Mühe, die Vereine zur Abstellung ihrer Spieler zu bewegen. Sie wurden meist für lukrative Privatspiele benötigt, die vielen Vereinen das wirtschaftliche Überleben sicherten. Herberger forderte in Konsequenz der Einführung einer Spitzenliga auch eine klare Entscheidung für den Profifußball, wobei die Bezahlung offen gelegt werden sollte.

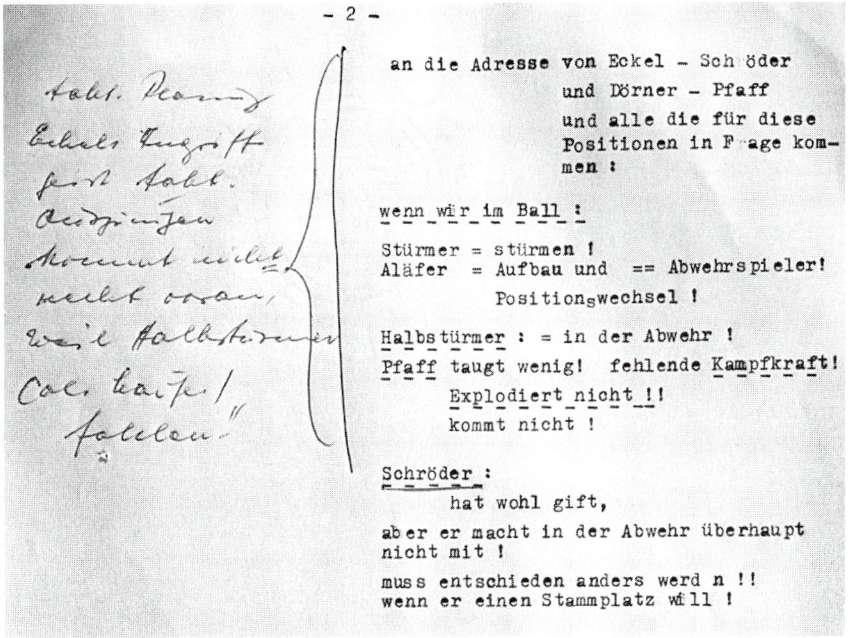

\- 2 -

an die Adresse von Eckel - Schröder
und Dörner - Pfaff
und alle die für diese Positionen in Frage kommen :

wenn wir im Ball :

Stürmer = stürmen !
Aläfer = Aufbau und == Abwehrspieler!
Positionswechsel !

Halbstürmer : = in der Abwehr !
Pfaff taugt wenig! fehlende Kampfkraft!
Explodiert nicht !!
kommt nicht !

Schröder :
hat wohl gift,
aber er macht in der Abwehr überhaupt nicht mit !
muss entschieden anders werd n !!
wenn er einen Stammplatz will !

»Macht in der Abwehr überhaupt nicht mit!«

Aufzeichnung Herbergers zum Länderspiel gegen Schweden am 30. Juni 1956, das 2:2 endete. Harsche Kritik nicht nur an Eckel, Schröder, Dörner und Pfaff, die auf dem Feld gestanden hatten, sondern auch allgemeine Order an die Adresse aller, »die für diese Positionen in Frage kommen«. Herberger stellte wieder sein Spielsystem in den Vordergrund und beurteilte die Fähigkeiten eines Spielers vor allem danach, wie sehr dieser im Stande war, das Konzept zu begreifen und diesem seine individuelle Spielweise anzupassen.

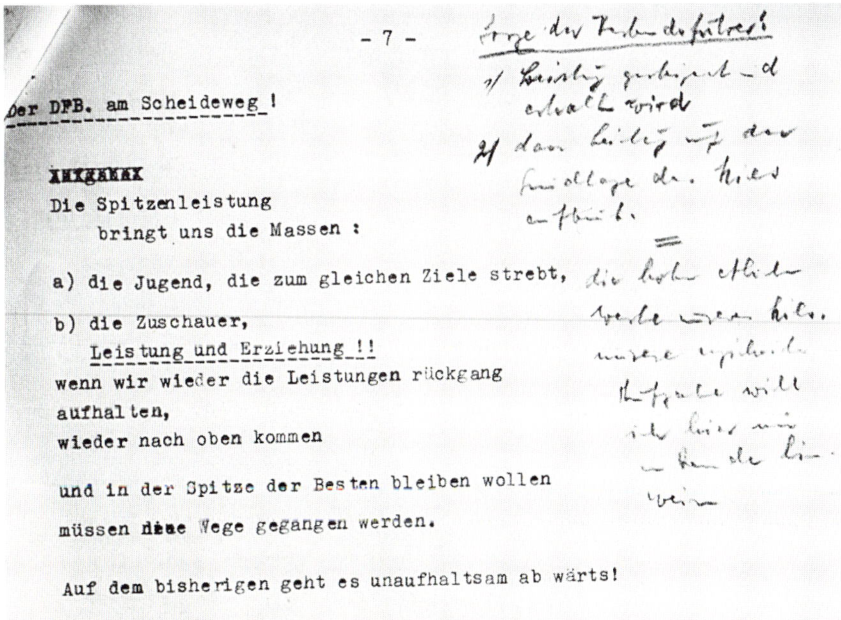

\- 7 -

Der DFB. am Scheideweg !

Die Spitzenleistung
bringt uns die Massen :

a) die Jugend, die zum gleichen Ziele strebt,

b) die Zuschauer,
Leistung und Erziehung !!
wenn wir wieder die Leistungen rückgang aufhalten,
wieder nach oben kommen
und in der Spitze der Besten bleiben wollen
müssen diese Wege gegangen werden.

Auf dem bisherigen geht es unaufhaltsam ab wärts!

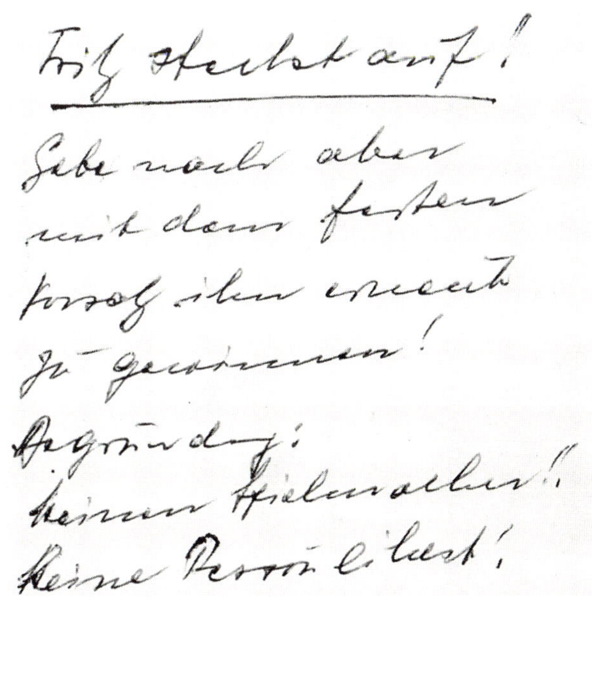

Fritz stellt auf!
Gebe nach aber
mit dem festen
Vorsatz ihn erneut
zu gewinnen!
Begründung:
keinen Spielmacher!
Keine Persönlichkeit!

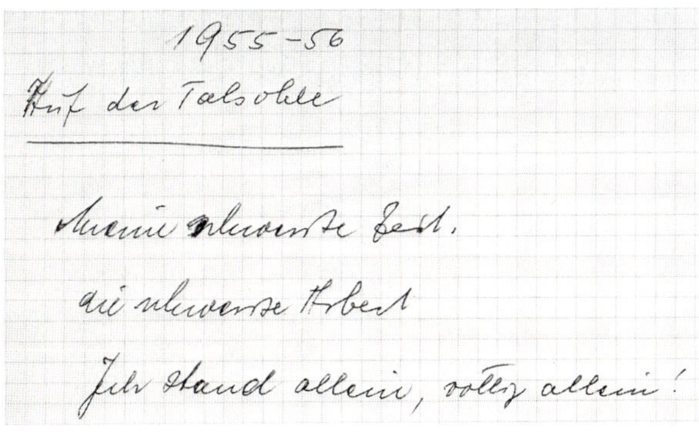

1955–56
Auf der Talsohle
Meine schwerste Zeit.
die schwerste Arbeit
Ich stand allein, völlig allein!

Hauptfigur bei den Argentiniern:

= Rossi = spielt gegen den gegen. Halblinken
185 ctm. 85 Klg.
sehr langsam !! (Kalb) Spielmacher !
baur sehr gut auf !
aber hart und unfair!!
Tugend des grosyen Talents aber auch alle Untugenden !

als Gegner geeignet,
ein Mann : der
schnell ist,
" der einen Tritt,
zweimal zurückgibt!
und körperlich imponieren
kann und Rossi ausschaltet!

Rossi äusserst reizbar! wird böse, schimpft auf und mit Gegenspieler fängt an zu raufen vergisst darüber das Spiel und überwirft sich sogar mit dem Schiedsrichter!

'"Das kann ja gut werden!"

In Rossi Rücken ein Loch!
Zeichnung !

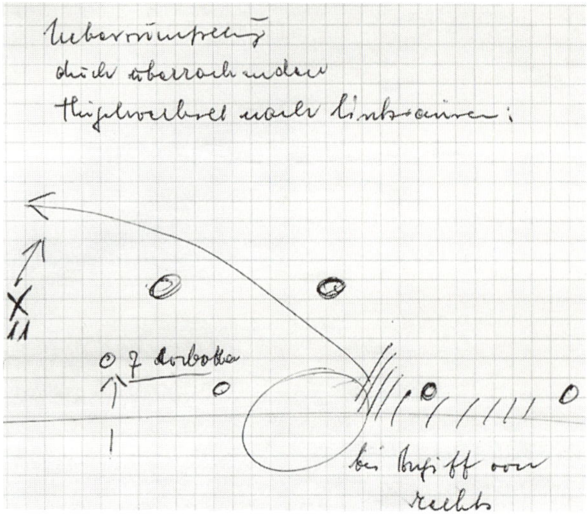

»Die Stärke des südamerikanischen Fußballs liegt in der Brillanz seiner Spieler mit dem Ball. Diese bewunderswerte Spielkunst wird aber leicht zum Verhängnis, wenn sie im Rausch der Spielfreude zum Selbstzweck wird.«

Das Loch in Rossis Rücken

Taktische Maßnahmen Herbergers zum ersten Vorrundenspiel bei der WM 1958 gegen Argentinien am 8. Juni 1956 in Malmö. Dieses Spiel wurde zu einer kontinentalen Kraftprobe zwischen europäischem und südamerikanischem Fußball hochstilisiert. »Dreh- und Angelpunkt« des argentinischen Spiels war Nestor Rossi. Mit Hilfe von Freunden in Argentinien hatte Herberger die Eigenarten des Spielmachers genau analysiert. Er hatte erkannt, daß, durch die Spielweise Rossis bedingt, der rechte argentinische Verteidiger gezwungen wurde, immer wieder auf der linken Seite auszuhelfen. Geplant waren deshalb Überrumpelungsangriffe durch Flügelwechsel nach Linksaußen. Die Strategie ging auf. Trotz eines 0:1-Rückstands gewann der Titelverteidiger durch Tore von Rahn und Seeler sein Auftaktspiel bravourös mit 3:1. Die »Welt« schrieb dazu: »Als sich die Abwehr der Deutschen gefügt hatte, begann mit unglaublicher Präzision Herbergers System zu funktionieren. Die Deutschen demonstrierten eine Art des Fußballs, die sich Herberger patentieren lassen sollte, hätte er nur einen Namen dafür.«

Gefeierter Vierter

Bei ihrer Rückkunft von der Weltmeisterschaft in Schweden am 29. Juni 1958 wurden Herberger und die Nationalmannschaft in Hamburg wie ein Weltmeister empfangen. Die Bestätigung des Titels von 1954 war geglückt. Nicht eigenes Unvermögen hatte die Deutschen aus dem Turnier befördert, sie hatten durch ein unglücklich verlaufenes Spiel im Halbfinale gegen Schweden (1:3) das Finale verfehlt. Nach einem 1:1 zur Pause wurde Erich Juskowiak in der 55. Minute nach einer Tätlichkeit vom Platz gestellt. Später fiel auch noch Fritz Walter nach einem groben Foul aus. Trotz Unterzahl erspielte sich die deutsche Elf gegen den WM-Gastgeber noch etliche Chancen zum Sieg, bis Gren in der 81. und Hamrin in der 89. Minute die Niederlage besiegelten. In den Vorrundenspielen gegen Argentinien, Tschechoslowakei und Nordirland sowie im Viertelfinale gegen Jugoslawien hatte die Mannschaft beachtliche Spiele geliefert.

Als Sepp Herberger einmal gefragt wurde, ob es noch andere Mannschaften, die er betreut hat, mit der Elf von 1954 aufnehmen könnten, antwortete er, ohne zu zögern: die WM-Mannschaft von 1958. Er sah diese sogar im Vorteil gegenüber den »Helden von Bern«, da es ihm zwischen 1956 und 1958 gelang, seine »vordringlichste Aufgabe« erfolgreich abzuschließen: »die Schaffung einer spielstarken Abwehr«. Darüber hinaus konnte er Fritz Walter wieder als Lenker des Spiels reaktivieren; Helmut Rahn, den sein Lebenswandel in Verruf gebracht hatte, schoß die wichtigsten Tore; schließlich gelang Uwe Seeler, der in der Nationalmannschaft bis dahin nie richtig hatte auftrumpfen können, in Schweden der Durchbruch. Es war vor allem Seeler, der Herbergers Rezept eines unermüdlich rochierenden Stürmers in die Tat umsetzte. Als müßte sie nach Worten ringen, schrieb die Presse von einem »schönlinigen, wundervollen Kombinations-Gleitfluß«, mit dem das deutsche Spiel immer wieder zu bestechen verstanden hätte. Ein Endspiel gegen Brasilien, das nur aufgrund unglücklicher Umstände verfehlt wurde, wäre vielleicht zum großen Test auf Herbergers Fußballphilosophie geworden.

Moderne Zeiten (1959–1962)

Neuer Stil

Aufzeichnung nach dem Spiel gegen Frankreich am 26. Oktober 1958 in Paris, das 2:2 endete. Noch wenige Monate nach der Weltmeisterschaft ist Herberger optimistisch für die Zukunft: »Wir sind dabei, einen neuen Stil zu prägen.«

Mappe: Länderspiele

Länderspiel gegen Frankreich am 26.10.58 in Paris 2:2 (1:1)

Ein gutes und ebenso auch ein schönes Spiel. Unsere Mannschaft beherrschte in der ersten Halbzeit Spielgeschehen und Gegner und hätte bei mehr Routine unserer jungen Spieler gut und leicht mit klarem Vorsprung in die Pause gehen können. In der zweiten Halbzeit war anfangs und in den ersten 20 Minuten Frankreich am "Drücker".

Wir waren jederzeit eine Mannschaft, stark und mit allen Kräften in der Abwehr. Gut im Aufbau von hinten heraus, gut auch im Angriffspiel.

Hervorragend unser Spiel im Mittelfeld, das den Boden unserer spielerischen Überlegenheit schuf unser gutes Angriffspiel aufbaute und einleitete.

Wir sind dabei einen neuen Stil zu prägen mit dem wir, wenn es gelingt ihn in unserer Mannschaft fest zu verankern, spielerisch weiter zu kommen als je zuvor.

Testreihe

Resümé Herbergers aus den Aufbauspielen zur Weltmeisterschaft 1962. Zu diesem Zeitpunkt, im Februar 1962, plante er noch, das Angriffsspiel der Italiener – Gegner in Chile – im Mittelfeld zu stoppen. Bei der WM wird Herberger die Order ausgeben, den italienischen Sturm erst an der Strafraumgrenze zu stellen. Ein Dauerproblem war die Besetzung der Sturmreihe. Nachdem Versuche mit Dörfel, Stürmer, Vollmar und Strehl als Partner von Seeler nicht zufriedenstellend verlaufen waren, testete Herberger Koslowski.

18. 2. 62

betr. Formationen und personelle Zusammenstellungen die sich - nach den bisher in den Aufbauspielen gesammelten Erfahrungen und gewonnenen Erkenntnissen - als erfolgversprechend empfehlen :

Schnellinger = Verteidiger!!!
Für Manndeckung und Kampf um den Ball auf engem Raum fehlen ihm wichtige Voraussetzungen.

Wilden erhält - besonders im Hinblick auf meine taktischen Pläne gegen Italien den Vorzug vor Wenauer.
Das Angriffsspiel des ital. Innentrios - muss schon im Keime, d.h. im Mittelfeld "zerstört" werden.
Altafini, der Mst. der ~~Italiener~~ muss schon im Mittelfeld blockiert und ausgeschaltet werden.
Dasselbe gilt für das gesamte „Innentrio der Italiener.
Alle Hinweise an Wenauer zeitigten keine Umstellung. Es fehlt bestimmt nicht am guten Willen seinerseits.
Er kann es einfach nicht!

Seeler, Strehl (al Mittelstürmer oder Aussenstürmer.
und jetzt Koslowski
(Uwe ist nur dann Weltklasse wenn er sich selbst spielt.
Dieses Thema war schon zu widderholten Malen mit Uwe besprochen.
Wenn uwe sich als Spielmacher betätigt, sinkt sein Wert.
Die Hamburger Presse hat ihn hierbei s hwer"belastet".
Für den Spielaufbau XXXXX ist Uwe nicht inte national!
Er geht nicht mehr an die Linie u. und neuderdings reisst er auch unser Spiel auseinander.

In Köln habe ich jetzt meine Pläne mit ihm besprochen.
Uwe - Strehl. Positionswechsel. Auf diese Weise hoffe ich Uwe wieder dazu zu bringen, dass er als vorgesvhobener Mst. "mitspielt, an die Line geht und sich nicht- wie sich das bei ihm someingespielt hat - " auch an der Linie aufhält.

Nun hat das Kölner Spiel - so wie schon das Spiel in Gälsenkirchen - mit K o s l o w s k i - ganz neue Ausblicke gezeigt.

Das gute, flüssige und erfolgreiche Spiel unserer Angriffsreihe ist nicht zuletzt ein Verdienst vin Koslowski. ?
Er hält den Ball, geht rechts und links heraus an die Flügel, bindet den gegenerischen Mittelläufer,
macht ihm dabei schwer"zu schaffen "
schafft freie Wege für den Steilpass und das Durchspiel in der Mitte
und
ist auch am Flügel ein guter und gefährlicher Mann.

Nach den gewonnenen Eindrücken empfiehlt sich - ja drängt sich eine Kombination Koslowski - Uwe geradezu auf.

Strehl - das hat auch da gestrige Spiel KSC.- Club in Karlsruhe eindrucksvoll gezeigt - ist für inte nationale Aufgaben nicht spritzig genug. (Wenigstens wenn ich an unsere Taktik gegen Italien und Chile denke)

Deshalb in Saarbrücken : Uwe Mst. Koslowski Aussen
und
Positionswechsel
als Einleitung eines guten Zusamme[nspiels] und
einen geplanten Wechsel auf den
Positionen (Koslwoski - Mst. Uwe As

Für die Weltmeisterschaft 1962 in Chile mußte die deutsche Mannschaft Qualifikationsspiele bestreiten. Die Gegner Nordirland und Griechenland wurden beide in Hin- und Rückspiel besiegt. Die glatte Qualifikation konnte nicht darüber hinwegtäuschen, daß die Mannschaft bei ihrem tiefgreifenden personellen Umbruch mit erheblichen Problemen zu kämpfen hatte. Fritz Walter, Herbergers verlängerter Arm auf dem Feld, hatte endgültig seinen Abschied genommen; auf dem rechten Flügel fehlte Rahn, eine gleichwertige Besetzung wollte nicht gelingen. Die Zeiten der Blockbildung waren ebenfalls vorbei. Herberger erwog zeitweise, eine HSV-Sturmreihe der Nationalmannschaft zu integrieren, kam aber auch davon wieder ab. Die wichtigste Veränderung aber war der internationale Trend zu betont defensivem Spiel. Die Schweizer und Italiener, die den Deutschen mit Chile als Gegner in einer WM-Gruppe zugelost wurden, waren in den vergangenen Jahren durch ihre Riegel-Taktik aufgefallen. Herberger blieb nicht unbeeindruckt davon und begann sich stärker um die Torsicherung zu bemühen.

»Stürmer versagt«

Sepp Herberger nach dem Spiel gegen Belgien am 8. März 1961 in Frankfurt. Nur durch einen Zufallstreffer von Gerd Dörfel konnte die deutsche Mannschaft das Treffen 1:0 für sich entscheiden. Es kündigten sich grundsätzliche Probleme für die Zukunft an. Durch die Betonung der Torsicherung fehlte dem Wirbel die Durchschlagskraft. In seinem Notizbuch notierte Herberger: »Abwehr gut! Stürmer versagt, in sinnloser Spielerei gestorben. Kein Steilpaß, weil kein Steillaufen, kein Direktspiel in die Tiefe.« Nur einer kommt neben Dörfel gut weg: »Uwe Seeler ist zu loben.«

Niederlage (WM 1962)

Der taktische Gedanke:
Ziel und Aufgabe: Zu Null!

Überlassung des Mittelfeldes an den Gegner ...

Auffangen des gegne. Angriffes mit der Annäherung an den Strafraum . . . .

== Alarmstufe für eigene Abwehr:
Versuchung: 1) mitspielen
2) Druck auf die nicht vorankommende eigene Angriffsreihe
3) Vernachlässing der Konzentration und Deckung und dadurch :
Weg frei für die Attacken der Italien die XXXXXX darauf spekulieren, darauf warten und zuschlagen . . . .

darum: immer höchste Alarmstufe wenn wir am Ball, unser Spiel läuft und in gegnerische Hälfte vorrückt!!

\- 4 -

unser Angriffsspiel und Angriffsspieler = grundsätzlich :auf eigenen Füssen, weil Abwehr in ihrer Aufgabe gebunden.....

Italien fürchtet unseren Wirbel !
Ihre Gegenwehr: scharfe Markierung !

Unsere Stürmer müssen von vornherein mit ihrem Polizisten rechnen und ---- mit diesem fertig werden.. (Haller)
Der Einzelbekämpfung durch den Gegner , erwidern wir mit schnellem, flüüsigen Direktspiel und Wirbel !!
Unverdrossen, kein Resignieren!
(Haller) kein Honiglecken!

Flügel besetzt halten !!

Unsere mögliche Formation: Schäfer - Brülls - Seeler - Haller - Koslowski

Der Wirbel! Unsere Waffe! Sie sticht !!!
1) Scheinangriffe auf dem rechten Flügel ----
Uwe - Koslwoski - Positionswechsel

»Italien fürchtet unseren Wirbel!«

Herbergers taktisches Konzept für das Vorrundenspiel gegen Italien am 31. Juni 1962. Beabsichtigt war, dem Gegner das Mittelfeld zu überlassen und ihn erst an der Strafraumgrenze zu stellen. Order war auch, vorne »mit schnellem, flüssigen Direktspiel und Wirbel« zu operieren. Das Konzept bestand aber darin, den Wirbel nicht unüberlegt, sondern gezielt zu entfachen, um sich keine italienischen Konter einzufangen. Wie geplant, spielte man »zu Null«. Es sei eines der besten Länderspiele gewesen, die er je gesehen habe, stellte Herberger hinterher fest.

1954 führte der deutsche Sturm gegen Österreich den finten- und variantenreichen Positionswechsel in Perfektion vor; die Abwehr war in diesem Turnier der schwächere Mannschaftsteil. 1958 war die Abwehr dem Angriff in ihrer Leistung ebenbürtig. Deutschland wurde nicht Weltmeister, die Mannschaft kam aber dem spielerischen Ideal Herbergers näher als die Weltmeisterelf. Bei der WM 1962 dann die Überraschung: Herberger hatte sich dem allgemeinen Trend angepaßt, der die Weltmeisterschaft in Chile zu einem Turnier der Defensivschlachten machte, und ließ aus einer massiven Abwehr heraus spielen. Gegen Italien trennte man sich torlos, gegen die Schweiz gelang ein knappes 2:1, und gegen Chile fielen die deutschen Siegtreffer durch Elfmeter und einer Einzelaktion Seelers. Daß sie zu anderem, nämlich offensivem und schnellem Kombinationsspiel fähig war, zeigte die deutsche Mannschaft durchaus; es gelang ihr aber nicht, wie in den früheren Turnieren den Gegnern dieses Spiel aufzuzwingen. Jugoslawien, der schon traditionelle Viertelfinalgegner bei der WM, wurde überschätzt, die Defensivtaktik deshalb noch verstärkt. Durch einen Weitschuß fünf Minuten vor Schluß wurde das deutsche Schicksal besiegelt: mit 0:1 im Viertelfinale ausgeschieden.

Die letzte Weltmeisterschaft

Herberger in Chile 1962. Bei der vorangegangenen Quartiersuche, die mit erheblichen Schwierigkeiten verbunden gewesen war, hatte der 65jährige zehn Kilogramm abgenommen. In Südamerika war Herberger als »Don Pepe« populär, in Deutschland bezeichnete ihn die Presse inzwischen als den »Fußball-Weisen von der Bergstraße«.

Das Aus

Herberger-Skizze zur Mannschaftsformation für das WM-Spiel gegen Jugoslawien am 10. Juni 1962. Der jugoslawische Stürmer Sekularac (markiert mit Doppelkreis) erhielt während des Spiels für seine Dribblings Applaus auf offener Szene. Fritz Walter aber, der als Zuschauer das Spiel verfolgte, meinte, Sekularac habe nur »brotlose Kunst«, die Deutschen aber in der ersten Viertelstunde ihre besten Spielzüge während der ganzen WM gezeigt. Die Partie sei allein durch Glück entschieden worden: Ein Sonntagsschuß von Radakovic (Fahrian: »den habe ich überhaupt nicht kommen sehen!«) fünf Minuten vor Schluß warf die Deutschen aus dem Turnier. Die Abwehrleistung war ausgezeichnet, aber nach vorne fehlte der Druck. In der Presse hieß es: »Die deutsche Abwehr bewies auch gegen Jugoslawien, daß sie eine der besten des gesamten Turniers war.« Aber auch: »Hans Schäfer wartete vergeblich auf Vorlagen.«

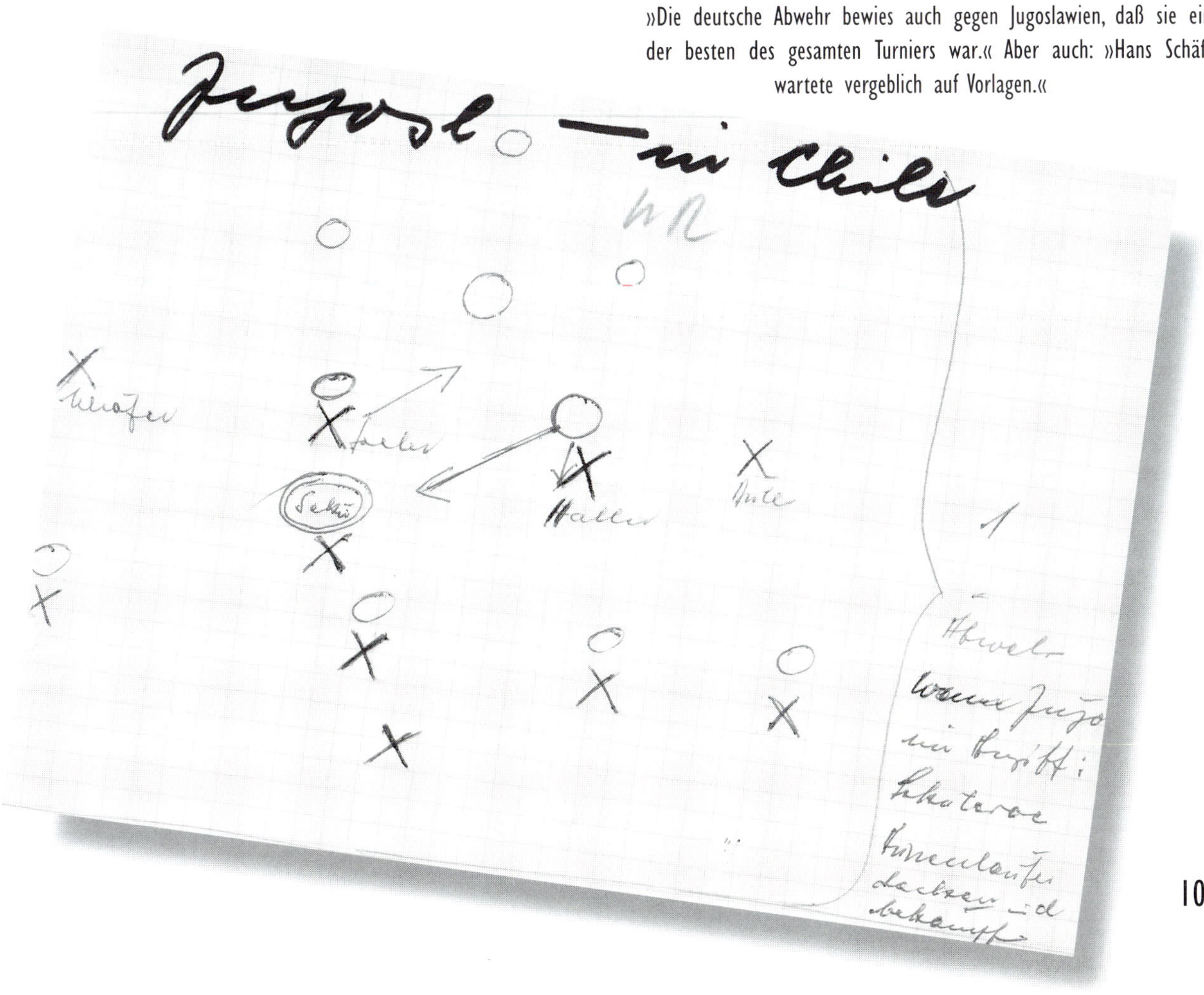

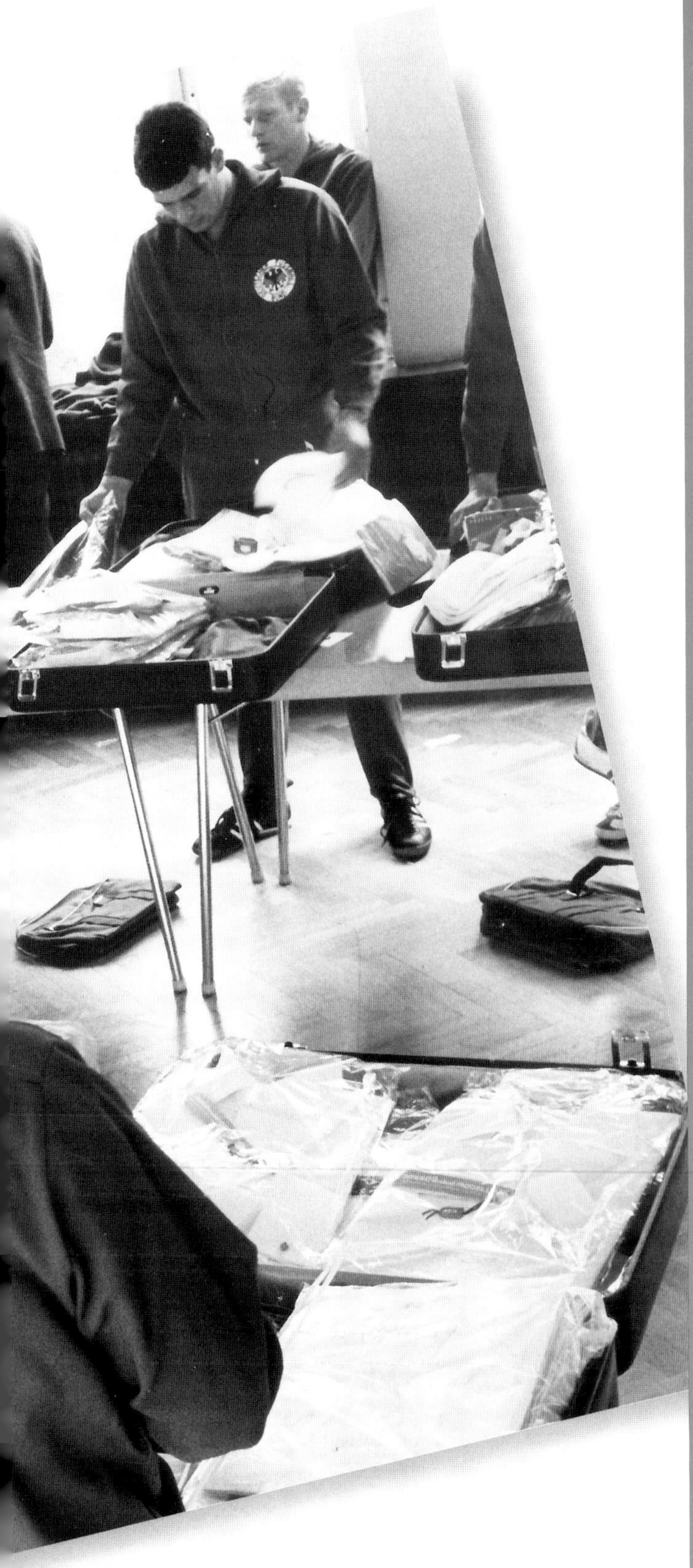

Der Perfektionist

»Nach dem Spiel ist vor dem Spiel«

»Wenn meine Mannschaft ins Spiel geht, kann ich vor meinem Gewissen bestehen. Es ist alles getan worden, (...) um die Mannschaft bestmöglichst ins Spiel zu bringen.« In dieser Feststellung formuliert Herberger eines seiner Grundprinzipien, das Streben nach Perfektion. Der unterwarf er sich ebenso unerbittlich, wie er sie von anderen einforderte. Herberger wußte um die Vielzahl der Einflußfaktoren, die den fußballerischen Erfolg ausmachen. Gerade dies reizte ihn und stachelte seinen Ehrgeiz an, die Grenzen des Machbaren bis ins Extrem auszuloten. Jedes Detail des fußballerischen Lebens war Herberger wert, überdacht, genauestens geplant sowie – wenn möglich – auch von ihm selbst umgesetzt zu werden. Er kümmerte sich um das Essen seiner Leute ebenso wie um die richtigen Bälle beim Training; er konnte stundenlang über die passende Zusammensetzung der Spieler auf den Zimmern oder über die den klimatischen Verhältnissen angemessene Bekleidung grübeln. Herberger sah Fußball als Lebensaufgabe an, und er war in der Lage, dieser alles unterzuordnen. Aus einem solchen Verstandnis heraus entwickelte er auch ein Gespür für die wichtigen Dinge außerhalb des Trainingsgeländes. So suchte er z.B. den Kontakt zu den Frauen der Spieler, um bei ihnen für seine Sache zu werben. In allem war er selten zufrieden, die Perfektionierung war ihm eine nie abgeschlossene Aufgabe. Während andere den Erfolg bejubelten, widmete er sich bereits der nächsten ungelösten Frage. Um seiner Zweifel Herr zu werden, begann er seine Vorstellungen in seinem berühmten Notizbuch aufzuschreiben, sie festzuhalten.

Notizbuch

Gegenüber Personen, die eine Aura des Genialischen umgibt, existiert immer ein großes Bedürfnis, das Geheimnis ihres Erfolgs handgreiflich benennen zu können. Herbergers »Zauberbuch«, in dem die Öffentlichkeit sein Wirken konkret fassen wollte, war das »Notizbuch«. Hier vermutete man die Formulierung seiner ausgeklügelten Strategien, wer hier als Spieler auftauchte, galt fußballerisch als geadelt. Tatsächlich ist es 1937 entstanden als eher bürokratisches Instrument zur Organisierung der Aufbauarbeit für die Nationalmannschaft. Herberger trug dazu ein kleines, jackentaschenfähiges Ringbuch mit sich herum, in das er bei konkreten Überlegungen oder Beobachtungen sofort Einträge machen konnte, die sich hinterher abheften ließen. Diese Einträge betrafen bald nicht mehr nur interessante Spieler oder etwa seine Reiserouten. Herberger begann in dieser Form alle Vorbereitungsmaßnahmen für Länderspiele festzuhalten – von der Zimmerbelegung über die Aufstellung und den Speiseplan bis hin zur Ansprache an die Spieler vor dem Spiel. Das Notizbuch war das Drehbuch seiner Inszenierung eines Spiels. Es diente ihm als Versicherung, nichts vergessen und alle nur denkbaren Einflußgrößen in seinem Sinne berücksichtigt zu haben. Das Notizbuch wurde so eine Form der Selbstvergewisserung, die Herberger schließlich auch in Form von Tagebuchaufzeichnungen und biographischen Notizen weiterführte. In diesem Sinne ist es eher ein Prinzip als ein tatsächlicher Gegenstand gewesen. Das Notizbuch war Herbergers Instrument zur Bewältigung des Unabwägbaren. Es gab ihm die Sicherheit, in dem komplexen Geschehen, in dem er handeln mußte, auch das Richtige getan zu haben.

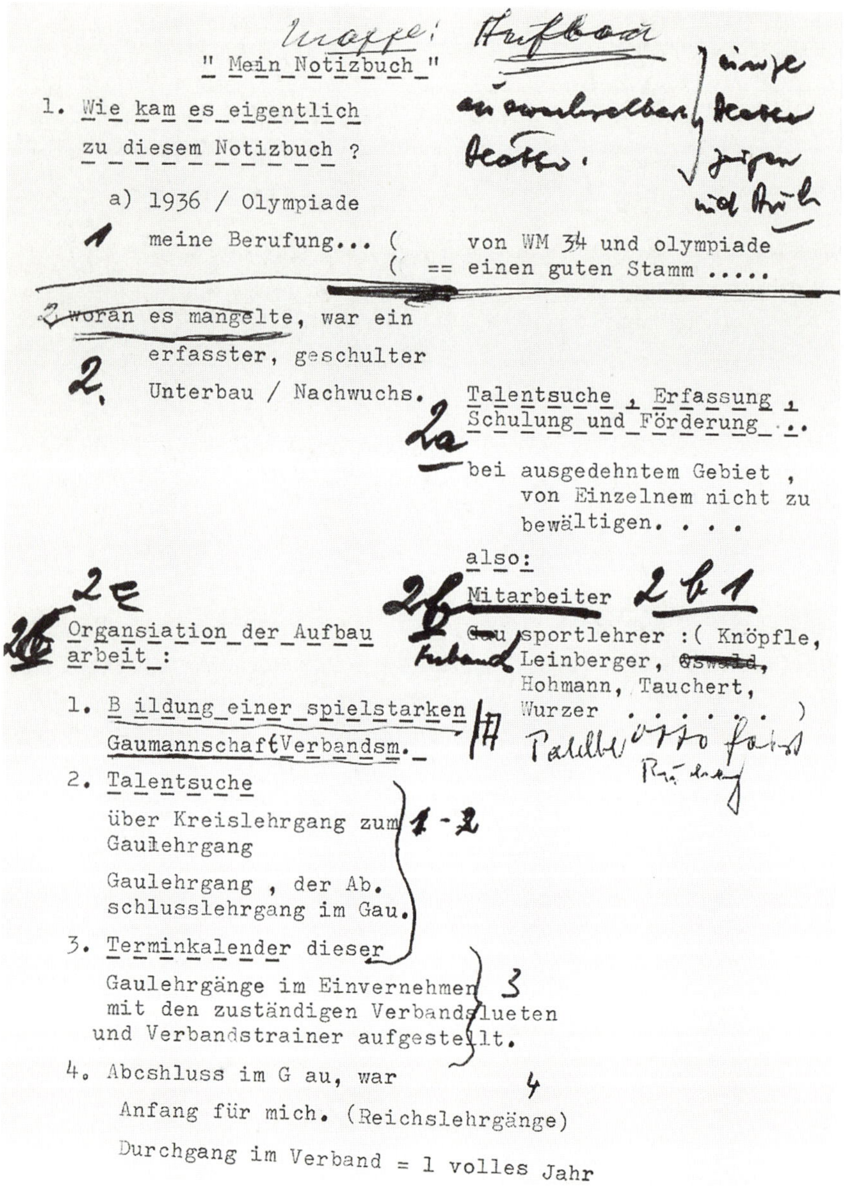

" Mein Notizbuch "

1. Wie kam es eigentlich zu diesem Notizbuch ?

a) 1936 / Olympiade

meine Berufung... (von WM 34 und olympiade
(== einen guten Stamm .....

2 woran es mangelte, war ein erfasster, geschulter Unterbau / Nachwuchs.

Talentsuche , Erfassung , Schulung und Förderung ..

bei ausgedehntem Gebiet , von Einzelnem nicht zu bewältigen. . . .

also:

Mitarbeiter

Gausportlehrer :(Knöpfle, Leinberger, Oswald, Hohmann, Tauchert, Wurzer . . . .)

Organsiation der Aufbau arbeit :

1. B ildung einer spielstarken Gaumannschaft Verbandsm.
2. Talentsuche
über Kreislehrgang zum Gaulehrgang
Gaulehrgang , der Ab. schlusslehrgang im Gau.
3. Terminkalender dieser
Gaulehrgänge im Einvernehmen mit den zuständigen Verbandsleuten und Verbandstrainer aufgestellt.
4. Abcshluss im G au, war
Anfang für mich. (Reichslehrgänge)
Durchgang im Verband = 1 volles Jahr

»Mein Notizbuch«

Aufzeichnungen Herbergers zur Entstehung des Notizbuchs. Nach der Übernahme der Nationalmannschaft Ende 1936 mußte er feststellen, daß viel für die Förderung der Spitzenspieler, aber wenig für den Nachwuchs getan wurde. Sofort begann er Pläne zur Talentsuche und -förderung, aber auch zur Schulung entsprechender Mitarbeiter aufzustellen. Sein Notizbuch hielt die Maßnahmen und die betreffenden Personen fest.

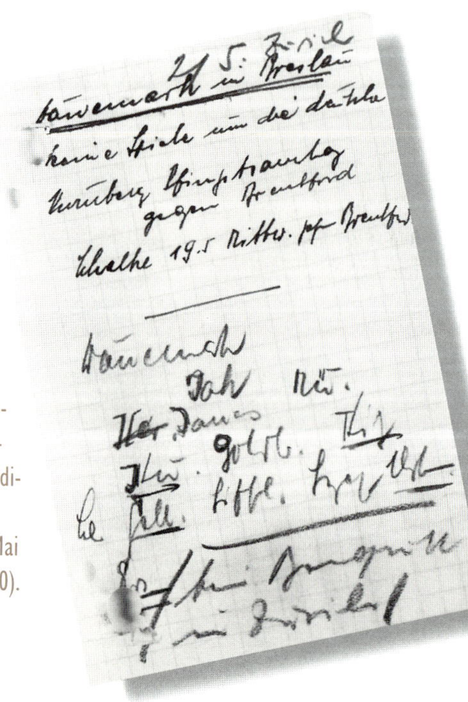

Aufstellung der deutschen Nationalmannschaft zum denkwürdigen Spiel gegen Dänemark am 16. Mai 1937 in Breslau (8:0).

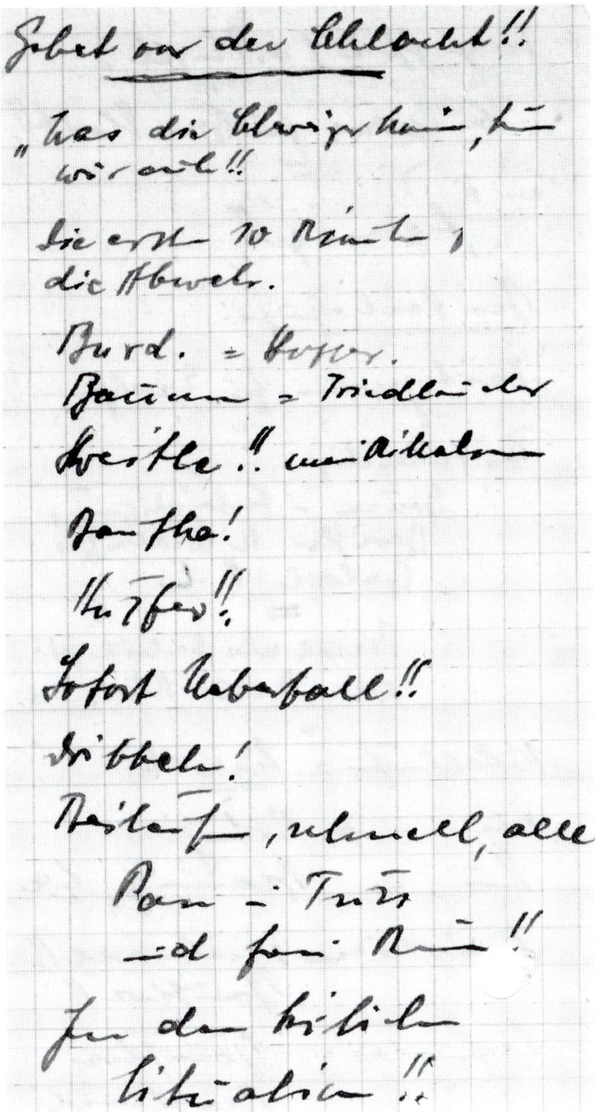

»Gebet vor der Schlacht«

Text der Einschwörung vor dem ersten Länderspiel nach dem Krieg am 22. November 1950 in Stuttgart gegen die Schweiz. Herberger versuchte den Spieler, die noch nicht wußten, wo sie nach der langen Länderspielpause stehen, Mut zu machen: »Was die Schweizer können, können wir auch, sofort Überfall! Dribbeln!«

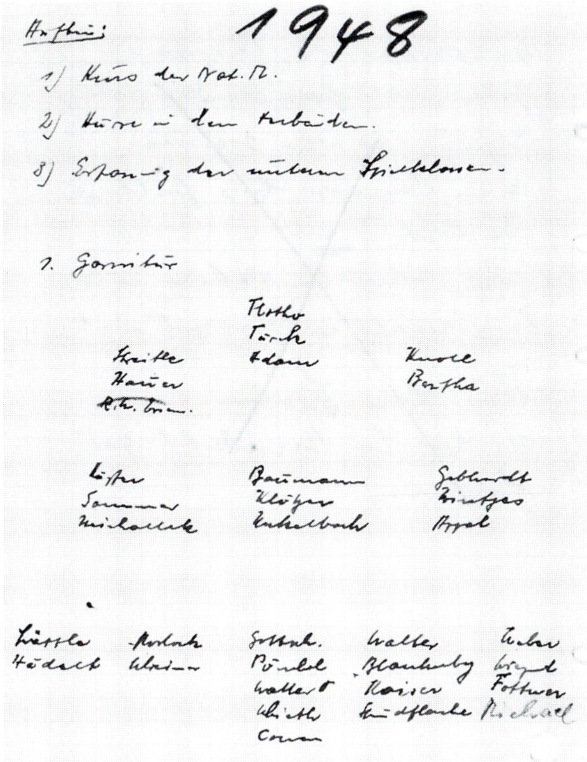

Aufbau

Eintragung von jenen Spielern, die Herberger 1948 aufgrund seiner Beobachtungen noch lange vor seiner Ernennung zum Bundestrainer als Grundstock für die künftige Nationalmannschaft betrachtete.

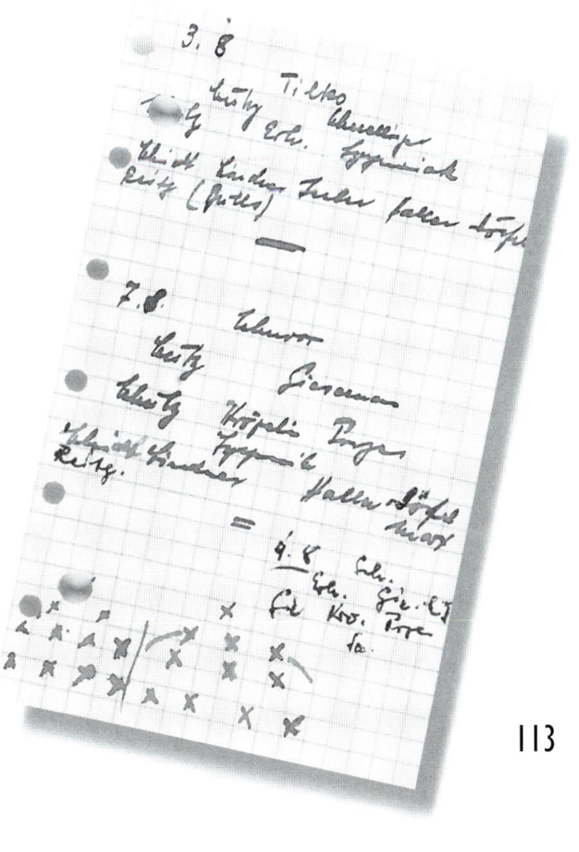

Eintragung zu den Spielen der Islandreise vom 31. Juli bis zum 10. August 1960. Es taucht hier in der Person Horst Szymaniaks Herbergers Idee des „wandernden Stürmers“ auf, der sowohl im Mittelfeld als auch im Sturm spielt.

Archivierung

Sepp Herberger hat nicht nur seine Gedanken und Maßnahmen zu wichtigen Entscheidungen, Spielen und Lebenssituationen zu Papier gebracht, er hat dieses Material auch komplett archiviert. In über 360 Ordnern sind – penibel von Herberger chronologisch und thematisch geordnet – neben seinen eigenen Aufzeichnungen auch alle Dokumente, Briefe, Fotos, Zeitungsausschnitte etc. der Nachwelt erhalten, die Herberger im Laufe seines Lebens sammeln konnte. Das Vorkriegs- und Kriegsmaterial überstand dabei die Zerstörungen des Zweiten Weltkriegs in Weinheim bei seinen Schwiegereltern. Herberger hat mit großem Aufwand sein eigenes Leben bis ins Detail dokumentiert. Dies geschah sicher aus dem Bewußtsein heraus, zentrale Weichenstellungen im deutschen Fußball vorgenommen zu haben. Entscheidend dürfte aber das Bedürfnis gewesen sein, sich selbst einen Spiegel des Lebens vorhalten zu können. Das ehemalige Arbeiterkind aus Mannheim-Waldhof konnte mit dem Inhalt dieser Ordner seine Lebensleistung noch einmal Revue passieren lassen. Er war damit aber auch in der Lage, retrospektiv seine Entscheidungen zu rechtfertigen. Für Herberger war das Papier eine Art Folie des Selbstgesprächs, in dem er in den jeweiligen Situationen, aber auch in der Rückschau das aus seiner Sicht richtige Verhalten begründen konnte. Die interessantesten Unterlagen seines Archivs sind deshalb seine Versuche, autobiographisch Lebensstationen aufzuarbeiten. Diese Aufzeichnungen hätten schon zu Lebzeiten die Grundlage einer Biographie abgeben können. Alle potentiellen Autoren winkten aber ab, da Herberger das letzte Wort haben wollte, was geschrieben wird und was nicht.

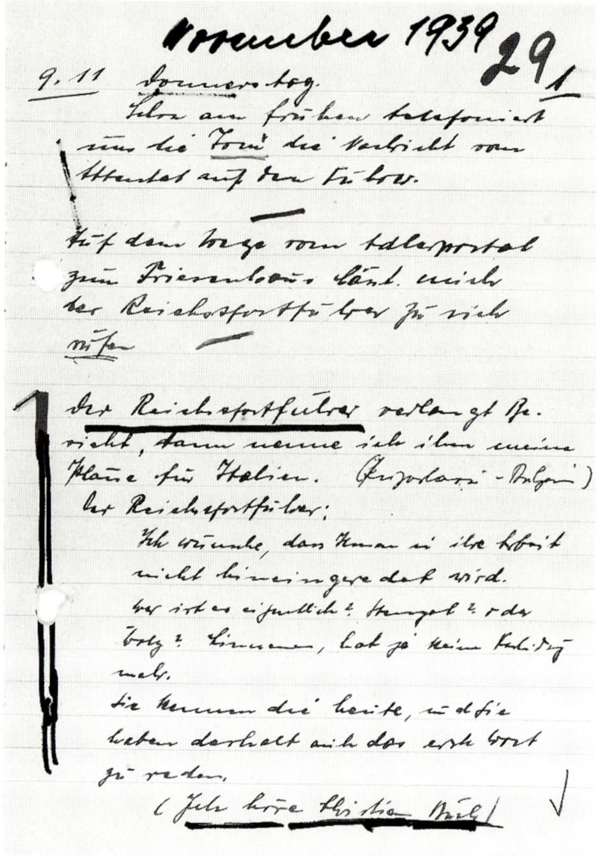
November 1939

9.11 Donnerstag.

Tagebuch

Tagebuchaufzeichnung Herbergers vom 9. November 1939 über eine Begegnung mit dem Reichssportführer Hans von Tschammer und Osten. Herberger notiert, daß ihm Tschammer in einem Konflikt mit Fußball- und Parteifunktionären um das Spielsystem und um den Einbau österreichischer Spieler freie Hand gibt: »Ich wünsche, daß Ihnen in die Arbeit nicht hineingeredet wird.«

Im Angriff hatte Nerz für den Mittelstürmerposten Hohmann oder XXXX Lenz im Auge; Siffling als Halbrechten eingesetzt. Ich nahm also -- entsprcehend meiner XXXXX Aufstellungspläne - Siffling in die Mitte und nannte Rudi Gell sch als meinen Halbrechten.
Ich reichte meinen Zettel mit meinen Korrekturen wieder über den Tisch zurück, er überflog ihn, nickte mir zu, XXXXXXXXXX XXXXXXXXX und sagte -kopfnickend - " In Ordnung ! ". Bald darauf verabschiedete er sich, weil er am nächsten Morgen schon wieder in Berlin und an der Reidhsakademie sein musste.

Autobiographie

Aufzeichnung Herbergers zum Zustandekommen der Breslauelf am 2. Mai 1937 beim Bankett nach dem Länderspiel gegen die Schweiz in Zürich. Herberger mußte sich formell mit Otto Nerz über die Mannschaftsaufstellung abstimmen. Er schildert hier, wie er beim Essen gegen Nerzens Vorstellung Otto Siffling als Mittelstürmer für den 16. Mai durchsetzte.

Ev' Herberger im Keller des Hauses in Hohensachsen vor den 361 Ordnern, in denen ihr Mann alle Dokumente, die sein Leben betreffen, archiviert hat.

Dokumente

Links ein Brief an Herberger über die Zuteilung von Lebensmittelmarken für einen Nationalspielerlehrgang vom 8. bis zum 15. Februar 1943 in Frankfurt/M. sowie unten ein Abstellungsbescheid für drei Spieler zu einem Lehrgang vom 17. bis 23. April 1944 in Königshütte. Dieses war der letzte Lehrgang im Krieg, den Herberger organisieren konnte. Ein weiterer für Februar 1945 (!) in Mühlhausen angesetzter Kurs mußte dann abgesagt werden. Nach der Einstellung des Länderspielbetriebs am 20. Februar 1943 wegen der Ausrufung des »totalen Kriegs« versuchte Herberger durch Lehrgänge seine Spieler von der Front fernzuhalten und den Fußballbetrieb dadurch aufrechtzuerhalten.

Fachamt Fussball Berlin, den 5.Februar 1943

Herrn
Reichstrainer J. Herberger

Frankfurt/M.
Stadion

Lieber Herr Herberger!

Anliegend übersende ich Ihnen die Lebensmittelmarken von Gauchel, Schmeisser, Jahn, Kitzinger, Hempel und Graf, insges. für 6 Spieler =

16.800 gr Brotmarken
4.200 gr Fleischmarken
750 gr Buttermarken
450 gr Margarinemarken.

Die Empfangsbescheinigungen für Gauchel und Schmeisser füge ich mit bei, die Sie bitte unterschreiben lassen wollen.

Alles Gute
und viele frdl. Grüße
Ihre Irmgard Stumpe

SPORTGEMEINSCHAFT SS ORANIENBURG

Oranienburg, den 11. April 1944.
Telefon 317 1/24.

Abteilung Fußball

Betrifft: Lehrgang für National-Nachwuchsspieler vom 17. - 23. April 1944 in Königshütte O/S.
Bezug : Schreiben vom Fachamt Fußball Tgb.Nr. Dr.X/St. vom 6. April 1944.

Herrn
Reichstrainer Herberger,
Königshütt O/S.
Hotel " Graf Reden "

Die Sportgemeinschaft-SS Oranienburg teilt Ihnen mit, dass unsere Spieler zu oben angeführten Lehrgang am Sonntag, dem 16. April nachdem Spiel nach Königshütte in Marsch gesetzt werden. Es sind folgende Spieler:

Die nachfolgende Planung geht von einem Sieg unserer Mannschaft über die Türkei aus.

Die Situation ist dabei folgende:

Das Wiederholungsspiel gegen die Türkei ist uns gesichert.

Wir sind also auch bei einer Niederlage gegen Ungarn noch im Wettbewerb.

Ich sehe in diesem zweiten Spiel gegen die Türkei eine größere Gewinnchance für uns, als in unserem Spiel gegen Ungarn.

Ausgehend von dieser Annahme, müsste dieses zweite Spiel gegen die Türkei eine vorrangige Bedeutung gegenüber dem Spiel gegen Ungarn bekommen.

Folgerichtig würden dann alle unsere Maßnahmen allein von den Interessen diktiert, die da s Wiederholungsspiel gegen die Türkei uns aufgibt.

Das Hauptinteresse wäre dabei darauf gerichtet für dieses zweite Spiel gegen die Türkei unsere beste Mannschaft, und diese ausgeruht und kampfstark, an den Start zu bringen.

Mein Plan hierzu lautet so:

1. für das erste Spiel gegen die Türkei unsere stärkste Mannschaft
2. für das Entscheidungsspiel gegen die Türkei möglichst wiederum diese Mannschaft
3. für das Spiel gegen Ungarn eine möglichst neue Mannschaft zu der nur der eine oder andere (konditionell starke oder aus taktischen Überlegungen benötigte) Spieler der ersten Garnitur herangezogen wird.

»Mein Plan«

Auszug aus einem Brief an den zweiten DFB-Vorsitzenden Hans Huber vom 20. April 1954. Herberger hatte seine Taktik für die Gruppenspiele bereits nach der Auslosung der WM-Spiele am 1. Dezember 1953 gefaßt. In Gesprächen mit Fritz Walter wird die Idee des Einsatzes einer ersatzgeschwächten Mannschaft am 20. Juni 1954 entwickelt und mit dem Schreiben an seinen Kontaktmann im DFB-Vorstand »offiziell« abgesichert.

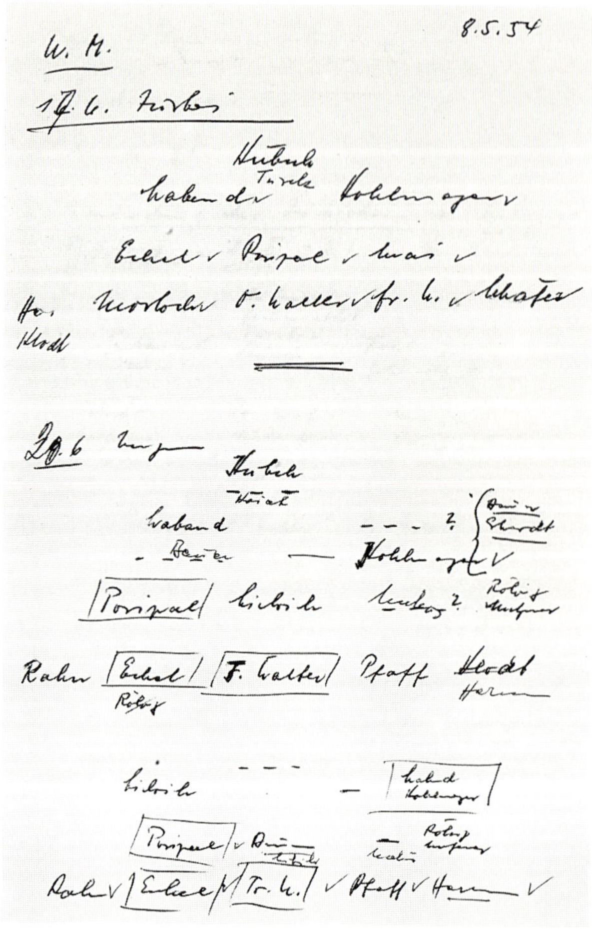

Überlegungen Herbergers vom 8. Mai 1954 über die unterschiedlichen Mannschaften für die Spiele am 17. Juni gegen die Türkei und am 20. Juni gegen Ungarn. Letztlich wurden von der damaligen ersten Formation die Spieler Schäfer, Ottmar Walter, Klodt, Mai, Morlock, Laband und Turek gegen Ungarn nicht eingesetzt.

Sepp Herberger war ein Meister in der Fähigkeit, Stärken und Schwächen des Gegners zu analysieren und seine Mannschaft darauf entsprechend vorzubereiten. Eindrucksvoll kommt seine taktische Meisterschaft in den Spielen um die Fußballweltmeisterschaft 1954 zum Ausdruck. Für jede Begegnung wurde die Spielweise präzise auf den jeweiligen Gegner abgestimmt, wobei die Taktik von Spiel zu Spiel zum Teil völlig gegensätzlich war. Das eigentliche taktische Kunststück aber war bei dieser WM die Schonung von Spielern der ersten Garnitur im Gruppenspiel gegen Ungarn und die Konzentration auf ein zweites Spiel gegen die Türkei. Der Austragungsmodus brachte es mit sich, daß bei einer Niederlage gegen den WM-Favoriten Ungarn die Chance bestand, über ein Entscheidungsspiel gegen die Türkei ins Viertelfinale zu kommen. Herberger machte sich diesen Umstand in einer riskanten Taktik zunutze. Er schonte sieben Stammspieler gegen Ungarn, handelte sich dadurch eine demoralisierende und auf die deutsche Öffentlichkeit ernüchternd wirkende 3:8-Niederlage ein und mußte im zusätzlichen Spiel mit der Türkei alles auf eine Karte setzen. Die Taktik, die Herberger über ein halbes Jahr lang detailliert vorbereitete, ging auf, wobei vielleicht sogar der Nebeneffekt eintrat, daß die Ungarn die deutsche Mannschaft im Endspiel unterschätzten.

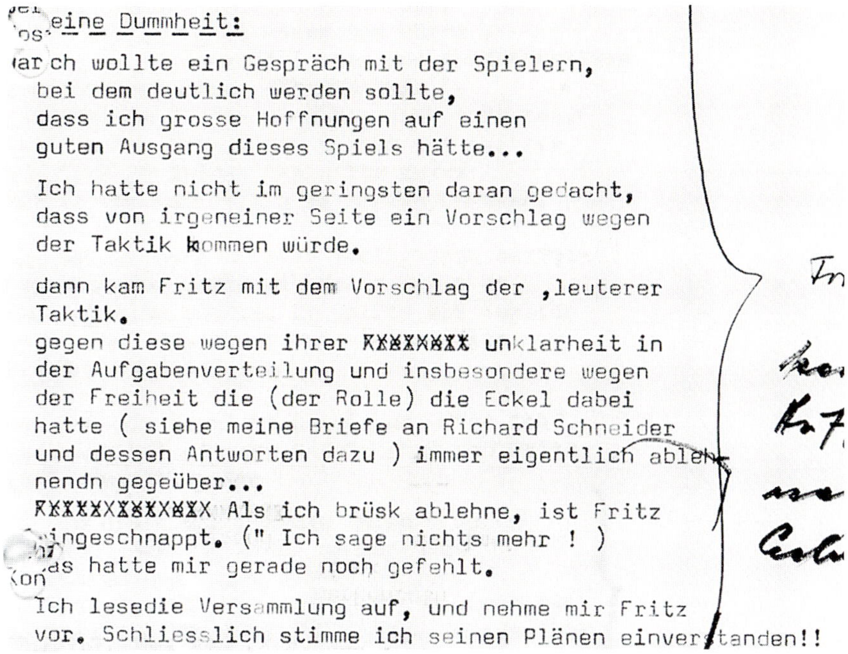

eine Dummheit:

ch wollte ein Gespräch mit der Spielern,
bei dem deutlich werden sollte,
dass ich grosse Hoffnungen auf einen
guten Ausgang dieses Spiels hätte...

Ich hatte nicht im geringsten daran gedacht,
dass von irgeneiner Seite ein Vorschlag wegen
der Taktik kommen würde.

dann kam Fritz mit dem Vorschlag der ,leuterer
Taktik.
gegen diese wegen ihrer XXXXXXXX unklarheit in
der Aufgabenverteilung und insbesondere wegen
der Freiheit die (der Rolle) die Eckel dabei
hatte (siehe meine Briefe an Richard Schneider
und dessen Antworten dazu) immer eigentlich ablehnendn gegeüber...
XXXXXXXXXXXXX Als ich brüsk ablehne, ist Fritz
eingeschnappt. (" Ich sage nichts mehr !)
as hatte mir gerade noch gefehlt.

Ich lesedie Versammlung auf, und nehme mir Fritz
vor. Schliesslich stimme ich seinen Plänen einverstanden!!

»Meine Dummheit«

Aufzeichnungen Herbergers über die Diskussion der Taktik zum Spiel gegen Ungarn am 20. Juni 1954 in Basel. Herberger wollte zwar wichtige Spieler schonen, aber keinesfalls verlieren. Das taktische Auftreten wurde deshalb ausführlich diskutiert, wobei sich Herberger zu einer Art »Rüffel« gegenüber Vorschlägen Fritz Walters hinreißen läßt. Als er merkt, was er damit anrichtet (Fritz Walter eingeschnappt: »Ich sage nichts mehr«), sieht er dies in krassem Mißverhältnis zur Bedeutung des Spiels und schwenkt vollständig auf die Linie seines Kapitäns ein.

Herberger!
Sie sind ein Lump und Betrüger
und gehörten eigentlich
hinter " Schwedische Gardinen."

Eins steht jedoch fest: für 60 000 Zuschauer, von denen 30 000 Deutsche waren, war dieses Spiel ein Betrug. Sie waren gekommen, um die beste deutsche National-Elf zu sehen und mußten enttäuscht heimkehren. Ist das noch Sport, wenn man die Menschen aus taktischer Überlegung an der Nase herumführt? Alles in allem, für uns Deutsche war es eine beschämende Vorstellung. Diese hilflose Niederlage wird den Mut unserer Mannschaft beim zweiten Kampf gegen die Türkei nicht stärken.

(24b) KIEL 1
22.6.54-11
bc

DEUTSCHE BUNDESPOST 10
DEUTSCHE BUNDESPOST 10

Herrn
Sepp Herberger
Hotel Belvedere

SPIETZ / Thuner See

Schweiz

4411

Verlag August Gunkel K.G. Dusseldorf

»Lump und Betrüger«

Postkarte eines empörten Fans nach der 3:8-Niederlage gegen Ungarn am 20. Juni 1954 in Basel an das WM-Quartier der deutschen Mannschaft. Herberger war etwas überrascht über die Heftigkeit der heimatlichen Reaktionen, beharrte aber nach außen eisern auf der Richtigkeit seiner Maßnahme.

Organisation

Alle Vorsorgen waren getroffen, als ich am Samstag vor dem Spiel, zusammen mit meinem Freund Albert Sing, wieder den Platz aufsuchte. Es ging um die Entscheidung, ob überhaupt und dann wie stark und wie lange der Rasen gesprengt werden sollte. Mann kann nämlich auch des "GUTEN" zu viel tun. Dann wird leicht das Gegenteil von dem erreicht, was man will. Anstatt eines nassen und glitschigen den Ball befördernden Rasens hat man ein tiefes Geläuf und einen schweren Ball. ([illegible])

Um sicher zu gehen, hatte ich Verbindung mit den Wetterwarten aufgenommen. Ihre Auskunft für den Sonntag machte mich in meinen Entschlüssen unschlüssig. Nach ihrer Vorhersage stand für den morgigen Tag, den Endspieltag, für das Gebiet Südbaden und Schweiz ein Dauerregen an. Zu guter Letzt verließ ich mich in meiner Entscheidung auf diese Ankündigung und blies die "Eigenbewässerung" ab.

Für den Fall, daß es am Sonntag vor dem Spiel regnen sollte, hatte ich mir für das Warmlaufen vor dem Spiel auch eine kleine Trainingshalle, unter der Tribüne gelegen, gesichert. Da der Platzwart in den Stunden vor und während des Spieles mit anderen Aufgaben voll und ganz beschäftigt schien, hatte ich mir den Schlüssel zu dieser Halle gleich ausgebeten. Dadurch hatte ich vorsorglich

sichergestellt, daß die Tür zu dieser Halle für andere verschlossen war.

Perfekte Organisation war für Herberger eine wesentliche Basis des Erfolgs. Daß er selbst über außerordentliche organisatorische Qualitäten verfügte, wird vor allem an seinen – aus heutiger Sicht oft ungewöhnlich anmutenden – Aktivitäten zur Vorbereitung der Weltmeisterschaften deutlich. Hier durfte nichts dem Zufall und seiner Meinung nach vor allem nichts den Funktionären überlassen bleiben. Jede noch so scheinbar unwichtige Kleinigkeit – von der Verfügbarkeit eines Minigolfplatzes für die Spieler bis zur Frage der geeigneten Bekleidung – wurde von ihm bedacht und oft in den meisten Fällen auch persönlich organisiert.

WM 1954

Aufzeichnungen Herbergers zu Maßnahmen der Rasenbewässerung vor dem WM-Endspiel 1954. Herberger hatte mit seinem ehemaligen Nationalspieler Albert Sing, dem seinerzeitigen Trainer von Young Boys Bern, überlegt, durch Bewässerung im Wankdorf-Stadion von Bern künstlich einen »Fritz-Walter-Platz«, d.h. einen von seinem Spielmacher bevorzugten nassen Rasen herzustellen. Dies wurde nach Studium des Wetterberichts unterlassen. Gleichzeitig sicherte sich Herberger vorsorglich den Schlüssel für die Möglichkeit einer »trockenen« Vorbereitung vor dem Spiel.

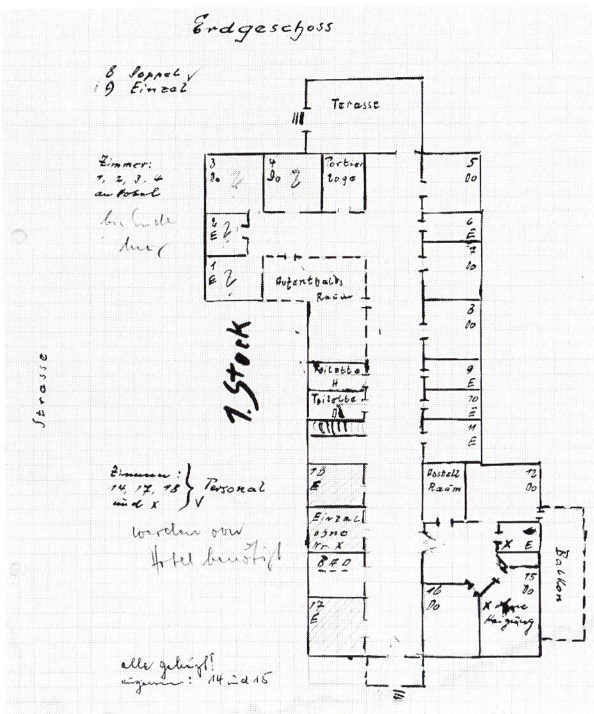

Vorausgesetzt daß der Vorstand beschließt, das ganze Wohnhaus in Bjerred zu mieten, liegen für uns folgende Wohnraumverhältnisse vor:

16 Doppelzimmer
und
14 Einzelzimmer

Der besseren Übersicht wegen habe ich das Wagnis unternommen einen Lageplan zu entwerfen. Ich bitte der Vermessenheit wegen um gütige Nachsicht. Wenn auch die Größenverhältnisse meines Lageplanes sich mit der Wirklichkeit nicht immer decken werden, so darf ich aber doch behaupten, daß wenigstens die Raumverteilung - so wie diese in meinem Plan sich zeigt - mit den tatsächlichen Raumverhältnissen in etwa übereinstimmt.

WM 1958

Auszug (oben rechts) aus dem Bericht Herbergers über seine Reise nach Schweden als Quartiermacher für die WM 1958 sowie ein von ihm gezeichneter Lageplan der von ihm ausgewählten Unterkunft (oben links). Herberger hatte wegen des Quartiers bereits im Januar 1957 Kontakt zu Pepi Stroh aufgenommen (»Wer zuerst kommt, mahlt zuerst!«), einem ehemaligen Nationalspieler, der mittlerweile Trainer bei Malmö FF war. Das Hotel Saltsjöbad in Bjerred, das ihm dieser empfiehlt, wird nach Vorklärungen Herbergers (»Für die Benutzung eines Filmvorführgerätes wäre für mich wichtig zu wissen, ob das Hotel Gleich- oder Wechselstrom führt und welche Stromspannung es hat.«) von ihm vor Ort selbst besichtigt. Zur Unterstützung seiner Empfehlung schildert er es dem DFB-Vorstand inklusive Lageplan. In seinem Bericht weist er darauf hin, daß sich seit dem ersten Angebot der Preis um 20% erhöht hätte, was landesüblich sei, er aber ausgehandelt habe, daß »in dieser Summe die Getränke mit enthalten sind«. Da nur ein Badezimmer vorhanden ist, empfiehlt er die Anschaffung einer (kostengünstigen) Holzbadewanne zur Massage. Auf der Rückfahrt bucht er schon mal Kaffeeplätze für die Überfahrt zur WM auf der Fähre Kopenhagen-Malmö (»Fähre um 15.25 Uhr, im Salon 1. Klasse Vorschiff links beginnend an der Fensterfront, 9 Tische à vier Personen«) und organisiert über Lübeck Brotlieferungen an das deutsche Quartier in Bjerred.

WM 1962

Auszug aus einem Papier Herbergers vom 31. Mai 1961 zu »Gedanken und Plänen über eine zweckdienliche Lösung der Fragen und Aufgaben, die uns im Hinblick auf die WM 1962 gestellt sind«. Er erörtert dabei detailliert die Entfernungsverhältnisse in Chile, um darauf zu dringen, »nicht in die Nordgruppe gesetzt zu werden«. Dann geht er auf die klimatischen Verhältnisse ein, um daraus die Bekleidungsanforderungen abzuleiten (»50 weiße Unterziehhosen«). Von einem Freund in Santiago will er sich einen Bericht über die Wetterverhältnisse im fraglichen Zeitraum ein Jahr vor der WM geben lassen will. Schließlich schlägt er die kostengünstige Lösung eines Schiffsarztes als Mannschaftsarzt vor. Letztlich schafft er es dann, über einen Freund den Italienern das optimale Quartier wegzuschnappen. Zu seinen Tätigkeiten bei der Vorbereitung in Deutschland gehören auch Bemühungen, für neun Spieler des WM-Kaders (u.a. Schnellinger, Dörfel) eine Rückstellung vom Wehrdienst für die Zeit der WM zu erreichen.

Meine Einstellung gegenüber der Frage ob ein Arzt unserer Expedition angehören soll, ist bekannt. In Chile sollte [jedoch] eine Ausnahme gemacht werden. Aber eine Flugreise nach Chile und zurück ist mit hohen Unkosten verbunden. Auf der Suche nach einer weniger kostspieligen Regelung kam mir der Gedanke ob es nicht möglich sei einen Arzt zu gewinnen der auf einer deutschen Schiffahrtslinie Dienst tut und dessen Schiff während der WM in Valpareiso oder einem anderen chilenischen Hafen vor Anker liegt. Da es nicht ausgeschlossen ist, daß die eine oder andere unserer Schiffahrtslinien Fahrten zur Weltmeisterschaft in Chile durchführt, dürfte eine solche Lösung der ärztlichen Betreuung unserer Mannschaft durchaus im Bereich des Möglichen liegen.

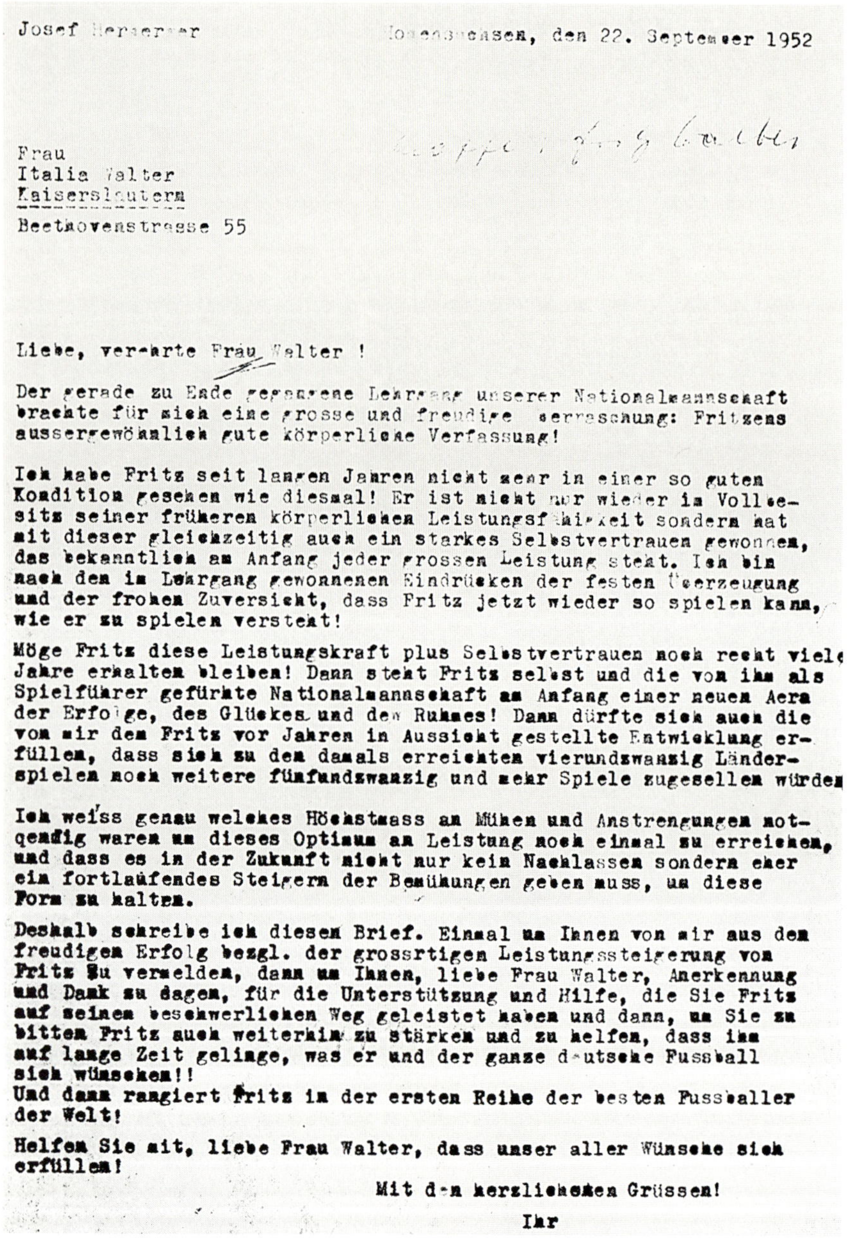

Josef Herberger Hohensachsen, den 22. September 1952

Frau
Italia Walter
Kaiserslautern
Beethovenstrasse 55

Liebe, verehrte Frau Walter !

Der gerade zu Ende gegangene Lehrgang unserer Nationalmannschaft brachte für mich eine grosse und freudige Überraschung: Fritzens aussergewöhnlich gute körperliche Verfassung!

Ich habe Fritz seit langen Jahren nicht mehr in einer so guten Kondition gesehen wie diesmal! Er ist nicht nur wieder im Vollbesitz seiner früheren körperlichen Leistungsfähigkeit sondern hat mit dieser gleichzeitig auch ein starkes Selbstvertrauen gewonnen, das bekanntlich am Anfang jeder grossen Leistung steht. Ich bin nach den im Lehrgang gewonnenen Eindrücken der festen Überzeugung und der frohen Zuversicht, dass Fritz jetzt wieder so spielen kann, wie er zu spielen versteht!

Möge Fritz diese Leistungskraft plus Selbstvertrauen noch recht viele Jahre erhalten bleiben! Dann steht Fritz selbst und die von ihm als Spielführer geführte Nationalmannschaft am Anfang einer neuen Aera der Erfolge, des Glückes und des Ruhmes! Dann dürfte sich auch die von mir dem Fritz vor Jahren in Aussicht gestellte Entwicklung erfüllen, dass sich zu den damals erreichten vierundzwanzig Länderspielen noch weitere fünfundzwanzig und mehr Spiele zugesellen würden

Ich weiss genau welches Höchstmass an Mühen und Anstrengungen notwendig waren um dieses Optimum an Leistung noch einmal zu erreichen, und dass es in der Zukunft nicht nur kein Nachlassen sondern eher ein fortlaufendes Steigern der Bemühungen geben muss, um diese Form zu halten.

Deshalb schreibe ich diesen Brief. Einmal um Ihnen von mir aus den freudigen Erfolg bezgl. der grossartigen Leistungssteigerung von Fritz zu vermelden, dann um Ihnen, liebe Frau Walter, Anerkennung und Dank zu sagen, für die Unterstützung und Hilfe, die Sie Fritz auf seinem beschwerlichen Weg geleistet haben und dann, um Sie zu bitten Fritz auch weiterhin zu stärken und zu helfen, dass ihm auf lange Zeit gelinge, was er und der ganze deutsche Fussball sich wünschen!!
Und dann rangiert Fritz in der ersten Reihe der besten Fussballer der Welt!

Helfen Sie mit, liebe Frau Walter, dass unser aller Wünsche sich erfüllen!

Mit den herzlichsten Grüssen!

Ihr

Die Aufgabe des Trainers endete für Sepp Herberger nicht an der Tür der Umkleidekabine. Er sah sich dafür verantwortlich, sowohl im menschlichen als auch im technischen Umfeld die Voraussetzungen für ein Gelingen seiner Mission zu schaffen. Auch hier ließ er nichts unversucht, um die Dinge in seinem Sinne zu beeinflussen. Als eine wichtige Größe im persönlichen Bereich betrachtete er die Frauen der Spieler. Zu ihnen suchte er den Kontakt, um sie zu Verbündeten in seiner Sache, vor allem hinsichtlich einer sportlichen Lebensführung seiner Spieler und einem problemfreien Zuhause, zu machen. Ein Beispiel für sein Engagement im technischen Bereich sind seine rastlosen Bemühungen, einen optimalen Fußballschuh zu konstruieren, sowie das begierige Aufgreifen aller technischen Neuerungen, die das Fußballspiel voranbringen konnten.

Spielerfrauen

Brief von Sepp Herberger an Italia Walter vom 22. September 1952. In diesem Brief bedankt er sich bei der Ehefrau von Fritz Walter für ihren Beitrag zur Formverbesserung seines Lieblingsspielers. Herberger versucht eine positive Rückmeldung zu geben, in dem Bemühen, eine leistungsfördernde und motivierende Lebensumgebung für Fritz Walter auch zu Hause zu schaffen. Herberger war immer bestrebt, die Spielerfrauen als Bündnispartner zu bekommen, um mitzuhelfen, »dem Manne während seiner Zugehörigkeit zur Nationalmannschaft eine solide, gute Existenz aufzubauen«. Als sich Fritz Walter nach der 1:3-Niederlage gegen Frankreich am 5. Oktober 1952 mit Rücktrittsgedanken trägt, schaltet Herberger wiederum dessen Frau ein und bittet sie darum, dies gemeinsam mit ihm zu verhindern.

Schuhfragen

Aufzeichnung Herbergers vom 13. März 1954 zur Frage optimaler Fußballstollen. Herberger hatte sich immer intensiv Gedanken um die adäquate Schuhausstattung für Fußballspieler gemacht und dabei auch eigene Entwürfe angefertigt. »Die gute Leistung in unserem Spiel verlangt ein gutes Handwerkszeug. (..) Die erfolgreiche Lösung der Frage nach dem jeweils richtigen Schuhbeschlag ist – wie die Praxis an einer Reihe jüngster Beispiel zeigt – von ausschlaggebender Bedeutung auf Spielverlauf und -ausgang. Manches Spiel wurde schon in der Kabine gewonnen.« In seinen Bemühungen – z.B. um die Anfertigung eines Stollens, der auf hartem oder gefrorenem Boden Halt verschafft, und keine Verletzungen hervorruft – fand er Unterstützung bei Adolf Dassler, dessen Firma adidas er deshalb bei der Vergabe der Ausrüster-Rolle für die Nationalmannschaft empfahl. Herberger wurden darüber hinaus immer wieder Vorschläge für Fußballgeräte unterbreitet (z.B. für ein Torschuß-Trainings-Netz oder neuartige Torstangen), mit denen er sich jeweils genauestens auseinandersetzte.

Die Regel schreibt Leder bezw. Gummiklötzchen vor. Dass die Lederklötzchen nicht das A und O des Schuhbeschlages sind zeigt sich mehr und mehr. Es nutzt sich zu leicht und zu schnel ab, wodurch die Nägel herausstehen (was leicht zu einer Gefahr für den Gener wird) oder die Nägel nehmen den Weg durch die Schuhsohle(welche Folgen dann der Schuhtröger auszukosten hat)

Dann führt die schnelle Abnützung der Klötzchen und der dadurch bedingte häufige Neubeschlag zu einer starken Abnutzung des Schuhes selbst, was zu einer kostspieligen Angelegenheit wird.

Weiter geht die verhältnissmässig schnelle Abnützung des Lederklötzchens auch auf Kosten der Griffigkeit, was besonders von Spielern als Nachteil empfunden wird.

Diese dem Lederklötzchen anhaftenden vielfachen Mängel haben inzwischen auch die als konservativ bekannten Engländer spitz gekriegt. So hat Mister Witty, der Vertreter der F.A. beim Schiedsrichterlehrgang der Fifa im Sommer 1952 den dort versammelten Teilnehmern bekannt gegeben, dass man in England dabei sei Versuche mit einem Werkstoffklötzchen zu machen.

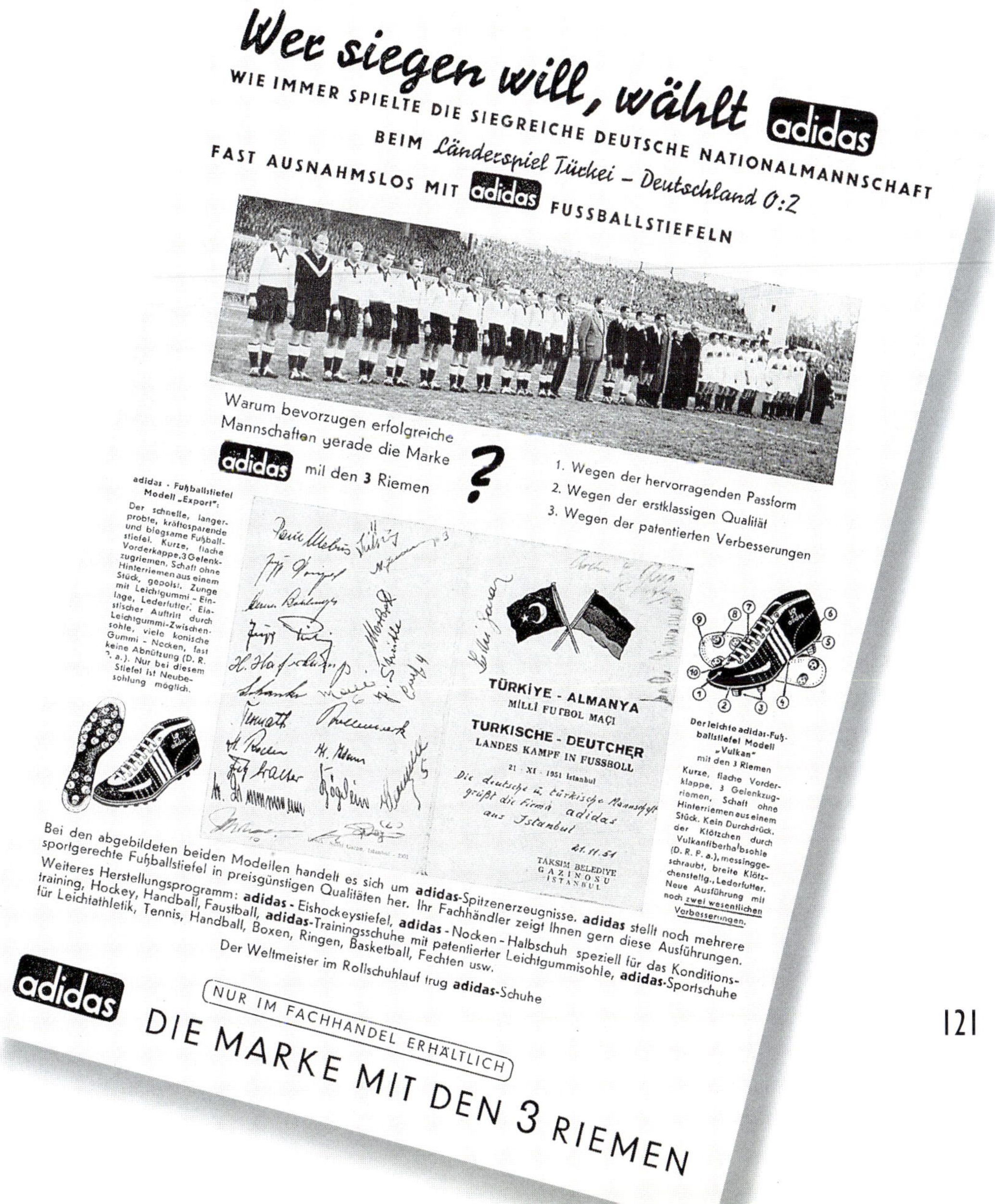

Der totale Trainer

Herrn
Horst E c k e l
Vogelsbach /Pfalz

H/B. 17.2.1954

Lieber Horst !

Mit ganz besonderer Freude und Genugtuung verfolge ich nun schon seit Wochen Ihre anhaltend gute Form in den Spielen Ihres Vereins.

Ein Foto auf der Titelseite der heutigen Ausgabe des Sportblattes musste ich mehrere Male betrachten, um mich zu überzeugen, dass ich auch richtig gesehen hatte. Dieses Foto zeigt Sie nämlich in Schußstellung mit dem linken Fuß und Ihre Haltung zum Ball lässt erkennen, dass dieser Schuß auch flach werden wird.

Das ist eine freudige Feststellung, die mir zeigt, wie fleißig Sie daran gearbeitet haben, Ihre Schwächen auszumerzen.

Im Hintergrund dieses Bildes sehe ich auch Fritz, was mir beweist, dass unser taktisches Vorhaben hinsichtlich der Zusammenarbeit zwischen Halbstürmer und Außenläufer von Euch beiden in der Praxis gut beherrscht wird. Dass dem so ist, weiss ich auch aus den Berichten von Fritz an mich.

Nun kommt es darauf an, dass Sie absolute Sicherheit in diesen Dingen bekommen, es lernen aus der Abwehr heraus zu spielen und vorzustossen und dann mit Max Morlock das gleich gute Verstehen wie mit Fritz erreichen.

Hauptsache ist aber, lieber Horst, dass Du immer daran denkst, dass der Erfolg in Saarbrücken und auf der Weltmeisterschaft in hohem Masse davon abhängen wird, wie es Dir gelingt, Deine Gegenspieler "abzumelden".

In alter Verbundenheit

Ihr

Fernbetreuung

Brief von Sepp Herberger an Horst Eckel vom 17. Februar 1954. Herberger ließ es nicht ruhen, daß er seine Leute immer nur begrenzt zur Verfügung hatte. Aus diesem Grunde arbeitete er für seine Spieler oft Trainingsmaßnahmen für zu Hause aus, oder er sah sich Vereinsspiele an und schrieb ihnen dann mahnende oder aufmunternde Briefe. Die »Fernbetreuung« ging soweit, daß auch Aufnahmen in Sportzeitungen nicht vor Herbergers wachsamen Auge und seinen Beurteilungen sicher waren. Im vorliegenden Beispiel sind die beiden Kaiserslauterer Nationalspieler Horst Eckel und Fritz Walter das Objekt seiner Beobachtung und seiner – wohlmeinenden – Beurteilung.

In einem Papier für den Spielausschuß von 1950 legte Sepp Herberger den Aufgabenbereich des Bundestrainers folgendermaßen fest: »1. Arbeit in Vereinen 2. Kurse und Aufbauspiele in den Verbänden 3. A-Mannschaft 4. Fohlenmannschaft und B-Mannschaft 5. Jugendländermannschaft (Jugendländerpokal) 6. Amateur-Nationalmannschaft (1952) 7. Trainerausbildung 8. Schiedsrichter.« In dieser Form werden schließlich alle Funktionen der Ausbildung und der Auswahl von Spielern, Trainern sowie Schiedsrichtern in seiner Hand konzentriert. Herberger wird im DFB der »totale Trainer«, über dessen Kopf hinweg keine Frage des nationalen Spielbetriebs mehr entschieden werden kann. Dies definiert für ihn aber nicht nur seinen Macht-, sondern in erster Linie seinen Aufgabenbereich. Herberger nimmt sich jeder Aufgabe persönlich an. Er kennt jeden einzelnen Nachwuchsspieler, noch die Einladungen an Juniorenspieler für Lehrgänge schreibt er selbst. Der »totale Trainer« ist Herberger aber noch in anderer Hinsicht. Herberger ist immer im Einsatz, er läßt keine Gelegenheit aus, auf seine Spieler in seinem Sinne einzuwirken. Beinahe kurioser Höhepunkt dieses Perfektionismus ist die Beurteilung der Vereinsarbeit von Spielern aufgrund von Pressefotografien.

Sepp Herberger überwacht das Einpacken der Ausrüstung und der Bekleidung für die WM 1962.

Die Vaterfigur

»Wir waren eine feine Familie«

»Jedes Ding hat bekanntlich seine zwei Seiten. Und so hat auch dieses Erlebnis für mich in meinem späteren Beruf recht viel Gutes gebracht. Ich hatte Verständnis für die Sorgen unserer Spieler. Und das gute Einvernehmen mit den Spielern meines Kreises und die gute Freundschaft, die sich entwickelt hat, gehen nicht zuletzt auch darauf zurück, daß ich neben meinen fachlichen Fähigkeiten als Mensch, als Freund zu ihnen sprach und für sie sorgte.« Das einschneidende Erlebnis, von dem Herberger hier spricht, ist die»Berufsspieleraffäre«, die 1921 zu einer jähen Unterbrechung seiner Karriere geführt hatte. Wie Herberger es selbst sah, hatte er sich »gehenlassen« und war als Folge davon mit der Gefahr des sozialen Abstiegs konfrontiert worden – eine Gefahr, die er aus seiner Jugend kannte und fürchtete. Zeit seines Lebens war Herberger bemüht, diese Bedrohung zu bannen, erst für seine Person, und als er den sozialen Aufstieg geschafft hatte, auch für seine Spieler. Den Trainerberuf verstand Herberger von Anfang an als eine soziale Aufgabe, die von ihm vor allem eine Schulung der Lebenstüchtigkeit seiner Schützlinge forderte. Herberger war aber kein Moralapostel. Die reichhaltige eigene Erfahrung verlieh ihm vielmehr eine enorme soziale und psychologische Kompetenz. Sie ermöglichte es ihm, sich gerade im Umgang mit schwierigen Persönlichkeiten in deren Denk- und Gefühlswelt hineinversetzen und ihnen gleichzeitig einen Weg aus ihrer Misere weisen zu können. Dabei war er seinen Spielern immer eine letzte Instanz, an die sie sich wenden konnten; er empfand eine hundertprozentige Verantwortung für jeden seiner Schützlinge. Viele Nationalspieler, auch noch in den sechziger Jahren, stellten am Ende ihrer Karriere fest, daß sie alles im Fußball und im Leben Herberger verdankten. Seine beeindruckende und anrührende Fürsorge machte eine verschworene Gemeinschaft aus der Nationalmannschaft, deren großer Erfolg nicht zuletzt darin begründet war.

Väterlicher Freund

Jetzt heisst es alle die Kräfte zu mobilisieren, die einem helfen, Berge zu versetzen.
Jetzt hilft nur eine Mordswut. Und ein froher Mut! Verkriecht Euch nicht in eure Häuser, kommt zusammen, schürt den Ärger und die Wut und überwindet allein und gemeinsam den Kleinmut und die Zweifel.

Wien ist doppelt ärgerlich! Wie habe ich mich gefreut über Ihre Berichte von den Spielen Ihres Vereins die Spiel um Spiel einen deutlichen Formanstieg der Mannschaft und insbesond re der Kandidaten für Stuttgart anzeigten. Wie wird sich Werner geärgert haben. Holen Sie Werner zu sich, versammelt die Mannschaft und werdet Ihr Beide das Kernstück einer sich aufbäumenden Kraft, die sich am kommenden Sonntag entlädt. Wien muss Folgen haben, die allen Zweiflern, Nörglern und Gegnern die Augen zum überlaufen bringen!
Ich meine, Ihr braucht nur daran zu denken, was sich der F.V. S. die Hände reibt, sich Hoffnungen macht (auch als Ve tretung der Saar gegen uns) und in einer hellen Vorfreude lebt in Erwartung d

Schläge die jetzt über euch Hereinbrechen. Ich meine, die Freude slottet ihr ihm ordentlich versalzen.

Fritz, jetzt können Sie zeigen , was für ein Kerle Sie sind.

Saarbrücken muss Wien vergessen machen! Saarbrücken mus s der Anfang eines rapiden Aufstieges sein! Saarbrücken muss zeigen, dass Ihr ganze Kerle seid!

In diesem Sinne grüsse ich Sie und die Kamerad n in al ter Freundschaft und Verbundenheit; ihr wisst, dass ich in miesen Stunden erst recht an eurer Seite bin wie ich weiss, dass ich m ch auf euch verlassen kann, erst recht wenn es einmal daraud ankommt, euch als ganze Kerle zu zeigen!

Am Sonntag kommt es darauf an !!!

Fritz.., Handschlag !

Ihr

»In miesen Stunden bin ich erst recht an eurer Seite«

Ausschnitte aus einem Brief Herbergers an Fritz Walter vom 9. September 1953. Herberger bemüht sich darin auf beeindruckende Weise, seinen Spielmacher moralisch aufzurichten, um zu verhindern, daß dieser sich eine Niederlage des 1. FC. Kaiserslautern in Wien über Gebühr zu Herzen nimmt. Seinem sensiblen Lieblingsschüler vermittelte Herberger einerseits das Gefühl hundertprozentiger Unterstützung. Andererseits versuchte er ihn aufs Massivste anzuspornen, um allen noch möglichen Selbstzweifeln vorzubeugen.

War ein Spieler aus dem Nationalmannschaftskader in Schwierigkeiten oder brauchte er Rat, dann war Sepp Herberger zur Stelle. Seinen Schützlingen war er eine Tag und Nacht verfügbare Anlaufstelle. »Die Spieler hatten Vertrauen zu mir«, meinte er einmal lapidar. Tatsächlich war es viel mehr. Herberger war ihnen ein Halt, der Sicherheit und Geborgenheit vermittelte. Jupp Posipal aus der WM-Elf 1954, der auswandern wollte und den Herberger persönlich vom schon auslaufbereiten Schiff holte, schrieb einmal in einem Brief an Herberger: »Immer wieder bin ich glücklich darüber, daß ich in Ihnen solchen Halt gefunden habe.« Das Sensorium Herbergers war geschärft, die Stimmungen seiner Leute zu erkennen, um sich im Zweifelsfall ihrer anzunehmen. Dies beschränkte sich nicht auf fußballerische Dinge allein. Herberger kümmerte sich in allen Lebensbelangen um seine Leute; allerdings nicht dadurch, daß er ihnen alles abnahm, sondern durch Vorgabe einer Richtung. Dabei war das Verhältnis sehr persönlich. Herberger kannte jeden Spieler genau und wußte, wo und wie er väterlich korrigierend einzugreifen hatte. Am deutlichsten wird dies bei seinen Lieblingsspielern aus der WM-Elf von 1954. Während der sensible Fritz Walter Ansporn und Aufmunterung brauchte, bedurfte es nach Meinung Herbergers bei seinem Sorgenkind Helmut Rahn des öfteren der Zurechtweisung und der ernsten Worte. Als Rahn nach dem WM-Erfolg ähnlich anderen Spielern etwas aus der Bahn geworfen wurde, gelang es Herberger, ihn wieder in die Nationalmannschaft zu integrieren und zum erfolgreichsten deutschen Torschützen bei der WM 1958 zu machen.

Helmut, es ist völlig verkehrt von Ihnen, wenn Sie sich jetzt auf's hohe Roß setzen wollen. Zugegeben, auch die andere Seite hat ihre Fehler gemacht, aber schließlich und endlich waren es Ihre Verstöße und Ihre Fehler, die das ganze Theater ausgelöst haben. Und ich befürchte noch schlimmeres, wenn Sie auch weiterhin auf Ihrer völlig unangebrachten Starrköpfigkeit verharren und versuchen die Gegenseite dadurch unter Druck zu setzen, daß Sie vollendete Tatsachen schaffen. Zuguterletzt sind Sie der Leidtragende dabei. Schließlich haben Sie einen gültigen Vertrag, der Sie noch auf zwei Jahre an Ihren Vertragspartner fest bindet. Wenn Sie die Angelegenheit auf die Spitze treiben und es auf eine letzte Entscheidung ankommen lassen, werden Sie die bittere Erfahrung machen, daß die Trümpfe bei dieser Auseinandersetzung in den Händen der Gegenseite sind.

Helmut, zum Schluß noch ein letztes Wort von einem aufrichtigen Freunde. Sind Sie vernünftig. Sehen Sie doch endlich ein, daß Sie Fehler gemacht haben und kommen Sie auch endlich zu der Einsicht, daß es so wie bisher einfach nicht mehr weitergehen kann. Sie verlieren sonst nicht nur Ihren guten Ruf als

Tankstellen und Zigarettengeschäfte

Sepp Herberger 1953 mit Fritz Walter (rechts) bei der Einweihung der Tankstelle von Ottmar Walter (links), die Herberger vermittelt hatte. Herberger war bereits Anfang der fünfziger Jahre intensiv bemüht, seinen Spielern eine wirtschaftliche Absicherung zu verschaffen. Er ließ dazu seine Beziehungen z.B. in die Vorstandsetagen von Mineralölkonzernen spielen. Tankstellen und auch Tabakwarenläden waren beliebte Objekte für eine wirtschaftliche Selbständigkeit. Herberger fungierte für seine Schützlinge als eine Art Manager. So betrauten ihn viele Spieler auch mit der Wahrnehmung ihrer Interessen bei der Vermarktung des WM-Erfolgs, so z.B. im Falle der Prägung von Gedenkmünzen. Spielern, die in wirtschaftliche Schwierigkeiten geraten waren, verhalf Herberger zu einer Arbeitsstelle oder zu einer finanziellen Unterstützung.

»Helmut, sind Sie vernünftig!«

Ausschnitt aus einem Brief Herbergers an Helmut Rahn vom 11. Juli 1960. Rahn hatte vertragliche Verpflichtungen nicht eingehalten und wurde dafür von seinen Partnern zur Rechenschaft gezogen. Als Rahn kurzerhand aus dem Vertrag aussteigen wollte, spitzte sich der Konflikt zu. Der alarmierte Herberger nahm sich der Sache an und versuchte durch intensives Einwirken, Rahn umzustimmen und so das Schlimmste abzuwenden.

Fürsorge im Krieg: Briefe

J. Herberger
Weinheim a.d.B.
Karlsstrasse 12

22. 12.43

Breslau-Kommando

Lieber Ander!

Jhren Brief vom 5. 12. -- lange und voll banger Ungewissheit über Jhren Verbleib erwartet -, traf heute bei mir ein; dass er mir grosse Freude gebracht hat, brauche ich Jhnen nicht zusagen.

Lieber Ander! Es freut mich zu hören, dass bei Jhnen zu Hause alles wohlauf und gesund ist. Schweinfurt wurde ja auch schwer heimgesucht. Auf Jhren Jungen bin ich ja gespannt. Wenn er dem Vater nachmacht, dann folgt auf den alten bald ein junger Kupfer in der Ländermannschaft. Jch hoffe nämlich, Ander, dass Sie mir noch recht lange zur Verfügung stehen. Bei Jhrem Können und Jhrer ganzen Einstellung zur sportlichen Leistung können Sie noch jahrelang auf der Höhe bleiben und mir xxxxx beim Aufbau einer neuen Nationalmannschaft äusserst nützliche Dienste leisten.

Jn diesem Zusammenhang denke ich auch an unseren gemeinsamen Freund Fritz Walter, der in jedem Briefe nach Jhnen fragt und der seit neuestem bei den "Roten Jägern"spielt. Die roten Jäger sind die Mannschaft des Geschwaders Graf, der augenblicklich in der Nähe Wilhelmshaven stationiert ist. Jch freue mich, dass diese Versetzung gelungen ist zu der ich den Anstoss und auch immer wieder den notwendigen Antrieb gab. Jch wollte Sie in Breslau und den Fritz bei Graf haben, weil ich mir sagte, dass wenn Jhr Beide zusammen in einer Mannschaft auftaucht, die Schnüffler schnell wieder zur Stelle wären. Dabei schien mir Breslau sicherer als das andere, weil Fritz ja von der Wehrmacht zur Luftwaffe versetzt werden musste.

17. 3.44

Lieber Albert Sing!
Heute früh erhielt ich Jhren Brief vom 12.3., der nach Berlin adressiert war, nach Weinheim nachgesandt. Jch wohne nämlich neuerdings hier, nachdem mir die Engländer meine Berliner Wohnung zerstört haben. Sie sind also in Urlaub und ich mache mir seit Wochen ernsthafte Sorgen um Sie, weil ich gut 6 Wochen ohne Post von Jhnen bin. Jhren seinerzeitigen Brief, dem der Luftpostbrief noch am gleichen Tage folgte, habe ich sofort beantwortet. Da Sie diesen scheinbar noch nicht erhalten haben (ich schrieb diesen an Jhre neue Adresse) will ich Jhnen kurz zu Jhrer Sache sagen, was ich Jhnen seinerzeit in auführlichen Worten schrieb: Unsere Freundschaft und JhrebZugehörigkeit zur Nationalmannschaft bleibt von allen den vorgefallenen Dingen unberührt! Jch glaube, dass man Jhnen böses Unrecht zugefügt hat!

Grüssen Sie Jhre Frau und alle die nach mir fragen sollten.
Auf ein gesundes Wiedersehen!

Jhr
Sepp Herberger

»Wenn ihr zusammen in einer Mannschaft wärt, wären die Schnüffler wieder zur Stelle«

Brief an Andreas Kupfer vom 22. Dezember 1943. Kupfer war einer von Herbergers Lieblingsspielern, Außenläufer der Breslauelf und Kapitän der ersten Nachkriegs-Mannschaft. In diesem Brief gibt Herberger seiner Freude über eine Nachricht Kupfers von der Front Ausdruck. Dann versucht er ihm, indem er auf den Nachwuchs anspielt, der sich bei der Familie Kupfer eingestellt hat, eine Perspektive aufzuzeigen: »Bei Ihrem Können und ihrer ganzen Einstellung zur sportlichen Leistung können Sie noch jahrelang auf der Höhe bleiben und mir beim Aufbau einer neuen Nationalmannschaft äußerst nützliche Dienste leisten.« Anschließend erläutert Herberger die Schwierigkeiten seines Versuchs, ihn zu einer »ungefährlichen« Einheit versetzen zu lassen. Es sei wichtig, daß er und Fritz Walter nicht zusammen in einer Einheit auftauchten, um kein Mißtrauen zu erregen.

»Unsere Freundschaft bleibt von den vorgefallenen Dingen unberührt«

Brief Herbergers an Albert Sing an die Front vom 17. März 1944. Der Stuttgarter Sing spielte im Krieg neunmal unter Herberger in der Nationalmannschaft. Wegen einer ungerechtfertigten Degradierung hatte er sich an Herberger gewandt, weil er sich sorgte, daß die ehrenrührige Maßnahme »ein schlechtes Licht auf die Nationalmannschaft werfen könnte«. Herberger schenkte seiner Version des Vorfalls Glauben, sicherte ihm in einem ersten Brief seine Unterstützung zu und mahnte dann: »Sprechen Sie zu niemanden, was hinter Ihnen liegt, ich werde auch alles für mich behalten.« Im obigen Brief ging er dann noch weiter: »Ich glaube, daß man Ihnen böses Unrecht zugefügt hat!«

»Vor einigen Tagen ist wieder ein Feldpostpaket mit Zigaretten und einigen anderen süßen Kleinigkeiten an Sie abgegangen. Ich hoffe, daß Sie alle gesund und wohlauf geblieben sind.« Solche Sätze oder ähnliche hat Herberger im Zweiten Weltkrieg zu Hunderten geschrieben. Sie waren fester Bestandteile seiner Briefe an die National- und Nachwuchsspieler, die sich an der Front befanden. Durch den Krieg wurde die von Herberger aufgebaute Fußball-Gemeinschaft zerrissen. Er fühlte sich gefordert, den Zusammenhalt auch in schweren Zeiten zu gewährleisten und seinen Spielern Rückhalt zu geben. Sofort nach Kriegsbeginn machte Herberger sich daran, die Feldpostnummern aller eingezogenen Spieler in Erfahrung zu bringen. Endlose Listen mit Kriegsadressen sind aus dieser Zeit in seinen Unterlagen erhalten. Allen am Krieg teilnehmenden Spielern hat er regelmäßig geschrieben und Pakete geschickt. Herberger wollte moralischen Beistand leisten und den Betroffenen das Gefühl geben, daß es noch anderes als Krieg gibt und sie nicht vergessen seien. Kein Brief aus dieser Zeit ist schablonenhaft abgefaßt. Auf jeden einzelnen Adressaten ist Herberger persönlich eingegangen und hat versucht, ihm neben konkreten Hilfen auch menschliche Wärme zu geben.

J. Herberger , den 21. November 1944
Weinheim a.d.B. (17a)
Karlsstrasse 12

Wachtmeister
Edmund Conen
19398 C

Lieber Edmund Conen !
Vor 5 Minuten erhielt ich Jhren Brief, gerade habe ich ihn gelesen und schon wird er auch beantwortet. Sie mögen daraus ersehen, wie sehr ich auf ein Lebenszeichen von Jhnen gewartet und wie gross die Freude darüber war, dass ich es endlich erhielt.
Jch wusste, dass Sie im Westen sind. Auf eine Anfrage bei Adamkiewicz, der noch in Grossborn sitzt, wurde mir dieser Bescheid; leider konnte mir aber A. Jhre Anschrift nicht mitteilen. Nun ist es ja aber wieder soweit, dass wir Verbindung haben.

Lieber Ed! Jch wüsste nicht, eas Sie sich als Sportler hätten zu schuld… kommen lassen , wie Sie selbstanklagend behaupten. Die Sache damals mit dem Spiel in Bochum ? Das ist längst wieder vergessen und war ja – jetz… mit Abstand gesehen – garnicht so schlimm. Auf jedenfall hat dieser Vorfall Jhre Zugehörigkeit zur Nationalmannschaft nie berührt. XXXXXXXXXX Der Nationalmannschaft waren Sie stets ein zuverlässiger und guter Kamerad und zur Nationalmannschaft würden Sie aufgrund Jhrer Leistungen und Jhrer guten Kameradschaft jederzeit gehören. Jch rechne auf jeden Fall auch nach dem Kriege noch mit Jhnen und hoffe, dass wir in goldener Fried nszeit wieder auf grünem Rasen xxxxx im friedlichem Wettkampf uns betätigen und dann auch einen Beitrag leisten können zur Annäherung

»Ich rechne mit Ihnen in goldener Friedenszeit«

Brief an Edmund Conen vom 21. November 1944. Der Stürmer Conen bestritt 28 Länderspiele – davon 14 unter Herberger – und schoß dabei 27 Tore. In dem Brief versucht Herberger, Conen Bedenken wegen einer Spielabsage, die er Herberger erteilt hatte, auszureden und ihm Hoffnung zu machen für die Zeit nach dem Krieg.

Fürsorge im Krieg: Schutz der Spieler

»Istanbul ist eine herrliche Stadt«

Aufnahme der durch Nationalspieler verstärkten Mannschaft von Admira Wien in Istanbul. Als Herberger im Frühjahr 1942 Kenntnis erhielt, daß der österreichische Club zu drei Privatspielen in die Türkei eingeladen worden war, wurde er beim Reichssportführer vorstellig. Er überzeugte diesen, daß nach dem unlängst erreichten Erfolg gegen Ungarn in Budapest Niederlagen einer großdeutschen Mannschaft das schöne Bild trüben würden. Herberger durfte daraufhin die Mannschaft betreuen und darüber hinaus sieben Nationalspieler mitnehmen, denen die Rückkehr an die Front drohte. Die Reise vom 25. Mai bis zum 10. Juni bescherte allen Teilnehmern unter den friedensmäßigen Bedingungen in der Türkei für kurze Zeit paradiesische Verhältnisse.

Die »Roten Jäger«

Titelbild einer Broschüre zur Kriegsmannschaft der »Roten Jäger«. Links neben Herberger der Jagdflieger Hermann Graf, Gründer und Torwart dieser Elf. Graf – mit 202 Abschüssen ein gefeierter Kriegsheld der Nazis – war ein Fußballverrückter, der am Standort des Jagdgeschwaders 11 in Jever bei Wilhelmshaven eine Mannschaft aufgebaut hatte, die regelmäßig Spiele austrug. Er kannte den Reichstrainer von einem Lehrgang in Mannheim 1937, bei dem ihn Herberger tief beeindruckt hatte. 1942 wandte sich Herberger an Graf und ersuchte ihn, in seinem Geschwader Spieler unterzubringen. Dies war nicht einfach, da es oft an den militärischen Voraussetzungen fehlte. Um z.B. den Infanteristen Fritz Walter 1943 zu den »Roten Jägern« zu bekommen, mußte Graf ihn als seinen Vetter ausgeben. Herberger erreichte damit zweierlei: Seine Spieler konnten bei den »Roten Jägern« Fußball spielen und sie waren als Bodenpersonal nicht direkt gefährdet; Fritz Walter war z.B. für die Verpflegung zuständig.

Es wäre eine eigene Darstellung wert, die Anstrengungen Herbergers zu schildern, die er während des Zweiten Weltkriegs unternahm, um seine Spieler vor Gefährdungen zu schützen. Dazu gehörten Bestrebungen, die Spieler, wann und wo es möglich war, zu Lehrgängen anzufordern, oder Gelegenheiten wie die Dreharbeiten zum Fußballspielfilm »Das große Spiel« zu nutzen, für die Herberger sie als »unverzichtbare Komparsen« holte. Noch umfangreicher waren seine Bemühungen, seine Leute mittels guter Kontakte in Einheiten ohne direkten Feindkontakt unterzubringen. Dies ging nicht ohne eigenes Risiko ab. Als 1943 ruchbar wurde, daß Spieler nach Lehrgängen nicht an die Front, sondern zu ihren Ersatztruppenteilen in der Heimat zurückkehrten, tobte der Reichssportführer. Herberger überstand auch dies unbeschadet, und bemühte sich, weiterhin die Situation der Spieler zu verbessern. So konnte er durchsetzen, daß sie in Zivil zu Lehrgängen erschienen, wodurch sich ihnen die Möglichkeit eröffnete, zu ihren Familien nach Hause zu kommen.

Ordensverleihung

Auszug aus einer Liste von Nationalspielern, die Herberger für eine »Rückholaktion« von der Front Anfang 1942 vorgeschlagen hatte. Als Herberger Ende 1941 erfuhr, daß im Februar des kommenden Jahres in Garmisch-Partenkirchen Wintersport-Europameisterschaften ausgetragen werden sollten, witterte er eine Chance für seine Spieler. In diesem Zusammenhang waren nämlich Verhandlungen mit dem Oberkommando der Wehrmacht (OKW) über eine Frontfreistellung von Sportlern im Gange. Herberger setzte Dr. Jensch, SS-Obersturmbannführer und zuständig für internationale Sportbeziehungen in der Reichssportführung, davon in Kenntnis, daß die Nationalmannschaft aufgrund der vielen Frontabstellungen ihrer Spielstärke beraubt würde. Dadurch wäre mit Niederlagen und dementsprechend demoralisierender Wirkung zu rechnen. Herberger konnte Jensch schließlich davon überzeugen, daß ein Rückruf wichtiger Spieler zu Lehrgängen notwendig sei. Jensch seinerseits setzte die Rückholung beim OKW unter der Bedingung durch, daß nur frontbewährte Spieler berücksichtigt würden. Um dem zu genügen, dichtete Herberger einigen Spielern Orden an, die sie nie erhalten hatten, z.B. – wie abgebildet – das »Eiserne Kreuz II« (EK II) für Kurt Welsch. Insgesamt »verlieh« Herberger ein EK I, drei EK II und ein Sturmabzeichen.

Streitle,	Jakob	Wachtmeister	Nachrichter Feldpost Nr. 4o36o Westen; Russland EK2. Ersat ztruppenteil: N.E.A.33,Wiesbaden Wehrkreiskommando 12
Schaletzki,	Reinhardt	Uffz.	Jnfanterie Feldpost Nr. o7721 E Polen; Westen; Russland EK2 und EK 1. Jnfanteriesturmabzeichen Ersatztruppenteil:J.E.B. 84, Metz Wehrkreiskommando 12
Warning,	Walter	Gefr.	Nachrichter Feldpost Nr. 119o1 Polen; Westen; Russland Ersattruppenteil: N.E.A. 2o,Hamburg Wehrkreiskommando 1o
Welsch,	Kurt	Uffz.	Jnfanterie Feldpost Nr. o21oo Polen; Westen; Russland EK 2. Ersatztruppenteil:J.G.Ers.Kom. 11 Milau/Ostpr. Wehrkreiskommando 1
Urban,	Adolf	Uffz.	Jnfanterie Feldpost Nr. 1o43o B Russland EK2. Jnfan-teriesturmabzeichen z.Zt. verwundet Ersatztruppenteil: J.E.Btl.37,Osnabrück Wehrkreiskommando 6

Wachbataillon Berlin

Bestätigung der Einberufung einiger Nationalspieler zum Wachbataillon Berlin vom 22. Juli 1943, darunter auch Toni Turek und Fritz Walter. Diese Einheit bevorzugte Herberger, wenn es darum ging, für seine Spieler eine frontferne Versetzung zu erreichen. Das Berliner Wachbataillon hatte darüber hinaus den Vorteil, daß Herberger seine Schützlinge in der Nähe hatte.

Auf Veranlassung unseres Reichstrainers, Herrn Herberger, und unter Bezughahme auf dessen Telefonat mit Ihnen geben wir Ihnen nachstehend die zum Wachbataillon Berlin einzuberufenden Leute bekannt. Wir bitten die Einberufung vom 10.August ds.Js. an zu erwirken:

Oberschütze Theo Baumann	11./Inf.Lehr-Rgt. Döberitz-Elsgrund
Uffz. Richard Kubus	1./Ausb.Kp.Kraftf.Ers.Abt.8 Breslau 29, Peuker-Kaserne
Obergefr. Rudi Gellesch	Gren.Ers.Batl. 167, Herford/Westf.
Gefr. Walter Danner	Marsch/Pz.Ausb.u.Ers.Abt. 2o4 Schwetzingen/Baden
Gefr. Helmut Horn	14.Pz.Jäg.Ers.Komp. 35 Straßburg, Infanteriekaserene 6
Obergefr. Johann Schöne	Kraftfahrpark-Ausb.u.Ers.Abt.8 Stamm-Komp. Breslau 29, Peuker-Kas.
Obergefr.August Klingler	1./Kraftf.Park Ausb.u.Ers.Abt. 8 Breslau-Rosenthal, Peuker-Kas.
Uffz. Anton Turek	Feldpost-Nr. 46 351 D
Obergefr. Andreas Kupfer	" o1 685
Obergefr.Fritz Walter	" 58 986 C

Die Breslauelf »Die Nebenaufgaben der Ersatzleute.«

" Ottl, wie ist es, wissen S i e keinen Mittelstürmer für mich " ? Der so angesprochene war Otto Siffling. Zeit und Ort des wie vorstehend eingeleiteten Gespräches war der frühe Abend des 2. Mai 1937 in meinem Zimmer im"Hotel " St. Gotthard" in Zürich. Am Nachmittag dieses Tages hatten wir im Grashopper Stadion unser Länderspiel mit der Schweiz ausgetragen, das von uns mit dem knappesten aller Resultat~~e~~ ~~mit~~ 1: o gewonnen wurde.

So war es ganz natürlich, dass sich ~~xxkxx~~ mir schon während des Spielablaufes immer wieder Gedanken und Überlegungen ~~XXXXXXXXXXX~~, ~~XXXXXXXXXXX~~ " mitspielten, die sich mit den Möglichkeiten einer besseren Formation und Aufstellung unserer Angriffsreihe beschäfti ten.

Meine eingangs zitierte, an Otto Siffling gerichtete Frage, war das Schlussergebnis meiner Überlgungen, die - frei vom Spielgeschehen, auf der Fahrt im Buss vom Spiel zum Hotel ~~xxxXxxxx~~ zu einem festen Beschluss gekommen waren. Otto Siffling war mein Mann ! Beim nächsten unserer Länderspiele sollte er in der Sturmmitte stehen! Mein Frage an ihn bewusst und mit voller Absicht gezielt!

~~XXXXXXXXXXXXXXXXX~~

Otto - noch den Spiedress auf dem Arm , den er , als Ersstzmann an diesem Tage, zusammen~~xxx~~ mit den anderen Reserveleute auf den Zimmern der Spieler eingesammelt und auf mein Zimmer gebracht hatte -, und spitzbübisch gab er die Antwort: " Ich wüsste einen, Herr Herberger ! " Ich tat überrascht und interessiert: " Na, wen zd~~gen~~ ? " "Nehmen Sie mich !!" war seine Antwort. Ich hatte ihn, wo ich ihn haben wollte.

Die vielgerühmte psychologische Stärke Sepp Herbergers bestand vor allem in seiner unnachahmlichen Fähigkeit der indirekten Beeinflussung. Herberger wußte, wie er seine Leute anpacken mußte, und verstand es, sie dabei nicht zu überfahren. War im Trainingslager Zeit zum Zapfenstreich, gab Herberger z.B. keine direkten Anweisungen, sondern ging mit umständlichen Bemerkungen über die Schwere der morgigen Arbeit selbst zu Bett. Nach einiger Zeit kam er zurück, angeblich weil er seine Brille liegengelassen hatte, und unterrichtete sich unauffällig über die Wirkung seiner Worte. Herberger war flexibel, Raucher wurden z.B. nicht verbannt, sondern mit anderen Rauchern auf ein Zimmer gelegt. Dies ermöglichte ihm auch den unproblematischen Umgang mit schwierigen Charakteren wie Otto Siffling und Helmut Rahn. Hinzu kam, daß Herberger selbst in jungen Jahren kein Kind von Traurigkeit war.

»Ottl, wissen Sie keinen Mittelstürmer für mich?«

Aufzeichnung Herbergers zur Vorgeschichte des Einsatzes von Otto Siffling als Mittelstürmer der Breslaufelf, von deren acht Toren am 16. Mai 1937 Siffling selbst fünf erzielte. Der virtuose Techniker Siffling war ein sensibler Spieler, der den Kampf Mann gegen Mann in der Spitze scheute. Um ihn dazu zu überreden, stellte Herberger es so dar, als wäre er bezüglich des Sturmführers in einer Notsituation. Siffling fühlte sich in die Verantwortung genommen und bot an, das Problem zu lösen.

Da die Zeit bis zum Spiel in Saarbrücken knapp ist, gilt es rasch zu handeln. Es geht darum, Hans Schäfer zu veranlaßen mir seinen Wunsch und seine Bereitwilligkeit in die Nationalmannschaft zurückzukehren, schriftlich mitzuteilen. Ich muß deshalb auf dieser Art der Annäherung bestehen, weil Hans Schäfer vor über zwei Jahren, als es schon einmal darum ging ihn für die Nationalmannschaft zurückzugewinnen, brieflich abgelehnt hat mit der Begründung daß er sich nicht mehr stark genug fühle um den Anforderungen eines Länderkampfes gewachsen zu sein.

Fritz hatte folgenden Auftrag: Einleitend Hans Schäfer zu sagen, daß er von seiner Bereitschaft gelesen habe wieder in der Nationalmannschaft zu spielen. Dabei sollte er ihm sagen, daß er in Saarbrücken die B-Mannschaft betreut und er, Hans Schäfer, bei ihm spielen solle. Um 8 Uhr kam der Anruf von Fritz, daß Hans Schäfer begeistert zugesagt habe, daß er aber erst noch einmal seinen Terminkalender nachprüfen müsse, ob er auch tatsächlich frei sei. Am nächsten Morgen kam dann die Zusage.

Aufzeichnung Herbergers vom 15. März 1962 über seine Versuche, Hans Schäfer zur Rückkehr in die Nationalmannschaft für die WM 1962 zu bewegen. Da Schäfer sich dem Druck nicht gewachsen fühlte, versuchte es Herberger über Fritz Walter, der ihn für die B-Mannschaft gewinnen sollte, die in einem Testspiel gegen die A-Nationalmannschaft antrat.

»Helmut Rahn besitzt eine Vitalität wie wenige«

Brief Herbergers vom 29. November 1955 an einen Freund von Helmut Rahn, der bei Herberger einen Trainer-Lehrgang gemacht hatte. Rahn war nach der WM 1954 durch Alkoholeskapaden aufgefallen, unter anderem auch vor dem Spiel gegen die Sowjetunion im August 1955. Der angeschriebene Freund hatte ihn dabei begleitet. Herberger versuchte über den Adressaten Druck auf Rahn auszuüben. Helmut Rahn war für Herberger »ein gottbegnadeter Fußballer, ein untadeliger Sportsmann, Kamerad und Freund – bis die Lichter ausgingen«. Gegen die »Philister im DFB-Vorstand«, wie Herberger diejenigen nannte, die Rahn deswegen fallen lassen wollten, setzte er aber auf Überzeugung. Rahn versuchte er klarzumachen, daß er bald nichts mehr haben würde, womit er an Stammtischen würde prahlen können, wenn er sich dort zu lange aufhielte.

Helmut Rahn besitzt eine Vitalität wie wenige und sein Kraftgefühl verleitet ihn manchmal dazu Dinge zu tun, die seiner sportlichen Leistung abträglich sind. Immer wieder gibt es Leistungsschwankungen, deren Ursache ich in erster Linie und in der Hauptsache darin sehe, dass es sich auf die Dauer zu keiner sportlichen Lebensweise durchringen kann.

Ich habe es deshalb besonders tief bedauort, dass Sie als ein ehemaliger Schüler von mir gerade vor dem so wichtigen Länderspiel gegen Russland kein Verständnis für diese einmalige Situation aufgebracht und dafür gesorgt haben, dass die Vorbereitung Helmut Rahns auf das Länderspiel in Moskau einwandfrei abläuft. Helmut Rahn hat die Fähigkeiten, noch viele Jahre ein nützliches Mitglied unserer Nationalmannschaft zu sein, wenn er sich mit seiner ganzen Persönlichkeit auf die sich hieraus ergebenden Aufgaben und Pflichten einstellt. Wenn er aber so unbeständig und wankelmütig in seiner sportlichen Auffassung weiterlebt, wird er sehr schnell für die Nationalmannschaft vergessen sein. Wenn Sie schon sein Freund sind, lieber Jupp Steigmann, dann wäre hier eine Aufgabe für Sie, ihm mit Rat und Tat zu helfen. Als ein Mann, der das Examen als Fussballlehrer in einem meiner Lehrgänge gemacht hat, überlasse ich es Ihnen zu beurteilen ob es richtig wer, Helmut Rahn am vergangenen Sonntag vor dem für seine Mannschaft so wichtigen Spiel gegen Fortuna Düsseldorf einzuladen und ihn so vom Zusammensein mit seinen Mannschaftskameraden abzuhalten.

Motivationsarbeit

Josef Herberger — Hohensachsen /Bergstr., den 22. November 1957

Liebe Kameraden !

Am vergangenen Mittwoch war unser Spiel in der ersten halben Stunde ganz ausgezeichnet. In dieser Zeit war es so gut, wie es unsere Weltmeister-Mannschaft in ihren besten Tagen auch nicht besser beherrschte. In diesem Stil und in diesem Tempo haben wir 1954 die Weltmeisterschaft geholt.

Unser Ziel ist damit klar und deutlich gegeben. Es heisst für uns nun im Stil und im Tempo dieser ersten halben Stunde von Hamburg volle 90 Minuten durchzustehen.

Am vergangenen Mittwoch gelang uns dies noch nicht. Das wurde auch gar nicht erwartet. Aber so wie es unsere Mannschaft 1954 geschafft hat, müssen wir es auch dieses Mal wieder schaffen. Weil ich davon überzeugt bin, dass wir dieses Ziel erreichen, bleiben auch die aufgetretenen Mängel, Schwächen und Fehler des Spieles in Hamburg hier unerwähnt, weil sie dann auch aus der Welt geschafft sind.

»Mängel und Schwächen bleiben hier unerwähnt«

Rundbrief Herbergers an die Spieler der Nationalmannschaft vom 22. November 1957 nach dem Spiel gegen Schweden (1:0). Briefe dieser Art dienten der Einstimmung auf das nächste Spiel. Die Bestandsaufnahme enthielt neben Erreichtem auch Hinweise auf die noch vorhandenen Mängel. Manchmal, wie in diesem Fall, waren diese so erheblich, daß Herberger auf die Konkretisierung verzichtete.

»Wir sind auch wer«

Notizbuch-Aufzeichnung von der Ansprache vor dem Spiel gegen die Sowjetunion vom 15. August 1955. Aufgrund der Verunsicherung durch die schlechten Ergebnisse nach der WM 1954 ging Herberger von seinem Prinzip ab, in jedem Fall vor Unterschätzung des Gegners zu warnen. Diesmal schien es geboten, allein das Selbstbewußtsein zu stärken: »Wir sind auch wer, wollen es diesmal genau wissen, haben schon bessere bezwungen! Sind Weltmeister! Wir packen sie, machen sie fertig, putzen sie weg!«

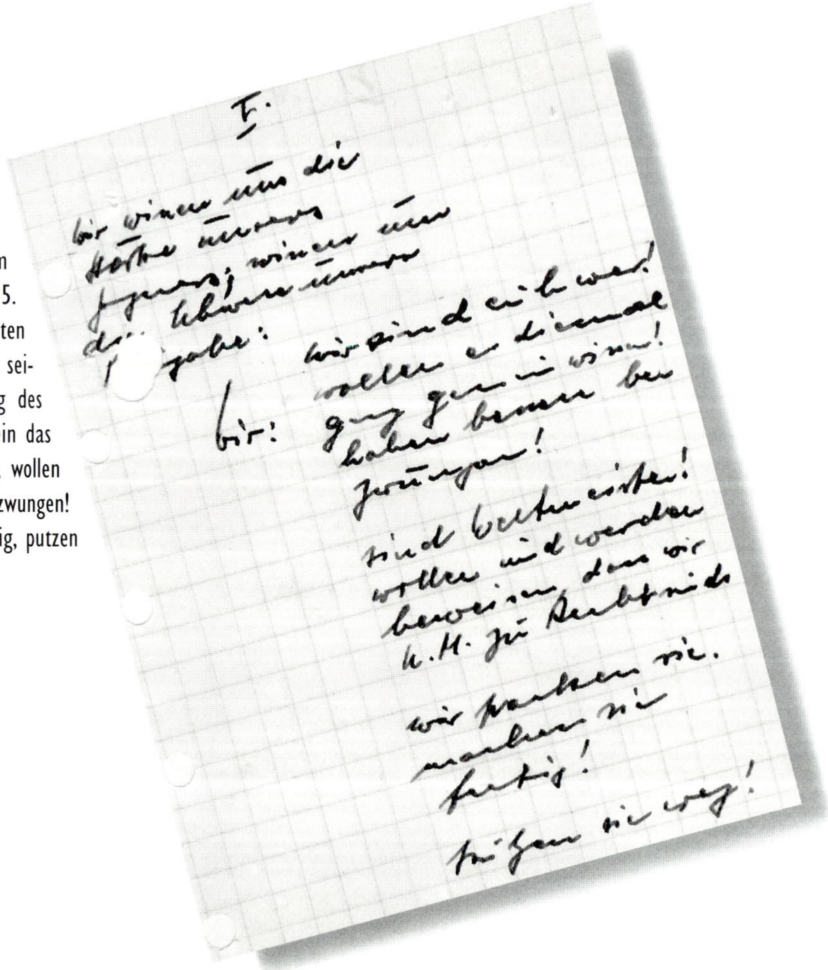

Motivierung fand bei Herberger nicht nur unmittelbar vor dem Spiel statt; ein beliebtes Mittel war auch die briefliche Ansprache der Spieler. Dadurch konnten die Pausen nach Länderspielen und nach Lehrgängen überbrückt werden. Herberger verfaßte sowohl Rundbriefe an alle als auch spezielle Mitteilungen an einzelne. Die der Nachbereitung und Einstimmung dienenden allgemeinen Schreiben wiesen in der Regel darauf hin, daß der Gegner »besonders motiviert« sei und ein »hohes Tempo« gehen würde, Unterschätzung mithin nicht angebracht sei. Herberger verfügte jedoch über Gespür, wann er den Tenor, z.B. in Mißerfolgsphasen, ändern mußte. Individuelle Motivierungsschreiben enthielten meist Verbesserungsvorschläge, die immer mit der Versicherung gekoppelt waren, daß der Spieler für Herberger in Bestform unverzichtbar sei.

»Dann wird alles wieder gut!«

Auszug aus einem kritischen Brief Herbergers an seinen Verteidiger Werner Kohlmeyer vom 25. August 1953. Wenn Herberger das Gefühl hatte, daß einzelne in ihrer Entwicklung stagnierten oder zurückfielen, schrieb er ihnen Briefe, in denen er unverblümt ihre Schwächen auflistete. An Kohlmeyer – später Verteidiger im WM-Endspiel 1954 – kritisierte Herberger den Verlust der Schnelligkeit und »Trainingsfaulheit«. Bemerkenswert ist aber, wie Herberger in seinen Motivationsbriefen scharfe Kritik stets mit einem aufmunternden Wohlwollen zu verbinden wußte.

Nun, Kohly, es ist nicht zu spät! Sind Sie vernünftig, glauben Sie daran, dass man es gut mit Ihnen meint, sind Sie endlich einmal selbstkritisch und suchen Sie die Fehler nicht bei anderene, dann wird auch alles wieder gut!

Ich habe mich gefreut, als Sie in Malente sich einer Ruck gaben und wieder anfingen sich ganz auf Leistung einzustellen. Bleiben Sie dabei, Kohly, und lassen Sie in Ihren Anstrengungen nicht nach, wenn es im Anfang auch schwer fallen und weh tun mag. Ich rechne mit Ihnen, aber mit dem Kohly, wie ich ihn kenne und mit der Leistung, zu der er befähigt ist. Ein solcher Kohly braucht die Konkurrenz nicht zu fürchten. Und so braucht Sie auch die Nationalmannschaft und so sind Sie uns auch recht!

Ich hoffe nun, Kohly, dass Sie meinen Brief so aufnehmen, wie er aufgenommen zu werden wünscht: als die guten Ermahnungen eines Freundes, der es gut mit Ihnen meint. Und nun, lieber Freund bin ich gespannt auf Ihre Leistungen in den nächsten Wochen, nun zu sehen, wie Sie meinen Brief aufgenommen haben.

In alter Verbundenheit !

»Es wird heiß hergehen«

Individuelle Zusätze zu einem Rundbrief an die Spieler vom 20. August 1954 vor dem ersten Länderspiel nach der gewonnenen Weltmeisterschaft, das gegen Belgien ausgetragen wurde. Jeder Spieler wurde von Herberger noch einmal persönlich angesprochen und angespornt.

Eckel. Horst, junger Freund, ich rechne mit Dir! Es wird heiß hergehen

Liebrich: Ich hoffe Sie ein Stück weiter auf dem Weg zu Ihrer Leistung auf der W.M. Tun Sie alles um am 26.9. in bester Kondition zu sein.

Mai: „Auf geht's!" Jeder muss am 26.9. topfit sein.

Rahn: Ich bin darauf gespannt, ob Sie in der Zwischenzeit das geübt haben, was Sie zu üben mir in Spiez versprochen haben. Bedenkt, am 26.9. muss es klappen!

Klodt. Berni, ich freue mich auf das Wiedersehen

Zeitungsausschnitt vom 2. August 1961. Der DFB hatte bis zu diesem Zeitpunkt jedem Wechsel von Nationalspielern nach Italien die Zustimmung verweigert. Nun wurde bekannt, daß dem deutschen Mittelfeld-Star Horst Szymaniak vom Karlsruher SC die Freigabe für den italienischen Erstligisten CC Catania dennoch erteilt worden war. Helmut Haller, der trotz Angeboten aus Italien kurz zuvor seinen Vertrag beim BC Augsburg verlängert hatte, mußte sich düpiert sehen. Die rechtliche Situation des bis dahin 12-fachen Nationalspielers hatte sich nun grundlegend geändert. Herberger schaltete sich in die Klärung ein, um Einfluß auf die Wechselmodalitäten nehmen zu können.

Herberger will Haller dringend sprechen!

Nach Szymaniak erhofft sich nun auch der Augsburger eine Freigabe für Italien. Die Vertreter Bolognas haben sich für die nächsten Tage in Augsburg angesagt — Herberger aber möchte vorher noch Haller unter vier Augen sprechen! Aufnahme: Nordbild

2.8.61

Haller kämpft um seine Freigabe

Bologna-Vertreter am Wochenende in Augsburg — Bundestrainer schaltet sich ein

In der Frage der Italien-Legionäre zeigte sich die Fähigkeit Herbergers, zwischen Interessengegensätzen und dem Verhältnis zum jeweiligen Spieler differenzieren zu können. Anfang der sechziger Jahre begannen sich italienische Vereine für deutsche Spieler der ersten Garnitur zu interessieren. Der DFB stand der Entwicklung ablehnend gegenüber, allen voran Sepp Herberger, der bei der Abstellung für Länderspiele und für Lehrgänge Schwierigkeiten auf sich zukommen sah. Dies hinderte ihn aber nicht, die Spieler bei der vertraglichen Gestaltung zu beraten. Horst Szymaniak schrieb er: »Überlegen Sie alles gut, bevor Sie unterschreiben, nehmen Sie einen Anwalt. Ein Mann von Ihrer Klasse darf sich nicht zu billig verkaufen.« Herberger befürwortete auch Szymaniaks Freigabe, da er bei den gehandelten Beträgen erkannte, daß sich dem Spieler hier eine einmalige Chance bot. Nach Chile nahm Herberger ihn und auch Helmut Haller, der inzwischen beim FC Bologna gelandet war, noch mit. Aber am 13. Juli 1962 erließ der Vorstand des DFB – mit Herbergers Stimme – einen Beschluß, daß das Engagement bei einem ausländischen Verein mit der Nationalmannschaft unvereinbar sei. Herberge hielt in der Folgezeit aber weiter Kontakt zur anwachsenden Schar der Italien-Legionäre (u.a. Albert Brülls, Karl-Heinz Schnellinger), die allesamt Lieblingsschüler von ihm waren. Er erkannte schließlich, daß der Beschluß ein Fehler gewesen war, und erreichte, daß er am 14. März 1964 wieder aufgehoben wurde. Ein Erfolg war Herberger in diesem Zusammenhang beschieden. Durch einen enormen persönlichen Einsatz war es ihm 1961 gelungen, Uwe Seeler trotz lukrativer Angebote aus Italien in Deutschland zu halten.

Der Vertrag

Auszug aus dem Vertrag Hallers mit dem FC Bologna, der Herberger zur Prüfung vorgelegt wurde. Unten die Anmerkungen Herbergers, der an dem Vertragswerk kein gutes Haar ließ, und Helmut Haller dringend Korrekturen und Ergänzungen in folgenden Bereichen empfahl: Dauer des Vertrags, Recht auf Anteil beim Verkauf, Kündigungsfrist, Urlaub, Handgeld, Gehalt/Prämien. Trotz grundsätzlicher Widerstände gegen die Abwanderung war Herberger ohne Zögern bereit, seinem Spieler zu einer für ihn günstigen Vertragsgestaltung zu verhelfen.

Der vorliegende Vertrag unterliegt dem Vorbehalt
a) der Möglichkeit für den Bologna F.C., den Spieler nach dem nationaken Reglement als Mitglied aufzunehmen;

b) der Erklärung durch den deutschen Verband und den Verein F.C. Augsburg, dass keine Bedenken bestehen;

c) dem günstigen Ergebnis der ärztlichen Untersuchung, der sich der Spieler auf Veranlassung und Kosten des Bologna F.C unterziehen muss, bevor der vorliegende Vertrag zur Ausführung kommt.

Sowohl der Spieler als auch der Bologna F.C. werden nach bester Absicht bemüht sein, alles zu tun, was notwendig ist, einschliesslich jeder Formalität, damit der vorliegende Vertrag zu einem guten Ende geführt werden kann.

1/ Dauer des Vertrages.
2/ Recht des finanziellen Anteils bei Verkauf
3/ Kündigungsfrist
4/ Urlaub
5/ Handgeld
6/ Gehalt, Prämien

»Entscheiden Sie sich endlich!«

Auszug eines Briefs von Sepp Herberger an Helmut Haller vom 6. Februar 1962. Nachdem Helmut Haller auch ein Angebot von Bayern München erhalten hatte, wurde die Situation immer unklarer und drohte sich negativ auf die Vorbereitung der WM 1962 auszuwirken. Herberger wollte klare Verhältnisse. Helmut Haller wurde schließlich am 17. Juli 1962 rückwirkend zum 30. Juni 1962 für den FC Bologna freigegeben.

Herrn
Helmut H a ll e r
A u g s b u r g
Grafstr. 5

He/Jo 6.2.1962

Lieber Helmut !

In einer der gestern erschienenen Sportzeitungen, ich glaube es ist der Kicker, lese ich in einem Artikel :"Haller muss Vertrag erfüllen", dass Sie wieder Besuch aus Bologna gehabt haben. Verlautbarungen dieser Art bestärken natürlich die Zweifel, dass Sie den in München unserem Vorstand vorgetragenen Wunsch in Deutschland bleiben zu wollen zu guterletzt wiederum umwerfen.

Wenn Sie dagegen nach wie vor gewillt sind in Deutschland zu bleiben, dann müssen Sie mit aller Entschiedenheit bei jeder Gelegenheit auch zum Ausdruck bringen, dass Sie sich zum Bleiben entschieden haben. Ihr Hin und Her in dieser Frage ist nicht dazu angetan Ihren Aussagen Gewicht zu geben. Ich halte eine klare Entscheidung auch deshalb für angebracht, weil sie der Vorbereitung auf die Weltmeisterschaft nur von Vorteil und Nutzen sein kann. Entscheiden Sie sich frei, aber entscheiden Sie sich endlich.

Die Weggefährten

»Ein Spiel dauert 90 Minuten«

Enge Freunde hatte Sepp Herberger in seinem Leben nur wenige. Jedoch lassen sich daraus keine Schlüsse auf eine mögliche Kontaktunfähigkeit ziehen. Er war vielmehr ein Einzelgänger, dem in entscheidenden Fragen zuallererst wichtig war, mit sich selbst ins Reine zu kommen – und anderen nicht zu tiefe Einblicke in die »Untiefen« seiner Seelenlage geben zu müssen. Daran hat sicher seine harte Lebensschule ihren Anteil, aber auch sein Streben nach Unabhängigkeit, das sich mit starken emotionalen Beziehungen nicht vertrug. So sind die Beziehungen, die Herbergers Lebensweg am nachhaltigsten beeinflußt haben, in erster Linie geprägt von intensiven Auseinandersetzungen, von einem fortwährenden Wechsel zwischen Höhen und Tiefen im Umgang miteinander. Auffällig ist aber jeweils die Beständigkeit seiner Lebenszusammenhänge. So hielt seine Ehe trotz extremer Bedingungen 56 Jahre. Auf Herberger war Verlaß, vor allem wenn er selbst Vertrauen zu jemand hatte. Er konnte im Umgang aber auch unerbittlich und verletzend sein, wenn er sich hintergangen fühlte oder bei seinem Gegenüber einen Hang zur Selbstüberschätzung festzustellen glaubte. Bemerkenswert ist seine Fähigkeit, harte Gefechte zu führen, ohne das Verhältnis grundsätzlich infrage zu stellen. Es ergaben sich so dauerhafte Beziehungen zu Otto Nerz, seinem Mitstreiter und Vorgänger, zu seinem väterlichen Förderer Felix Linnemann, zu seinem Lieblingsschüler Fritz Walter, zu seinem Nachfolger Helmut Schön. In allen Fällen hätte Herberger nie gesagt, es waren Freunde. Aber er würde bestätigen, daß mit ihnen um eine gemeinsame Sache gerungen wurde. Entscheidend war für ihn, ob man sich am Ende trotz eventueller Verletzungen und Niederlagen noch in die Augen schauen konnte.

Eva Herberger

Die private Situation Herbergers hinkte Anfang der zwanziger Jahre dem sportlichen Erfolg noch etwas hinterher. Der fußballerische Erfolg verschaffte ihm zwar manche Möglichkeiten, aber Herberger lebte immer noch mit Mutter und Schwester in einfachen Wohnverhältnissen, unter den schwierigen Bedingungen der Nachkriegszeit. Da waren nützliche Bekanntschaften durchaus von Vorteil, wie z.B. zum vier Monate älteren Dienstmädchen Eva Müller aus Weinheim – genannt Ev' –, die in einem Lebensmittelladen in der Nachbarschaft seines älteren Bruders Johann auf dem Waldhof arbeitete und von dort ihm einiges zustecken konnte. Daraus entwickelte sich eine dauerhafte Beziehung, bis man sich entschloß, am 30. April 1921 zu heiraten.

Hochzeit mit Hindernissen

Hochzeitsfoto von Eva Müller und Sepp Herberger. Die Eheschließung war mit Schwierigkeiten verbunden; Ev' war evangelisch und Sepp Herberger katholisch. Man einigte sich schließlich auf eine evangelische Trauung, was die Familie Herbergers allerdings nicht gerne sah. Darüber hinaus war es am 30. April 1921 bereits der dritte Anlauf. Die Hochzeit mußte zuvor zweimal wegen Spielen des SV Waldhof verschoben werden. »Ein drittes Mal wäre es nicht mehr gegangen, dann wäre die Hochzeit vorbei gewesen«, erzählte Herberger später. Die Hochzeitsfeier fand in bescheidenem Rahmen statt. Die Spieler seines Vereins waren zum Polterabend eingeladen, es soll Pferdebraten gegeben haben. Das frisch getraute Ehepaar zog anschließend nach Weinheim zu den Eltern der Braut.

F.C. Zürich—Mannheim-Waldhof (Samstag) 8 : 0 (3 : …

Am Samstag, den 30. April wurde das erste Match zwischen F.C. Zürich und Waldhof-Mannheim ausgetragen. Zürich erschien in stärkster Aufstellung. Am linken Flügel sahen wir Billeter zum erstenmal, und am rechten Flügel spielte aushilfsweise Rivera (von den Grasshoppern), die ihren Posten gut versahen. Die deutsche Mannschaft musste ohne Schäfer, Herberger und Höger spielen, die erst für Sonntag erwartet würden. Das Team war zerrissen und durch die Nachtreise ermüdet, was sich sofort nach Spielbeginn bemerkbar machte. Der ganz vorzüglich spielende Platzinhaber hatte es demnach nicht schwer, den unter Form spielenden Gast mit 8 : 0 zu schlagen. Die beiden Winkler, Sturzenegger und Billeter erzielten die Tore.

Ueber die einzelnen Spieler etwas zu sagen, erübrigt sich. Denn beim F.C. Zürich waren sämtliche Spieler auf der Höhe und bei Waldhof keiner. Die Mannheimer Mannschaft tat mir wirklich leid. Sie hat daraus hoffentlich eine Lehre gezogen und wird zu so wichtigen Spielen in Zukunft ausgeschlafen und in kompletter Aufstellung antreten. Durch ein Spiel wie das heutige wird nicht nur der Ruf des Clubs, sondern auch der des deutschen Fussballsportes geschädigt.

1. 5. 21

F.C. Zürich—Waldhof-Mannheim (Sonntag) 0 : 4 (0 : 1).

Zur gleichen Zeit, als in St. Gallen das Ländertreffen Schweiz—Oesterreich vom Stapel ging, trafen sich auf dem Utogrund der F.C. Zürich und Mannheim-Waldhof zum Retourspiel. Zürich hatte Ersatz aus der ersten Mannschaft des F.C. Aarau eingestellt, was natürlich eine Schwächung bedeutete. Waldhof erschien heute komplett, nur Schäfer war durch H. Bausch ersetzt.

Das Match enttäuschte sehr nach der angenehmen Seite. Die Deutschen spielten mit einem Eifer und einer Energie, so dass man die müden Leute vom Vortage kaum erkannte. Gestern war es Zürich, das uns ein glänzendes Spiel vorführte, heute zeigte sich Mannheim im besten Lichte. In Kombination und Stellungsvermögen waren sie den Zürchern über und konnten sich durch Hutter, der drei, und Höger, der ein Tor erzielte, mit 4 : 0 für die etwas kräftige 8 : 0-Niederlage vom Samstag revanchieren. Bedauerlich war, dass das Spiel gegen Schluss eine etwas scharfe Note annahm.

In der ersten Hälfte war Waldhof leicht im Vorteil und konnte mit 1 : 0 in die Pause gehen. In der zweiten Spielhälfte dagegen hätten die Zürcher, welche die Gäste zeitweise stark bedrängten, Gelegenheit gehabt, wenigstens den Ehrentreffer zu erzielen.

Sehr gut spielten bei Mannheim: Hutter, Schwärzel, Engelhard und Herberger. Bei Zürich: Hürzeler, Schnorf, Ewadinger und von Arx.

F.C. Waldhof: Lohrmann; Lithy, Engelhard; Bausch H., Heitz, Herberger, Höger, Schwärzel, Hutter, Skutlarek.

F.C. Zürich: Hofmann; Ewadinger, Hürzeler; Bircher, Hauser, Schnorf; Rivera, Märki, Winkler II, Schüepp, von Arx. Honegger.

T.u.Sp.V. Waldhof-Mannheim—Sp.C. Old Boys 2 : 2.

Das Spiel fand am vergangenen Mittwoch abend statt und lockte „trotzdem“ zirka 1500 Zuschauer. Also ein Werktagsspiel. — Waldhof hinterliss dann auch keinen grossen Eindruck, zeigte ein ganz gefälliges Spiel, das etwas ruhiger durchgeführt, noch als sympathisch bezeichnet werden könnte. Im übrigen spielte diese Mannschaft nicht besonders „gross“, was nach den Erwartungen eher eine Enttäuschung bedeutete. Einzelleistungen sind etwas hervorgetreten, ausserdem schöne Flügelläufe und die häufige Anwendung des Abseits. Die Old Boys strengten sich nicht an und hätten doch das Spiel gewinnen sollen. Das sagt beinahe genug. Nach der Eröffnung fällt mir das rasche Ballabgeben und gutes Startvermögen der Mannheimer auf; dann folgen eine Serie „fouls“. Der Halbrechte drückt durch und „schiesst“ über die Latte. Noch ein Eckball für Waldhof, dann ist's aus. Old Boys kommt nun mehr auf. Das erste Tor erzielen sie kurz vor der Pause. Die zweite Hälfte scheint Waldhof „aufgepumpt“. Old Boys

»Fußballbraut«

Das Schicksal Ev' Herbergers als »Fußballbraut« war vom ersten Tag der Ehe bereits vorgezeichnet. Nach der zweimaligen Verschiebung der Eheschließung wegen Punktspielverpflichtungen des Bräutigams fand am Hochzeitstag – im Rahmen einer Privatspielreise des SV Waldhof in die Schweiz – wiederum ein Spiel seiner Mannschaft statt. Herberger verzichtete zwar auf eine Teilnahme, aber bezüglich der Hochzeitsreise wurde aus der Not eine Tugend gemacht. Das frischgebackene Paar reiste der Mannschaft hinterher und verbrachte die Flitterwochen in der Schweiz. Links abgebildet der Paß von Ev' für diese Reise, oben rechts Zeitungsberichte zu den Spielen des SV Waldhof. Ohne Herberger verlor man prompt am Hochzeitstag gegen den FC Zürich mit 0:8. Bei den folgenden Spielen war der Frischvermählte dann wieder mit von der Partie, was sich auch in den Ergebnissen niederschlug.

Eva Herberger

Sepp Herberger hatte seiner Frau viel zu verdanken, sie war für ihn der ideale Ehepartner. Einerseits hat sie ihm den Rücken freigehalten hinsichtlich der Organisation der Privatsphäre, andererseits brachte sie vollstes Verständnis für den eigentlichen Lebensinhalt ihres Mannes auf. Die Arbeitsteilung war vollkommen. In den häuslichen vier Wänden überließ Herberger die Entscheidungen seiner Frau, dafür ertrug sie alle negativen Begleiterscheinungen seines Berufs – vor allem seine seltene Anwesenheit – ohne Murren. Im Text der Todesanzeige für ihren Mann, den sie um mehr als zehn Jahre überlebte († 27. April 1989), drückt sich ihr Verhältnis zu ihm aus: »Ich hatt' einen guten Kameraden«.

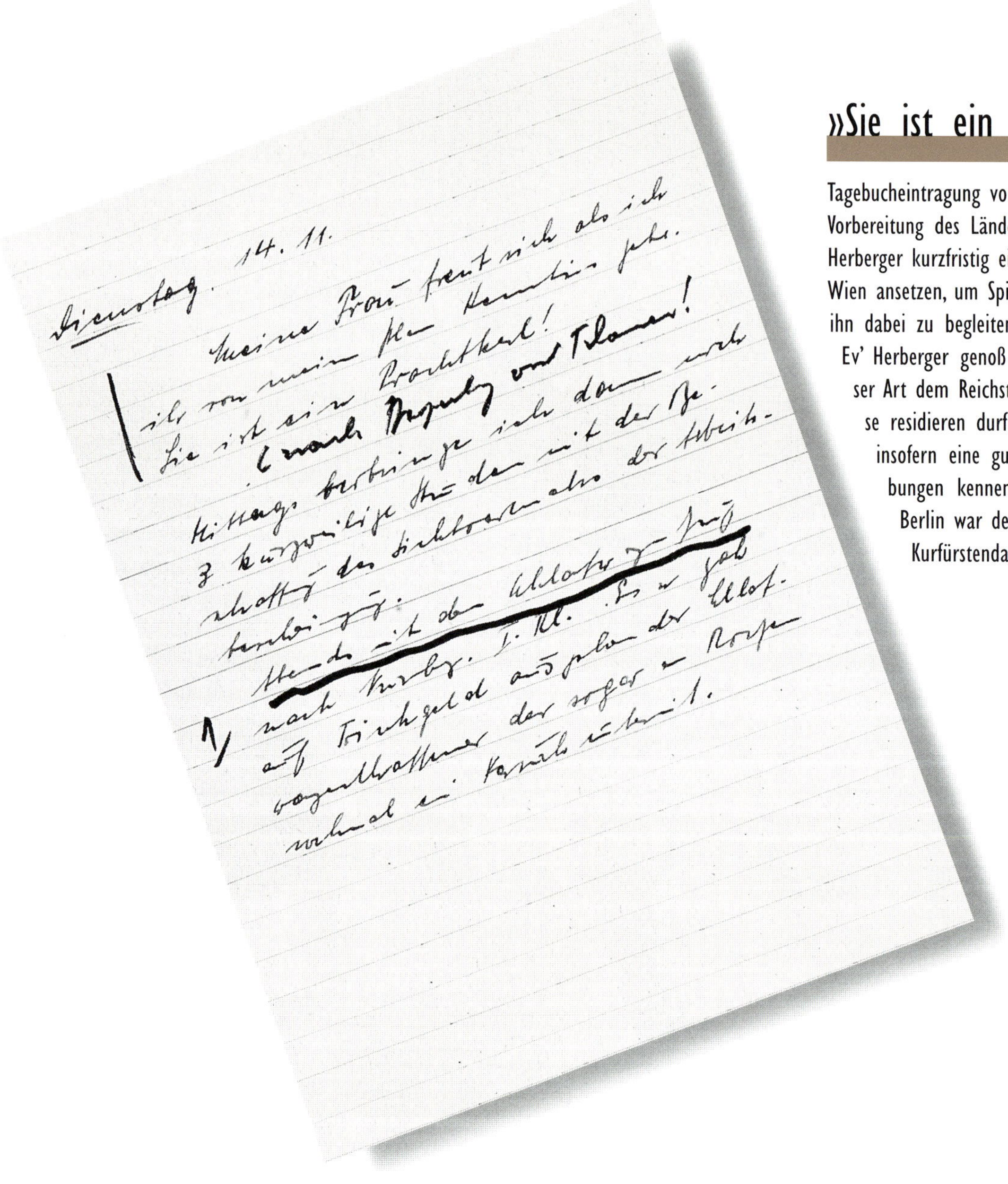
Dienstag. 14. 11.
Sie ist ein Prachtkerl!

»Sie ist ein Prachtkerl!«

Tagebucheintragung von Sepp Herberger vom 14. November 1939. Zur Vorbereitung des Länderspiels gegen Italien am 26. November mußte Herberger kurzfristig eine Fahrt nach Nürnberg und dann weiter nach Wien ansetzen, um Spieler zu beobachten. Er schlägt seiner Frau vor, ihn dabei zu begleiten, und ist erleichtert, als sie freudig zustimmt. Ev' Herberger genoß zumindest das Ambiente, das auf Reisen dieser Art dem Reichstrainer zustand, der im Schlafwagen der I. Klasse residieren durfte. Auch konnte sie den häufigen Ortswechseln insofern eine gute Seite abgewinnen, als sie so andere Umgebungen kennenlernte. Eine ihrer liebsten Beschäftigungen in Berlin war der Besuch des Straßencafés im Café Kranzler am Kurfürstendamm.

Erstes Wiedersehen zwischen Ev' und Sepp Herberger nach dem WM-Sieg 1954. Ev' Herberger mußte auf ihren Mann nicht nur während solcher Turniere verzichten. Seine Aufgaben als Bundestrainer erforderten eine ständige Beobachtung von Spielen und Spielern; regelmäßig stattfindende Lehrgänge, Tagungen und Verbandstermine taten ein übrigens. Herberger war sich bewußt, daß er eigentlich mit dem Fußball verheiratet war. In einem Brief aus dem Jahre 1950 bemerkt er in einem Nebensatz ironisch: »..., dann bin ich wieder kurz zur Stippvisite bei meiner Frau«. In der offiziellen Begründung seines Rücktritts 1964 heißt es auch: »Ich hatte kein Privatleben. Meine Frau hatte überhaupt nichts von mir. Ich fühle mich menschlich ihr gegenüber verpflichtet.«

Ev' Herberger auf dem Gelände der Sporthochschule Köln in den Nachkriegsjahren. Links neben ihrem Mann Hennes Weisweiler, der spätere Trainer von Borussia Mönchengladbach und dem 1. FC Köln. Rechts von ihr ein finnischer Fußballer, der an einem Kurs teilnahm. In der Phase des Aufbaus der Fußball-Lehrer-Ausbildung in Köln durch Sepp Herberger kümmerte sie sich aktiv um die jüngeren Kursmitglieder und versuchte die kärglichen Bedingungen in dieser Zeit durch tatkräftige Unterstützung zu mildern.

Fritz Walter

Begegnung Herbergers mit Fritz Walter in Sandhausen vor einem Spiel des 1. FC Kaiserslautern am 13. Oktober 1948. Herberger stellte sofort nach dem Krieg den Kontakt zu seinem Lieblingsschüler wieder her.

Als »Berater« des 1. FC Kaiserslautern verschaffte er sich die Möglichkeit, Fritz Walter beobachten und als eine Art »Privattrainer« dessen Entwicklung mit beeinflussen zu können.

»Fritz ist für mich der größte Fußballer, den der deutsche Fußball je hervorgebracht hat. Fritz war ein Feldherr des Spiels. Er war aber auch nicht minder erfolgreich als Vollstrecker. (..) Fritz besitzt unsere Verehrung.« Diese Worte Herbergers aus dem Jahr 1960 geben die Bedeutung wieder, den sein Lieblingsspieler für seinen eigenen Lebens- und Erfolgsweg gehabt hat. Es war ein kongeniales Verhältnis, in dem Fritz Walter der Herbergerschen Vorstellung eines virtuosen Fußballspiels Gestalt verschaffte. Ohne seinen Kapitän ist die Weltmeisterschaft 1954 kaum vorstellbar. Beide verband nicht nur ein identisches Fußballverständnis, sondern auch eine ausgeprägte menschliche Beziehung, die sich in einer intensiven persönlichen Betreuung Herbergers äußerte. Herberger sah in Fritz Walter sicherlich auch eine Art Ziehsohn, der das realisierte, was ihm selbst als Spieler versagt blieb. Entsprechend schwer fiel auch die Trennung. Nach den Erfolgen bei den Weltmeisterschaften 1954 und 1958 wurde auf einem Nebenplatz in Chile 1962 angeblich sogar ein weiteres Comeback das damals 42-jährigen Fritz Walters geprobt.

Lieber Freund Fritz !

In Pirmasesen konnte ich mich schon von Ihrer ausgezeichneten Form überzeugen. Gegen Saarbrücken waren Sie dann "der " Mann des Spiels. Besonders habe ich mich darüber gefreut, dass Sie Philippi in die ihm gegen Sie eigentlich immer gebührende Rolle verwiesen haben. Für mich auch nicht überraschend, sondern ganz selbstverständlich und natürlich wenn Sie nur an sich glauben. Ist dies der Fall, dann gitb es auf der ganzen Fussballwelt keinen Spieler, der IhrenKreise stören könnte und kaum einen, der Ihnen gleichzustellen ist.

Wenn Sie weiterhin so trainieren und so leben wie bisher und wenn Sie vor allen Dingen an sich glauben, dann, Fritz, gibt es keinen auf der weiten Fussballwelt der Ihnen das Wasser reichen kann.

Nehmen Sie sich doch Eckel in den Trainingsstunden öfters vor. Er muss decken und vor allen Dingen sich im Kampf um den Ball üben. Er greift oft von xer falschen Seite an und so. Ich habe ihm g schrieben, dass er sich an Ihnen im Kampf um den Ball üben soll und möchte Sie bitten ihm im 1 gegen 1 in jeder Trainingsstunde auch eine Lektion im ges hickten Verhalten im Kampf um den Ball zu geben. Er muss gegen Clemens, evtl. Kubala und bestimmt gegen Puskas spielen. Wenn er es fertig bringt, diese Genannten jeweils abzumelden kann es um unsere Sache nicht schlecht stehen. Stellen Sie ihn ge anklich auf diese Aufgabe ein. setzen Sie seinem Ehrgeiz einen Stachel und üben Sie ihn prak-tisch in seiner Aufgabe. Demnächst kommen wir zu einer Besprechung zusammen dann können Sie ihn schon vorbereitet haben auf das was ich ihm dannunter die Weste schiebe.

Ich hoffe Ihre Frau wieder bei bester Gesundheit und grüsse Sie beide
in alter Verbundenheit
ihr

Brief Herbergers an Fritz Walter vom 20. Dezember 1953, in dem er sich angetan über dessen momentane Verfassung äußert. Der Brief macht deutlich, in welcher Kategorie Herberger seinen Kapitän trotz dessen 33 Jahren ansiedelt. In der Vorbereitungszeit zur WM 1954 schreibt Herberger regelmäßig Briefe an Fritz Walter oder telefoniert mit ihm, um ihm die notwendige moralische Unterstützung zukommen zu lassen.

Brief Herbergers an Fritz Walter vom 18. Oktober 1944. Beinahe ein halbes Jahr nach seinem ersten Länderspiel wurde Fritz Walter 1940 Soldat. Herberger machte es sich von Anfang an zur Aufgabe, seinen Schützling in dieser schwierigen Lage zu betreuen und ihm jede mögliche materielle und psychologische Hilfe zuteil werden zu lassen. Herberger gelingt es zwischenzeitlich, Fritz Walter in weniger gefährliche Einheiten zu lotsen, wo er zum Teil auch Fußball spielen kann. Kurz vor Kriegsende bemüht sich Herberger ihn aus der Gefahrenzone zu schaffen, indem er ihm eine Urlaubsunterkunft verschafft.

J. Herberger 18. lo. 44
Weinheim a.d.B. (17a)
Karlsstrasse 12

Uffz.
Fritz Walter
L 38249 L.G.P. Breslau

Lieber Fritz !
Jnzwischen sind die Vorbereitungen für Jhre Unterbringung abgeschlossen. Halfter schrieb mir am Tage meiner telefonischen Unterredung mit ihm, dass er nur auf die Angaben der Zeit Jhrer Beurlaubung warte, um sofort mir Bühlerhöhe in Verbindung zu treten. Jch bin nun über das Wochenende nach Murrhardt gefahren und habe für Sie gleich alles perfekt gemacht. Also: Es ist für Sie die Unterkunft bereit zu Jhrem Empfang. Sie können jederzeit kommen. Verpflegt werden Sie, wie sonst …ndwo in dieser Zeit. Jch würde im Falle einer Vorbereitung der

Also, Fritz, jetzt ran an den Kommodore und viel Glück bei Jhrem Gesuch!
Jhnen kameradschaftlichen Gruss und Handschlag und –– auf ein bal Wiedersehen in Murrhardt (oder auch hier in Weinheim)
Jhr

»Er ist ein Stratege!«

Auszug aus dem Bericht Herbergers zum Länderspiel gegen die Slowakei vom 7. Dezember 1941. Im 14. Länderspiel des 21-jährigen Fritz Walter – zum 4:0-Sieg steuert er einen Treffer bei – kommen Herberger die ersten Vorahnungen über dessen zukünftige Rolle.

8. 12.41

Jahn
Janes Miller
Pohl Rohde Schubert
Riegler Hahnemann Conen Walter Durek
Kroner Visoky Kuchar Arpas Földes Bolcek
Biro Porubsky Rado
Uivary Vanak
Reimann

7.12.41 Herberger

Die Slovakische Mannschaft wurde in drei Übungsspielen auf das Länderspiel besonders vorbereitet.
Unser Spiel lief vom Anspiel an. Jn schnellen, flüssigen Kombinationen wurde die gegnerische Hintermannschaft hin und her gehetzt und die Slovake mit allen Kräften in die Abwehr gezwungen.

Walter ist ein grosser Spieler! Er ist ein Stratege!! XXXXXXXXXXXXXXXXXX XXXXXXXXXXXXXXXXXXXXXXXXXX Er wird einmal unser Spielführer werden!!
Heute war er noch nicht ganz von seiner in Dresden erlittenen Verletzung hergestellt.

Auszüge aus dem Programmheft zum Länderspiel Deutschland-Rumänien am 14. Juli 1940. Angekündigt werden drei Nachwuchsspieler, darunter auch das Debüt des 19-jährigen Fritz Walter. Mit drei Toren, die er zum 9:3-Sieg beiträgt, fällt es glanzvoll aus. Herbergers erster Eindruck hatte sich bestätigt: »Das ist das Talent, das wir gesucht haben, das wir nie zu finden glaubten und das sich anbot.« Entdeckt hatte ihn der südwestdeutsche Verbandstrainer und Freund Karl Hohmann, der ihn 1938 zu einem Lehrgang nach Frankfurt einlud, bei dem ihn Herberger zu ersten Mal spielen sah. »Der war mein Liebling, von der ersten Minute an, als ich ihn kennenlernte.«

Wir stellen vor:

Die deutsche Mannschaft

Willi Hahnemann, 26 Jahre alt, der vielleicht glänzendste Wiener Halbstürmer. Ideenreich, uneigennützig, schußkräftig — kurz ein Spieler von Weltklasse, als der er auch in der Kontinentmannschaft spielte. Vielfacher österreichischer und großdeutscher Internationaler.

Fritz Walter, einer aus der jungen Garde unseres Gaues Südwest (geb. 21. 10. 20). Er gehört dem 1. FC Kaiserslautern an, spielte mehrfach mit größtem Erfolg repräsentativ, auch sein Start in der Nationalelf wird erfolggekrönt sein.

Hans Fiederer, von der Spvg. Fürth. Geboren am 21. 1. 1920, gehört der Mann mit dem Kleeblatt auf der Brust zu den größten Hoffnungen im deutschen Fußball. Er spielt heute nicht zum ersten Male international.

Otto Nerz

Er hatte sich für diese Zweikämpfe scheinbar extra viel vorgenommen, So erschien es mir wenigstens. Er folgte mir aud Weg und Steg , war laufend hinter mir her und bemüht mir den Fersen zu bleiben . An sich das einzig richtige Rezept einen Gegner einzuengen und schachmatt zu setzen. Wenn diese Taktik -- ein wichtiger Pubkt seiner späteren Lehre -- an diesem Tage nicht zum tragen kam, dann allein deshalb, weil seine Reaktionen auf meine Manöver zu spät und zu scwher anliefen. Sein Vorhaben war richtig, seine Mittel unzureichend. späte Reaktionen

Dieser mein Gegenspieler an diesem Tage war Otto Nerz. So fing unsere Bekanntschaft an. Wohl hatte ich flüchtig vernommen, dass er beim VfR. Trainer werde oder schon sei . aber dass er auch zum Spielerkader der VfR.-Mannschaft zähle habe ich weder vor noch jemwls nach diesem Spiel gehört.

Dann verliefen unsere Wege wieder getrennt, bis ich Mitglied beim VfR. wurde. Jetzt kam ich in engeren Kno takt mit ihm , lernte ihn als Menych und Trainer kennen.

Er war -- wie ich auch -- ein Suchender. Er war - wie ich bald von ihm selbst erfuhr - zwar auch noch ein Neuling als Fussballehrer, brachte aber für diese Beruf die Erfahrung als studierter Pädagoge mit. Viele Stunden haben wir in jener Zeit tusammengessen und uns mit den Fragen des Spiels, des Trainings und seiner Methoden unterhalten.

Aufzeichnungen Herbergers über das erste Zusammentreffen mit Otto Nerz 1919 in einem Spiel des SV Waldhof. Gegner war der VfR Mannheim, dessen Läufer Otto Nerz Herberger kaltstellen sollte. Hier werden die unterschiedlichen Qualitäten der beiden deutlich – der eine flink und trickreich, der andere kämpferisch und mit hartem Einsatz. Verbunden hat beide ein missionarischer Eifer, den Fußball zu revolutionieren und zu perfektionieren. Diese gemeinsame Leidenschaft hat sie ein langes Stück gemeinsamen Weges gehen lassen, am Ende jedoch entzweit.

»Ich schätzte Nerz sehr, mein Verhältnis zu ihm war getragen von einem hohen Respekt für das von ihm Geschaffene und Erreichte!«

Otto Nerz und Sepp Herberger Anfang der dreißiger Jahre.

Wenn man die Beziehung zwischen Otto Nerz und Sepp Herberger pointieren möchte, so könnte man sagen, Nerz war für Herberger eine Art »Alter ego«. Nicht nur kreuzten und verbanden sich ihre Lebenswege an vielen Stellen. Nerz verkörperte für Herberger nachahmenswerte Momente, aber auch vieles, von dem er sich distanzieren wollte. Nerz, Jahrgang 1892, hatte sich wie Herberger aus einfachen Verhältnissen – elf Geschwister, früh erblindeter Vater – zum Akademiker, erst zum Lehrer und Arzt, dann zum Professor hochgearbeitet. 1927 wurde er der erste Fußballnationaltrainer in Deutschland, als der er den Fußball systematisch weiterzuentwickeln und auf Weltniveau zu führen begann. Diese Fähigkeit zum planmäßigen Denken und Aufbauen sowie die entsprechende Durchsetzungskraft imponierten Herberger. Mit der Zeit stieß er sich nicht nur am Fußballverständnis seines Mentors, sondern auch an der manchmal in seinen Augen »sturen«, undiplomatischen Art und am Umgang mit den Spielern. Im September 1931 war er noch Trauzeuge bei Nerzens Hochzeit, mit der Auseinandersetzung um den Reichstrainerposten 1937 kühlte sich das Verhältnis aber ab. Als Sepp Herberger 1954 seinen größten Triumph errang, war Otto Nerz seit fünf Jahren tot, gestorben am 26. Februar 1949 im sowjetischen Internierungslager Sachsenhausen, in das er vermutlich wegen anti-jüdischer Artikel, die unter seinem Namen 1943 veröffentlicht wurden, gekommen war.

Nerz und das WM.- System

Nerz war der englischen Spielauffassung und dem dieser entspringende Stil schon früh verfallen.

Sie entsprach ganz seiner Natur!

Nerz war ~~XXXXXXXXXXXXXXXXX~~, seiner ganzen Art nach eine Kämpfernatur!

Der englische kraftvolle, ganz auf Zeckmässigkeit eingestellte Stil hatte ihn auf anhieb gewonnen,(so war es nicht verwunderlich, dass Otto ..) ihm mächtig imponiert , beeindruckt fasziniert hatte.

Das war so ganz nach dem Geschmack von Otto Nerz.

»Nerz war ein Kämpfer«

Beurteilung der fußballerischen Mentalität von Otto Nerz durch Herberger. Vor 1927 entstanden die Aufstellungen der Nationalmannschaft meist zufällig, Verbandsinteressen dominierten, ein gemeinsames Training fand kaum statt. Otto Nerz kommt das Verdienst zu, den gesamten Fußball in Deutschland auf dem Gebiet des Trainings, der Organisation und der Spielweise systematisiert zu haben. So geht auf ihn z.B. die Einführung des Trainingslagers zurück. Im Spielsystem setzte er auf die Ordnung des WM-Systems und auf eine gezielte Steigerung der körperlichen Leistungsfähigkeit.

Für mich war er der Chef, dem ich verantwortlich war
Er sollte mit mir zufrieden sein. Ich wollte alles
tun um ihn zufrieden zu stellen. Ein guter Unterhalter
Linnemann war ein guter Mesnch, dem ich viel zu verdanken hatte.
Unsere gegenseitige Bekanntscbaft ging schon über
Eineinhalb Zahrzehnte zurück.(Zunächst war sie nur
oberflächlich) Es war auf der Reise nach Helsinki
wo qir am 18.9.21 ein Länderspiel mit Finnland
bXXXXXXXXX auszutragen hatten. Ich war zum ersten mal
in die Nationalmannscha tberufen worden. Ländermannschaft war für mich völliges Neuland. Ganze 12 Mann
war unsere Mannschaft stark. Die DFB.-Führung war mi
mit 7 Mann vertreten. Wer für die Mannschaft verantrolich war, war nicht zu erkennen. Kaum einmal
hat sich einer der Führung darum gekümmert. Ein
XXXXXXXXXXXXXXXXXXXXXXXXXXXXXX ausgesprochener
Mannschaftsbetreuer hatte man zu Hause gelassen.

Linnemann machte eine Ausnahme. Er suchte den Kontak
mit den Spielern, mal da, mal dort. Im übrigen
stundelnage Skatrunden. Zwischen den stundenlangen
Skatrunden.

Unter der Ägide des 1882 in Essen geborenen Kriminaloberrats Felix Linnemann wurde der DFB zu einer modernen Institution. Linnemann – ab 1925 DFB-Präsident – hat den DFB organisatorisch reformiert und durch den gezielten Aufbau von Verwaltungs-, Vereins-, Ausbildungs- und Trainingsstrukturen das Fundament für den modernen Fußball in Deutschland gelegt. Er war gleichzeitig der väterliche Mentor Sepp Herbergers, dessen Entwicklung er bis 1940 maßgeblich gefördert und beeinflußt hat. Fußball war Ende der zwanziger Jahre ein Volkssport geworden, dem auch aufgrund der gesellschaftlichen Situation eine soziale Bedeutung zukam. Linnemann erkannte, daß dies nur durch Zentralisierung der Verantwortung und eine systematische Gestaltung der Trainings-, Vereins- und Jugendarbeit bewältigt werden konnte. Herberger war ihm dazu ob seines pädagogischen, organisatorischen und konzeptionellen Geschicks neben Otto Nerz eine vorzügliche Kraft. Linnemann hatte aber in allen Fragen, auch in jenen der Aufstellung der Nationalmannschaft, das letzte Wort. In der Praxis war das Duo Herberger-Linnemann aber unter anderem deshalb erfolgreich, weil es Herberger durch seine taktischen Fähigkeiten verstand, in der auf den Präsidenten als letzte Instanz zugeschnittenen Struktur seinen eigenen Weg zu gehen.

»Linnemann habe ich viel zu verdanken«

Auf dem Bild Spieler und Funktionäre im September 1921 in Stettin vor der Abreise zum Länderspiel nach Finnland. Am Boden in der Mitte (mit Kinnbart) Felix Linnemann, damals noch DFB-Vizepräsident, links hinter ihm Sepp Herberger; stehend als dritter von rechts Gottfried Hinze, der damalige Präsident. Oben Aufzeichnungen Herbergers zur ersten näheren Begegnung mit Linnemann während dieser Reise. Linnemann nimmt interessiert Herbergers Wunsch nach einer Trainerausbildung auf und verspricht ihm, Möglichkeiten hierzu zu verschaffen.

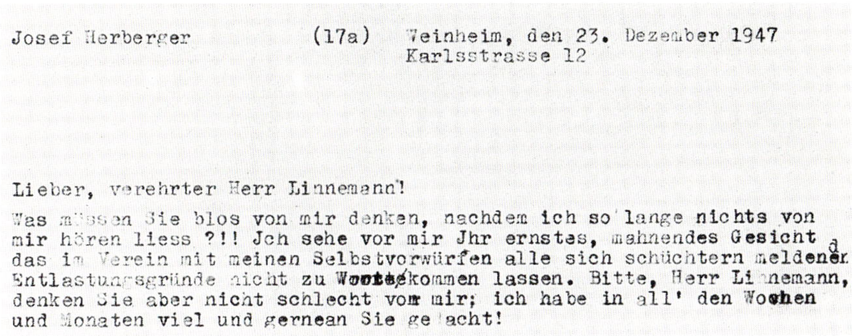

Josef Herberger (17a) Weinheim, den 23. Dezember 1947
Karlsstrasse 12

Lieber, verehrter Herr Linnemann!
Was müssen Sie blos von mir denken, nachdem ich so lange nichts von mir hören liess ?!! Jch sehe vor mir Jhr ernstes, mahnendes Gesicht das im Verein mit meinen Selbstvorwürfen alle sich schüchtern meldenden Entlastungsgründe nicht zu Wortekommen lassen. Bitte, Herr Linnemann, denken Sie aber nicht schlecht von mir; ich habe in all' den Wochen und Monaten viel und gernean Sie gedacht!

»Ich habe viel und gerne an Sie dedacht«

Sepp Herberger am Grab Felix Linnemanns sowie ein Ausschnitt aus einem Brief Herbergers an Linnemann vom 23. Dezember 1947. Linnemann starb am 21. März 1948 in Steinhorst in der Lüneburger Heide, körperlich schwer angegriffen nach einer sechsmonatigen Internierung durch die Briten aufgrund seines Ranges als SS-Standartenführer. Tatsächlich war er aber ohne eigenes Zutun lediglich durch den »Angleichungserlaß« Heinrich Himmlers von 1940, der automatisch alle leitenden Polizeibeamten betraf, zum SS-Mitglied geworden. Linnemann kommt das Verdienst zu, 1933 – um den Preis der Auflösung des DFB als eigenständige Organisation – die Struktur der Vereine gegen starke Bestrebungen der Nazis, diese zu politischen Kampforganisationen umzufunktionieren, erhalten zu haben. Nach der Machtergreifung 1933 wurde der europaweit bekannte Kriminologe Linnemann – da er nicht der Partei beitrat – aus dem aktiven Polizeidienst entfernt und zum Leiter des Preußischen Polizeiinstituts, einer Ausbildungs- und Forschungsstätte der Berliner Polizei, ernannt. 1938 kam er nach einer Auseinandersetzung mit dem Chef des Sicherheitsdienstes der SS Heydrich auf eine einflußlose Stelle nach Stettin. Die NSDAP-Mitgliedschaft wurde ihm – wie allen führenden Fußballfunktionären – in einem vom Reichssportführer veranlaßten kollektiven Beitritt 1937 »verordnet«. Herberger hatte mit Linnemann bis zum Kriegsende zusammengearbeitet, im März 1944 tüftelten sie noch an der Aufstellung für eine Nationalmannschaft. In der Antwort auf den obigen Brief schreibt Linnemann dem „lieben Freund Herberger“, daß er den Kopf hochhalte, „denn ich weiß, daß ich immer anständig gehandelt habe“.

Helmut Schön

Herbergers Nachfolger im Amt, Helmut Schön, war unter ihm im Krieg Nationalspieler geworden. Herberger hatte zu Schön bereits als Spieler, aber dann auch als Trainerkollege ein zwar enges, aber auch zwiespältiges Verhältnis. Als Fußballer war ihm der Techniker Schön vom Dresdner SC, dessen Spielkunst er anerkannte, zu weich. Da bei Herberger aus diesen Eigenschaften schnell eine Charakterfrage wurde, hatte er Helmut Schön bald in einer bestimmten Schublade abgelegt. Daran änderte sich auch nach dem Krieg in der Zusammenarbeit als Trainer nur wenig. Richtig warm wurde das Arbeiterkind Sepp Herberger mit dem Bürgersohn Helmut Schön (Jahrgang 1915), dessen Wunschberuf eigentlich Chirurg war, nie. Dennoch entspann sich ein intensiver Kontakt, der vor allem von Helmut Schön lange und von Herberger mit zunehmendem Abstand von seiner eigenen Trainertätigkeit ebenfalls mit Respekt gepflegt wurde.

»Schön war unser Bester!«

Bild von der Nationalmannschaft vermutlich aus Brüssel vor dem Länderspiel gegen Belgien am 29. Januar 1939. In der Mitte Helmut Schön mit dem Hut in der Hand, links von ihm Reichstrainer Sepp Herberger. Ganz links außen Reichssportführer Hans von Tschammer und Osten. Es war Schöns viertes Länderspiel, sein Debüt feierte er bereits 1937. Herberger hatte ihn zum ersten Mal 1933 als 17-jährigen bei einem Olympialehrgang in Berlin spielen sehen. Herberger lobte in diesem Spiel die elegante Spielweise seines Mittelfeldspielers, notierte aber auch: »Gefahr der Übertreibung seiner Kunststückchen!«

»Schön ist ein Weichling!«

Aufzeichnung Herbergers zum Spiel gegen Schweden am 5. Oktober 1941. Er geht scharf mit Helmut Schön ins Gericht, bei dem er die nötige Härte und das Durchsetzungsvermögen vermißt. Bereits ein halbes Jahr nach dem Lob des Belgien-Spiels kam es zu einer vernichtenden Kritik nach dem Spiel gegen die Slowakei im Dezember 1939. Schön wäre zu weich, er würde nach Auffassung Herbergers »nie seine Vordermänner in der ersten Garnitur verdrängen können«. Helmut Schön machte unter Herberger danach noch fünf Länderspiele, insgesamt waren es 16.

Janes keine Spielerpersönlichkeit! der Situation nicht gewachsen!!!
Billmann ist über den Zenit seinen Könnens hinaus! Er ist 31 Jahre!
Rohde war in guter Kondition! Er ist aber zuviel Wühler und lässt sich allzuleicht dazu verleiten überall sein zu wollen! Trotz aller ermahnungen spielt er immer wieder gegen alle und damit xxxxx fehlt er oft an seinem Platz!
Unsere Stürmer sind zu weich! keine Kämpfer!!
Gegen Schweden gewinnt man nur durch Kampf und Kraft, Schnelligkeit und Härte!!
Schön ist gegen Mannschaften aus Skandinavien hinfort nicht mehr tragbar!
Hahnemann ist zu unbeweglich im Mannschaftsspiel! Kein Aufbauspieler sonder nur einer der auf den Abschluss wartet! Er steht zuviel!!!
Walter hatte es schwer! Er spielte gut!!! (Ohrenentzündung am Vortag)

Bild von Herberger und Schön aus den fünfziger Jahren. Nach dem Krieg kamen beide bald wieder zusammen. Herberger vermittelte dem Dresdner 1950 einen Trainerkurs an der Sporthochschule Köln. Als Helmut Schön 1951 in den Westen übersiedelte und keine Beschäftigung fand, riet ihm Herberger, sich beim Fußballverband des noch unabhängigen Saarlandes zu bewerben. Schön wurde dort Trainer und damit Gegner Herbergers in der WM-Qualifikation 1954. Ab 1956 war er dann Assistent von Herberger, dem er im Amt des Bundestrainers 1964 nachfolgte. Für Herberger war er aber nur die zweite Wahl, da es ihm seiner Meinung nach an Fleiß und Durchsetzungsvermögen mangelte. Fritz Walter und Dettmar Cramer hielt er für geeignetere Kandidaten.

»Spürbare Nervosität und Unsicherheit«

Von Herberger angefertigtes Protokoll eines Telefonats mit Helmut Schön vom 27. Januar 1966. Schön konnte sich aus dem Schatten seines Vorgängers erst mit der WM 1970 und dann endgültig mit dem WM-Titel 1974 befreien. Zuvor nahm er als Bundestrainer selbst immer wieder Kontakt zu Herberger auf, um sich in wichtigen Fragen mit ihm zu beraten. Dies steigerte nur die Skepsis seines Vorgängers. In der Vielzahl der Telefon Protokolle Herbergers tauchen aber auch freundliche Bemerkungen auf: »Es war eine sehr nette Unterhaltung, so wie immer, wenn wir zusammen sprechen. Helmut ist ein netter Bursche!«

27. 1. 66

Fortgang der Vorbereitung auf die WM. in England

Donnerstag, dem 27. 1. (nach Dukla in Saarbrücjen)

13. h - (13.15) Anruf von Helmut Schön

spürbare Nervosität/Unsicherheit.
(Vor dem Spiel in Saarbrucken, hatte
(Helmut doppelte, wenn nicht dreifache
(Besetzung, heute hatte er eine stark
(zusammengeschrumpfte Schar)

ich sage ihm einleitend, gewissermassen zum Trost:
Anfangs unsere mannschaft recht gut!
Lob verdient besonders die Abwehr die gut organisiert und taktisch imponierte. Weber als "Chef ".

Zustimmung !

allerdings auch in dieser Zeit einige bedenkliche Lücken!
Sonst schienen die Duklasleute im Angriff zunächst ziemlich harmlos
das wurde nach dem 1:o für Prag XXXXXXX zunehmend besser.

" Was sagen Sie zu Schorsch ?
Helmut hatte mir vor dem Spiel gesagt, dass er Masopust der besonderen bewachung durch Schorsch empfohlen habe.

Wegen Szymaniaks unzuteichender Leistung
erinnere ich Helmut daran, dass man Schorsch keine enge taktische Bindung geben dürfe.
(Erinnere an: Green in Ha burg und Sekularak in Santiago
Weise eindringlich darauf hin: Schorsch keine strenge Deckungsaufgabe.
Er ist ein Ma den Raum deckt und in dieser Deckungsarbait unerreicht ist.

Ich merke, dass Helmut bei Schors z ins Schanken geraten ist, nachdem er vor dem Spiel ihn nicht genug loben konnte.

Helmut sieht die Stärken (und Schwächen) von Schorsch immer noch nicht.

Ich sage ihm erneut, dass er ohne Willi Schulznicht auskäme. xxxxx bei allen bedenken die Willi Schulz votgebracht werden könnten... er ist der zentrale Punkt im Mittelfeld, d.h. in der Abwehr, bezw, deren Vorfel keine Aufbauaufgaben, dafür strenege deckung Willie dann z m zentralen Punkt in der Abweh Beispiel mitreossend, garant für Gwschlossenheit usf.

Helmut hatte vor Saarbrücken zwei
- wie er sagte bewährte läuferreihen
Bekcneb.-Weber - Szy. //
Willi - Sieloff - Lorenz --

= ich hatte immer nur eine erste Wahl und vielleicht den einen oder anderen Ersatzmann.
1/ sage ihm : für mich gilt als erste Wahl
Willi -- Weber -- Szymaniak
und -- da es an Halbstürmern fehlt -
2 Beckenbauer halbst. zusammen mit Schorsch dann Mittelfelddirigenten...

Was sagen Sie zu Krämer:

Krämer ein Halbstürmer besonderer Art.
Erinnere an unsere mehrfachen Unterhaltungen: Krämer kein Diddi !!!
Krämer und Netzet werden nie ein Paar !!
Krämer am besten als Ausser!!

Als die deutsche Nationalmannschaft 1952 das Länderspiel gegen Frankreich verlor, soll Konrad Adenauer gesagt haben: »Na, da hat mir Herberger ja geholfen.« Dieser – von Herberger als Zeitungsausschnitt archivierte – ironische Hinweis auf die Unterstützung der Aussöhnungspolitik ist einer der wenigen überlieferten Berührungspunkte dieser in Bedeutung und Charakter so vergleichbaren Männer. Herberger hat sich – obwohl viele Politiker seinen Ruhm für sich nutzen wollten – zeit seines Lebens parteipolitisch nicht öffentlich geäußert. Er war aber schon aufgrund seiner Moralvorstellungen ein politischer Mensch, dabei eher an Personen und Verhaltensweisen orientiert, die seinen Wertvorstellungen entsprachen. So hegte er – obwohl von seiner Einstellung eher dem konservativen Lager zuzurechnen – große Bewunderung für Herbert Wehner. Eine gewisse grundsätzliche Abneigung gegen Politik illustrierte Herberger gerne mit der Geschichte eines Länderspiels 1931 gegen Frankreich, vor dem Felix Linnemann die Spieler aufforderte, im Falle eines Vorsprungs die Franzosen nicht zu demütigen. »Was war die Folge: Wir verloren 0:1.«

»Wer in unserer Elf einen festen Platz haben wollte, mußte nicht nur ein großer Könner, sondern ein untadeliger, vorbildlicher Sportsmann sein. Das war unsere Politik zu allen Zeiten.«

»Keine politischen Gespräche«

Auszug aus dem Notizbuch Herbergers mit den Verhaltensregeln, die er seinen Spielern anläßlich des Aufenthalts in Brüssel zum Länderspiel gegen Belgien am 29. Januar 1939 gegeben hatte. Herberger war intensiv darum bemüht, seine Spieler vor Aussagen und Verhaltensweisen zu bewahren, die man im Ausland als aggressive nationalsozialistische Propaganda auslegen könnte. Ihm ging es um einen guten Eindruck als Deutscher, unabhängig von der politischen Situation. »Jeder schließt von uns auf das Volk.«

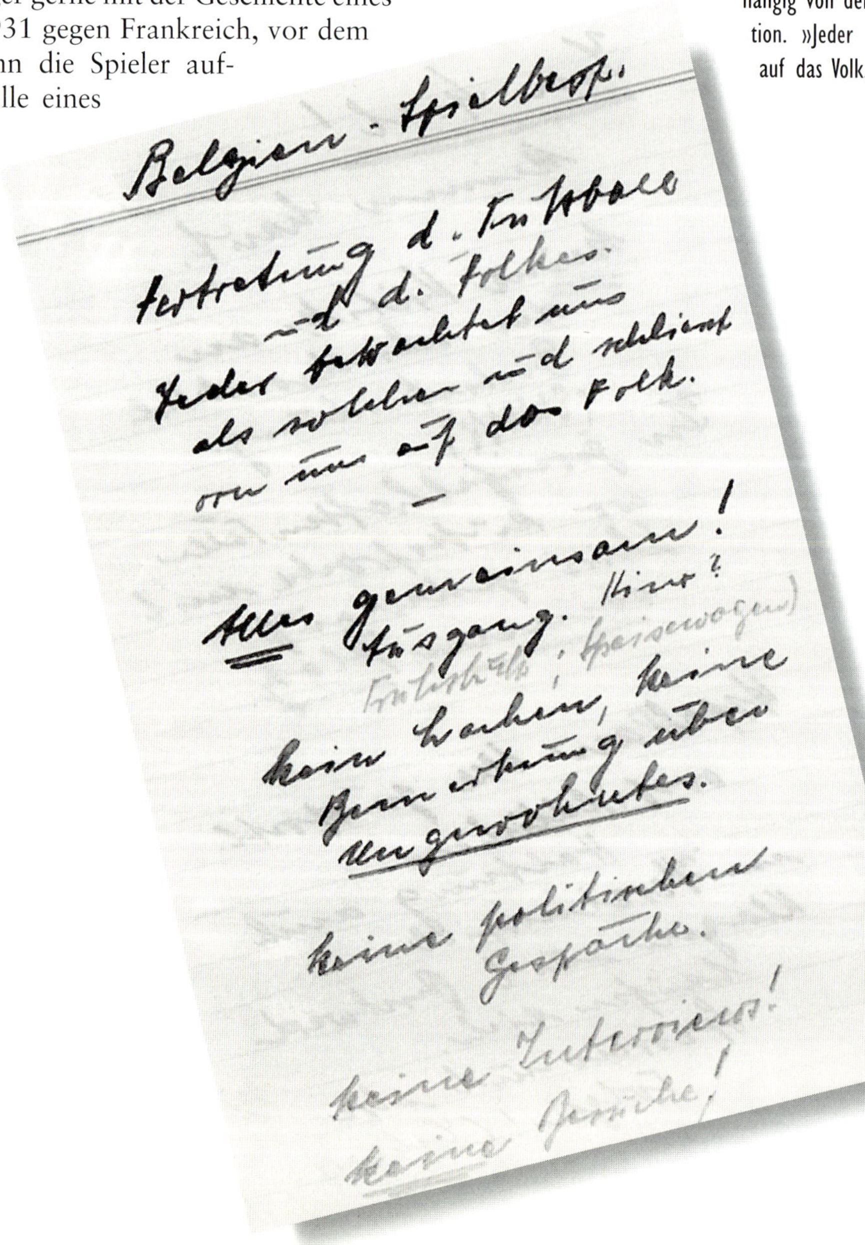

Belgien-Spielbesp.

Vertretung d. Fußballs u. d. Volkes.
Jeder betrachtet uns als solchen u. d. schließt von uns auf das Volk.

–

Alles gemeinsam!
Ausgang. Kino?
Kein Lachen, keine Bemerkung über Ungewohntes.

Keine politischen Gespräche.

Keine Interviews!
Keine Besuche!

»Ich werde Ihre Aufgabe mit wohlwollendem Interesse verfolgen«

Antwortbrief an Günter Grass vom 18. März 1969, der Herberger für eine Wählerinitiative zur Unterstützung der Ostverträge gewinnen wollte. Herberger skizziert darin die Gründe für seine parteipolitische Abstinenz. Im Mittelpunkt steht sein Bemühen, Parteipolitik aus dem Sport herauszuhalten. Seine politische Aktivität sah er in der Vermittlung sportlicher Werte und im sportlichen Auftreten, nach Herbergers Überzeugung ein viel wirkungsvollerer Beitrag zur staatsbürgerlichen Erziehung. Herberger hat die vielfältigen Anfragen von allen Seiten zur Unterstützung parteipolitischer Initiativen immer abgelehnt.

18. März 1969 Her/schw.

Herrn
Günter Grass

1 Berlin 41 - Friedenau
=====================
Niedstrasse 13

Sehr geehrter Herr Günter Grass!

Zu meinem aufrichtigen Bedauern kann ich dem von Ihnen mir vorgetragenen Wunsche nicht entsprechen.
Um aber auf keinen Fall mißverstanden zu werden, lege ich ganz besonderen Wert auf die Feststellung, daß ich die von Ihnen für den Bundestagswahlkampf übernommene Aufgabe - wie schon in der Vergangenheit, so auch diesemal wieder - mit wohlwollendem Interesse verfolgen werde.

Zum besseren Verständnis meines ablehnenden Verhaltens in dieser Angelegenheit möchte ich Ihnen die Gründe nennen, die mir diese Entscheidung auferlegen.
Ich habe über 3o Jahre der deutschen Fußballnationalmannschaft als ihr verantwortlicher Mann vorgestanden. In dieser Zeit gab es für unsere Spieler - und das gilt in ganz besonderem Maße für den Zeitabschnitt der dunkelsten Jahre in der Deutschen Geschichte - immer nur eine Politik, und zwar die des untadeligen, vorbildlichen Verhaltens und Auftretens. Auf diese Weise hat unsere Fußballnationalmannschaft - unabhängig vom Dekor der jeweiligen Regierungspartei - unserem Lande und unserem Volk den denkbar besten Dienst erwiesen. Ganz gleichgültig, wie die Wettkämpfe unserer Nationalmannschaft mit der Sportjugend der übrigen Welt auch ausgegangen sein mögen, der sportliche Geist war dabei und am Ende immer der gefeierte Sieger.
Wo unsere Mannschaft einmal war, war sie immer wieder auf das herzlichste willkommen.
So war es und so wird es auch bleiben. Wer in unserer Elf einen festen Platz haben wollte, musste nicht nur ein großer Könner, sondern auch ein untadeliger vorbildlicher Sportsmann sein. Das war unsere Politik zu allen Zeiten. Wir sind ausgezeichnet dabei gefahren. Das gilt in gleichem Maße auch für die Erziehung zum Staatsbürger. Wer nämlich in unserem Spielerkreis sich bewährte und bestand, der hatte auch für die Bewährung in der größeren Gemeinschaft unseres Volkes eine grundbildende Schulung durchlaufen.
Unsere Vertretung rekrutierte sich aus allen Bereichen und Kreisen unseres Landes und Volkes. Nach politischer Meinung oder konfessioneller Zugehörigkeit wurde nie gefragt. So wie es war, soll es auch in Zukunft bleiben.

Ich hoffe, lieber Herr Grass, daß Sie meine Gründe würdigen und Verständnis für mein Verhalten haben. Ich wünsche Ihrer Aufgabe einen sportlich-fairen Ablauf und einen schönen, zufriedenstellenden Erfolg!

Ihr

»Dem Meister der Betreuung der Meister in aufrichtiger Zuneigung«

Bild Herbert Wehners mit Widmung, das er Herberger auf dessen mehrmalige Bitten hin geschickt hat. Im Begleitbrief Wehners vom 11. November 1964 heißt es: »Ihre unermüdliche Arbeit ist mir ganz persönlich Vorbild. Daß ich Ihnen die Hand drücken durfte, war für mich ein schönes Erlebnis.« Herberger war tief bewegt über diese Geste, da er Wehner aufgrund seines eisernen Willens und seiner totalen Hingabe an eine Sache bewunderte.

Zu große persönliche Nähe verursachte bei Herberger Mißtrauen. In den Jahren des Aufstiegs resultierte dies wohl aus der Angst, die Verhältnisse nicht im eigenen Interesse beeinflussen zu können. Als er berühmt war, witterte er schnell den Wunsch, sich aus seinem Ruhm Vorteile verschaffen zu wollen. Herberger selbst genoß es, wenn er gewürdigt und gefeiert wurde, wenn er auf der Straße ein Autogramm schreiben mußte oder wenn Prominente zu ihm den Kontakt suchten. Er zeigte es aber nicht nach außen, und noch viel weniger verwechselte er es mit Freundschaft. Vielmehr trennte er strikt zwischen den beruflichen und öffentlichen Beziehungen einerseits sowie dem privaten Kontakt andererseits. Freunde, die in beiden Sphären eine Rolle spielten, waren die Ausnahme. Dazu gehörten z.B. Georg Xandry, Generalsekretär des Fußball-Bundes vor und nach dem Krieg, und Rad-Bundestrainer Karl Ziegler. Kennzeichen eines engen Verhältnisses war die Erlaubnis, ihn mit »Seppl« anreden zu dürfen. Herberger pflegte viele Freundschaften, die die Öffentlichkeit nicht wahrnahm, vor allem in der näheren Umgebung seiner Heimat. Zu den amüsanten Anekdoten gehört sicherlich diejenige über den guten Kontakt zu einem Weinbauern in der Gegend, den er regelmäßig besuchte, um dem ihm zu Hause untersagten Weingenuß nachgehen zu können.

Karl Ziegler

Bild aus den siebziger Jahren nach einer Augenoperation Herbergers mit den Besuchern Werner Liebrich, Fritz Walter und Karl Ziegler (von links) sowie Ev' Herberger (zweite von rechts). Rad-Bundestrainer Karl Ziegler – unter anderem Entdecker und Betreuer Rudi Altigs – wurde in den fünfziger Jahren einer seiner engsten persönlichen Freunde. Nach dem zweiten Herzinfarkt Herbergers weilte er neben Ev' Herberger am Sterbebett. Diese Beziehung läßt ahnen, in welcher Konstellation Herberger sich emotional wohl gefühlt hat. Beide waren Mannheimer, gaben sich ihrem Sport mit Leidenschaft hin und waren trotz ihrer Bekanntheit bodenständig geblieben.

Schauspieler

Glückwunsch-Telegramm von Bernhard Minetti an Sepp Herberger vom 23. September 1951 (unten) zum Sieg gegen Österreich in Wien (2:0) sowie ein Brief Herbergers an Minetti vom 6. September 1957 (rechts). Sepp Herberger hatte den Schauspieler Ende der dreißiger Jahre im Speisewagen des D-Zuges Berlin-Dresden kennengelernt. Daraus entwickelte sich eine intensive persönliche Beziehung zwischen dem Nationaltrainer und dem fußballbegeisterten Mimen, mit dem Herberger wie im dargestellten Brief auch fachliche Dinge besprach. Herberger ging selbst ins Theater, unter anderem besuchte er neben Vorstellungen Minettis auch Auftritte René Deltgens, den er während der Dreharbeiten zum Film »Das große Spiel« kennengelernt hatte. Ihn faszinierten am Theaterspiel der Mechanismus und die Möglichkeiten einer perfekten Inszenierung eines Geschehens. Hier spürte er Parallelen zur Art und Weise seiner Aufführung eines Fußballspiels.

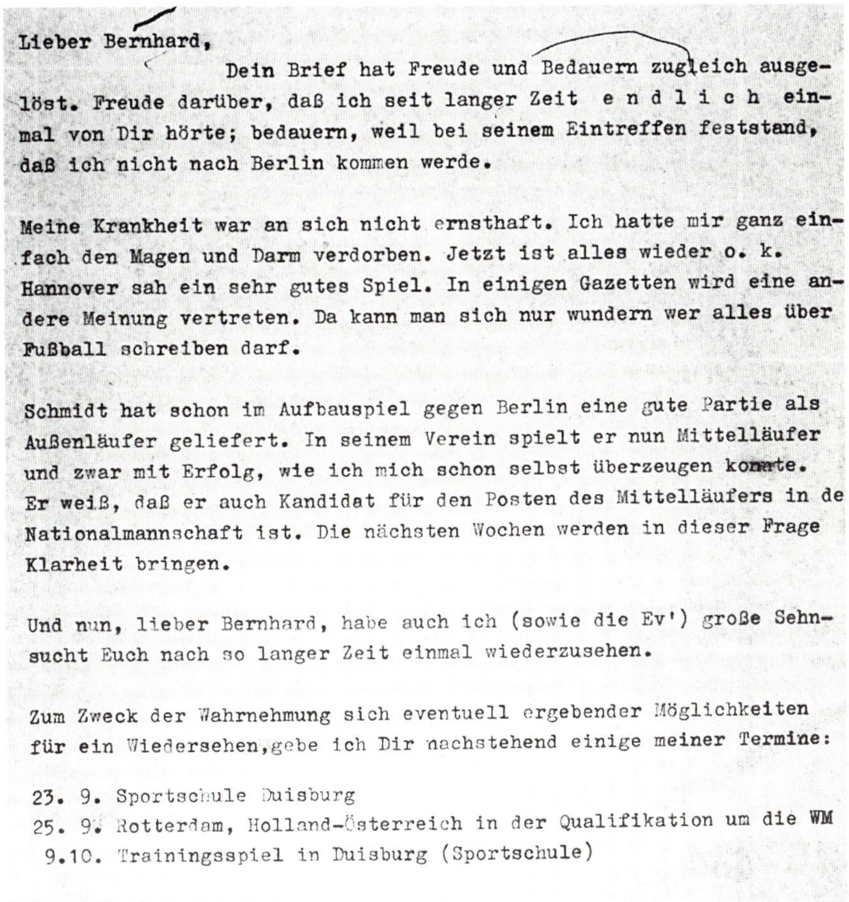

Lieber Bernhard,

Dein Brief hat Freude und Bedauern zugleich ausgelöst. Freude darüber, daß ich seit langer Zeit e n d l i c h einmal von Dir hörte; bedauern, weil bei seinem Eintreffen feststand, daß ich nicht nach Berlin kommen werde.

Meine Krankheit war an sich nicht ernsthaft. Ich hatte mir ganz einfach den Magen und Darm verdorben. Jetzt ist alles wieder o. k. Hannover sah ein sehr gutes Spiel. In einigen Gazetten wird eine andere Meinung vertreten. Da kann man sich nur wundern wer alles über Fußball schreiben darf.

Schmidt hat schon im Aufbauspiel gegen Berlin eine gute Partie als Außenläufer geliefert. In seinem Verein spielt er nun Mittelläufer und zwar mit Erfolg, wie ich mich schon selbst überzeugen konnte. Er weiß, daß er auch Kandidat für den Posten des Mittelläufers in de Nationalmannschaft ist. Die nächsten Wochen werden in dieser Frage Klarheit bringen.

Und nun, lieber Bernhard, habe auch ich (sowie die Ev') große Sehnsucht Euch nach so langer Zeit einmal wiederzusehen.

Zum Zweck der Wahrnehmung sich eventuell ergebender Möglichkeiten für ein Wiedersehen, gebe ich Dir nachstehend einige meiner Termine:

23. 9. Sportschule Duisburg
25. 9. Rotterdam, Holland-Österreich in der Qualifikation um die WM
9.10. Trainingsspiel in Duisburg (Sportschule)

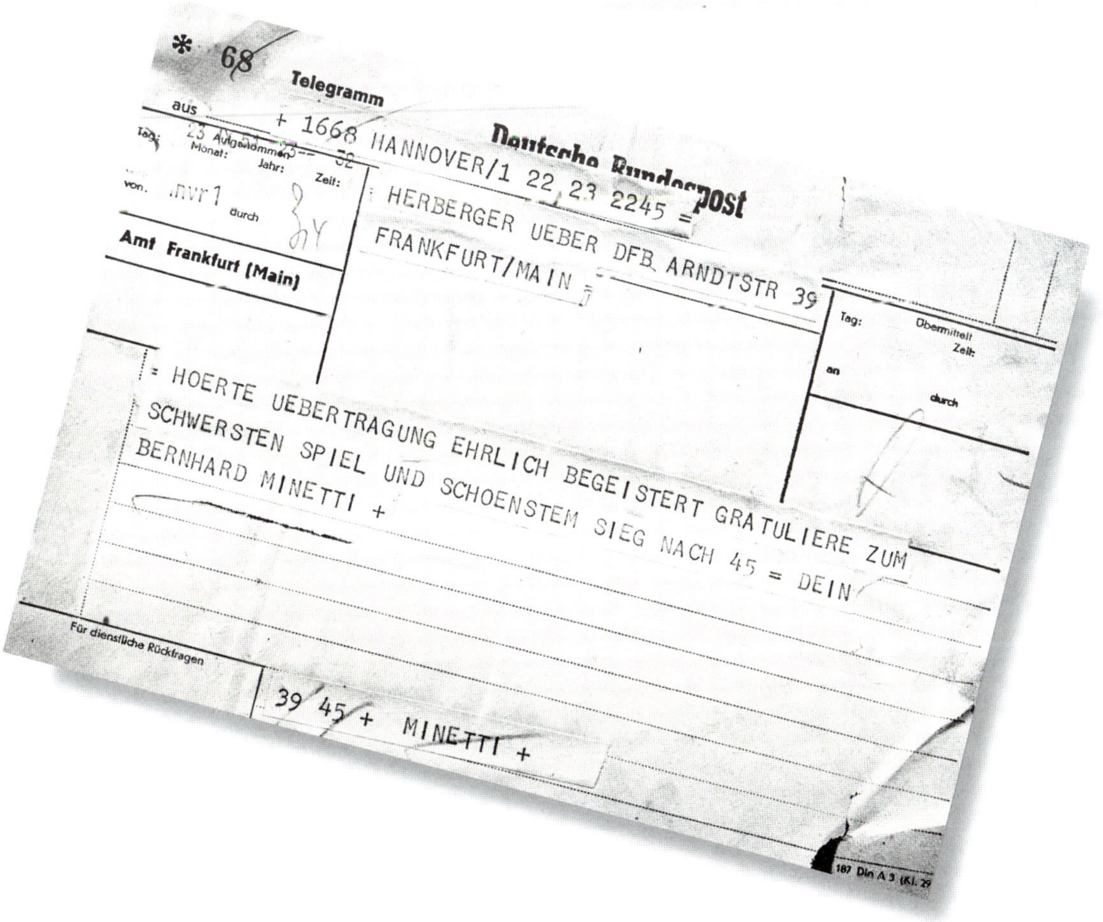

* 68 Telegramm

Deutsche Bundespost

aus + 1668 HANNOVER/1 22 23 2245 =

Amt Frankfurt (Main)

HERBERGER UEBER DFB ARNDTSTR 39 FRANKFURT/MAIN =

= HOERTE UEBERTRAGUNG EHRLICH BEGEISTERT GRATULIERE ZUM SCHWERSTEN SPIEL UND SCHOENSTEM SIEG NACH 45 = DEIN BERNHARD MINETTI +

Für dienstliche Rückfragen

39 45 + MINETTI +

Der Populäre

»Der Ball ist rund«

Klein von Wuchs, tiefe Falten im Gesicht, bekleidet mit einem Trainingsanzug oder mit einem biederen Mantel der fünfziger Jahre, dazu der Hut – niemand käme vom Äußeren her auf die Idee, daß es sich bei dieser Person um einen der populärsten Deutschen des 20. Jahrhunderts handelt. Sepp Herberger war darüber hinaus sperrig, eigensinnig, auf die Wirkung seiner Worte nicht immer bedacht und oft unbekümmert, was die Meinung der Öffentlichkeit anging. Und doch hat er unzählige Menschen aller Schichten in seinen Bann geschlagen. In den bürgerlichen Kreisen bewunderte man sein strategisches Geschick ebenso wie seine Schlagfertigkeit und seine intelligente Ironie. Der Durchschnittsbürger sah ihn als einen aus seinen Kreisen an, der es geschafft hatte, das Glück zu zwingen. Alle zusammen verdanken ihm das nationale Hochgefühl des Weltmeisterschafts-Triumphs 1954, der den Deutschen eine Bestätigung auf einem ganz und gar unproblematischen Gebiet verschaffte. Wenn auch in diesem Erfolg vieles sichtbar wurde, was die Offentlichkeit mit Sepp Herberger verband, ursächlich für die Popularität Herbergers war allein seine Ausstrahlung. Gerne bediente sich seines Charismas die Presse, zu der Herberger ein positives Spannungsverhältnis pflegte. Er war ein grandioser Redner, der alle Möglichkeiten eines Volkstribuns gehabt hätte. Dies lag Herberger aber nicht. Er genoß seine Popularität, aber er genoß sie im stillen, wohl oft dabei an seine Herkunft denkend und auch ergriffen von dem, was er ausgelöst hatte. Für die Öffentlichkeit blieb er quasi ein Leben lang der »Bundestrainer«, die Verkörperung des Fußballs schlechthin, der Mann, der den Fußball zum Lebensinhalt gemacht hat. Hier liegt vermutlich der eigentliche Grund für seine Popularität: Herberger hat das Leben in Fußball übersetzt und dessen Unabwägbarkeiten eine Sprache gegeben.

Mann des Volkes

Nach dem Weltmeistertitel 1954 empfanden breite Schichten der Bevölkerung eine tiefe Dankbarkeit gegenüber dem Manne, der dieses »Wunder« möglich gemacht hatte. Deutschland begann Herberger danach zu verehren, und das nicht allein deshalb, weil er in einem Zustand kollektiver Depression die »Sonnenseite« des Lebens wieder hatte aufscheinen lassen. Hinzu kam, daß der Erfolg nicht allein mit typisch deutschen Tugenden wie Disziplin, Pflichtbewußtsein oder auch Kampf errungen worden war, sondern vor allem auch mit Kreativität, Raffinesse und Leidenschaft. Erfreulich war außerdem, daß dieser Sieg jemand zu verdanken war, der das Dritte Reich zwar als Funktionsträger, aber doch unbescholten überdauert hatte. Herberger hatte »nur seine Arbeit getan«, etwas, was viele auch gerne für sich in Anspruch nahmen. Herberger verkörperte Eigenschaften, mit denen sich alle identifizieren konnten, um so mehr, als er nichts von einem Star hatte und sich keinerlei Allüren leistete. Herberger war ein Held des Volkes, auch weil er selbst der Herkunft und dem Verhalten nach einer aus diesem Volk war. Populär war er ob seiner Geradlinigkeit, seiner Ausdauer, seiner Selbstdisziplin und seiner totalen Hingabe an die Sache schon vor dem WM-Erfolg gewesen. Der Triumph 1954 erschloß jedoch dem Selbstverständnis der Deutschen eine neue Qualität. Er zeigte, daß man auch mit den Tugenden des Alltags Erfolg haben und das Schicksal zu seinen Gunsten wenden konnte. Die Starrköpfigkeit, mit der Herberger seinen Weg verfolgt hatte und die oft Zielscheibe öffentlicher Kritik gewesen war, erschien nun als vertrauenswürdiges Beharrungsvermögen. Herberger wurde so in einem weiteren Sinne ein »Mann des Volkes«. Er bekam den Status einer Art »öffentlichen Eigentums« der Menschen, die ihr Gefühlsleben und ihr Wohlergehen mit seinem Wirken verbanden. Darin verbarg sich die Hoffnung, er könnte dem Hochgefühl Dauer geben. Um so extremer fielen dann die Reaktionen aus, als sich auch Mißerfolge einstellten.

Sepp Herberger beim Autogrammschreiben in einem Ausflugslokal. Diese Form des Kontakts mit dem »Mann auf dem Straße« war ihm keine lästige Pflicht. Er empfand es im Gegenteil als Bestätigung und er war angerührt von der Hochstimmung, die seine Person auslöste – eine Empfindung, die er sich allerdings möglichst nicht anmerken ließ. Er genoß seinen Erfolg bei der breiten Masse als Belohnung für die Bewältigung seines oft steinigen Wegs und weil er – mit den Problemen eines einfachen Lebens wohl vertraut – die Dimension und die Bedeutung dieser Freude glaubte nachvollziehen zu können.

Sehr geehrter Herr H e r b e r g e r !

Sie haben mich überrascht. - Ich danke Jhnen. - Es wäre mir ein leichtes, Jhnen in " Superlativen zu antworten. Wenn ich es nicht tue; dann zwingt mich die Verehrung und Achtung, die ich Jhnen als der bedeutend jüngere entgegenbringe, dazu. Doch in kurzen Sätzen möchte ich den " Menschen Sepp H e r b e r g e r " skizzieren! -

" Sepp H e r b e r g e r " der Fußballer, der ausgezeichnete Spieler, der Internationale, der Klassefußballer, der Weltfußballer, der Trainer, der Bundestrainer, - der prächtige Mensch Sepp H e r - b e r g e r -, der Schöpfer der großen, deutschen Fußballfamilie, Sepp H e r b e r g e r das Vorbild, der Vater, der Freund aller, aller deutschen Spieler, die der großen, deutschen Fußballfamilie angehören.-
Sepp H e r b e r g e r, ein Leben für und um den deutschen Fußball!
Sepp H e r b e r g e r als Fußball - Lehrer und Pädagoge unerreicht seine Name mit dem deutschen Fußball allzeit verbunden.
Sepp H e r b e r g e r hat den deutschen Fußball stark gemacht.
Sepp H e r b e r g e r's Namen steht für immer in " goldenen Lettern in der deutschen Fußballgeschichte ! -

Jedes einzelne Substantiv meiner vorstehenden Zeilen gäbe mir Anlaß über Sepp H e r b e r g e r - sein Leben und Wirken - um und für den deutschen Fußball - seitenlang zu schreiben. -

Ich möchte Sie aber für heute nicht weiter durch meine Zeilen ablenken oder belästigen; deshalb soll es für heute genug sein. -

Über Jhr liebes Bild mit Widmung und über das des Fritz Walter's habe ich micht riesig gefreut. Ich danke Jhnen nochmals.

Auszug aus einem Brief aus dem Jahr 1970, den Herberger von einem Fan aus der DDR erhielt, dem er ein Bild mit Widmung geschickt hatte. Herberger bemühte sich, Autogrammwünschen persönlich nachzukommen. Die hymnische Antwort gibt das Bild wieder, das um Sepp Herberger im Nachkriegsdeutschland entstanden war. Er galt nicht nur als unschlagbarer Fußballfachmann, sondern als der Vater, dem sich alle, die sich am Fußball erfreuten und an ihm litten, anvertrauen konnten.

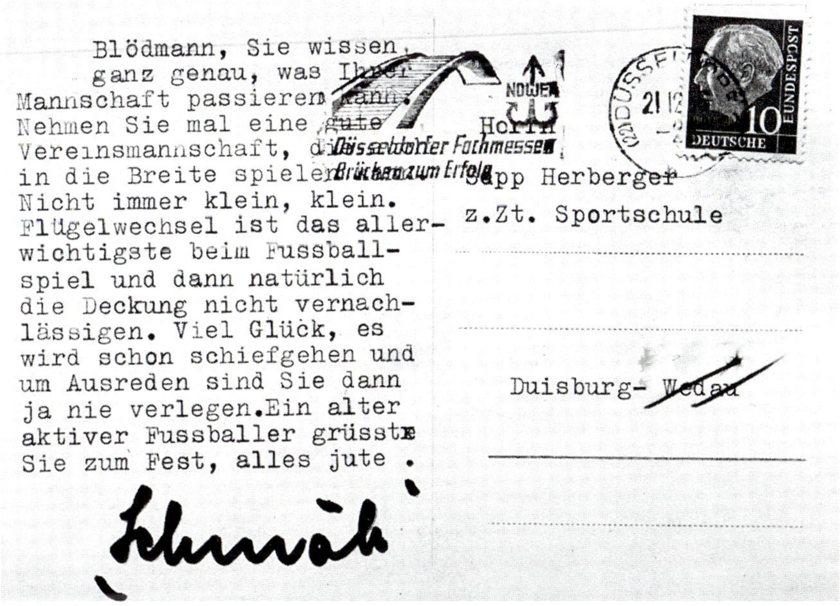
Blödmann, Sie wissen ganz genau, was Ihrer Mannschaft passieren kann. Nehmen Sie mal eine gute Vereinsmannschaft, die in die Breite spielen. Nicht immer klein, klein. Flügelwechsel ist das allerwichtigste beim Fussballspiel und dann natürlich die Deckung nicht vernachlässigen. Viel Glück, es wird schon schiefgehen und um Ausreden sind Sie dann ja nie verlegen. Ein alter aktiver Fussballer grüsst Sie zum Fest, alles jute .

Schmäh

Herrn
Sepp Herberger
z.Zt. Sportschule
Duisburg-Wedau

»Schmäh«-Postkarte an Herberger vom Dezember 1956 nach verkorkstem Länderspieljahr. So sehr man Sepp Herberger dankbar war für die von ihm bewirkten positiven Gemütszustände in den deutschen Seelen, so ungehemmt schob man ihm die Verantwortung für die negativen zu. Als das Hochgefühl des Weltmeisterschafts-Triumphs von 1954 in den folgenden Jahren nicht andauerte, nahm man sich unverblümt das Recht heraus, Herberger dafür zur Rechenschaft zu ziehen.

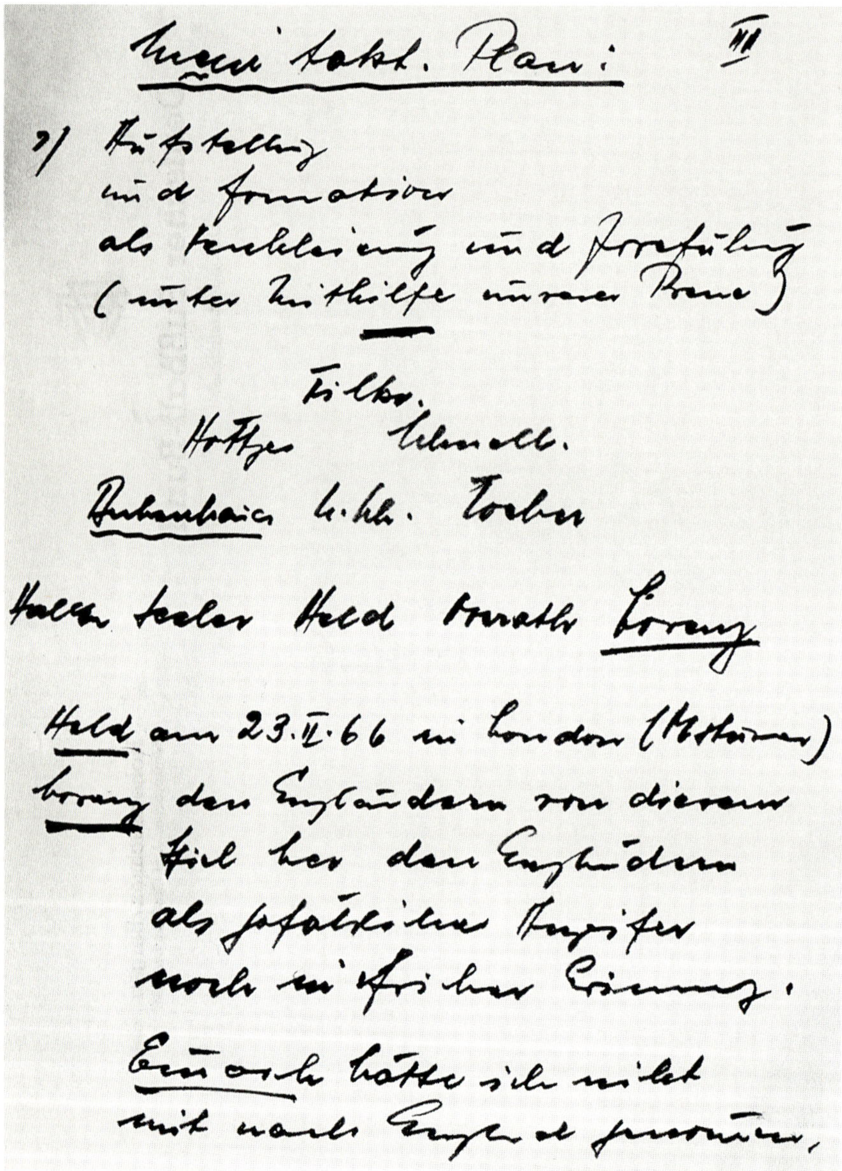
Mein takt. Plan: VII

1) Aufstellung
und Formation
als Verschleierung und Irreführung
(unter Mithilfe unserer Presse)

Tilkowski
Höttges Schnellinger
Beckenbauer W. Schulz Weber

Haller Seeler Held Overath Lorenz

Held am 23.II.66 in London (Mittelstürmer)
Lorenz den Engländern von diesem
Spiel her den Engländern
als gefährlicher Angreifer
noch in frischer Erinnerung.

Emmerich hätte ich nicht
mit nach England genommen.

»Emmerich hätte ich nicht mit nach England genommen«

Herbergers Plan für das WM-Endspiel gegen England am 30. Juli 1966 im Londoner Wembley-Stadion. Der Alt-Bundestrainer hatte sich auf diese Weltmeisterschaft genauso vorbereitet, als wäre er selbst noch der Verantwortliche. Neben einer genauen Analyse der Gegner und der Zusammenstellung eines Kaders gehörte dazu ein taktisches Konzept für das Endspiel. Sepp Herberger wollte die Engländer dadurch verwirren, daß Max Lorenz von Werder Bremen einen taktischen Linksaußen mit Abwehraufgaben spielen und Franz Beckenbauer für die Offensive frei bleiben sollte. Tatsächlich aber lief Lothar Emmerich von Borussia Dortmund auf, den Herberger für nicht WM-tauglich hielt. Franz Beckenbauer schließlich stellte Helmut Schön als Sonderbewacher für den englischen Spielmacher Bobby Charlton ab.

Nach seinem Abschied als Bundestrainer 1964 war Sepp Herberger ein gefragter Mann. Er konnte sich vor Einladungen kaum retten, Einweihungen von Sportplätzen wurden ihm ebenso angetragen wie Auftritte für wohltätige Zwecke. Für die Medien war er ein begehrter Kommentator. Daneben galt es, viel Privates nachzuholen, vor allem mit seiner Frau. Doch die Rolle als Privatmann behagte ihm nicht. Von seiner Rolle als geistiger Vater des deutschen Fußballs konnte er sich nicht lösen. Noch bis Anfang der siebziger Jahre kümmerte er sich um Aufstellungen, Spielerbeurteilungen und Vorbereitungsmaßnahmen mit einer Intensität, als hätte es nie einen Rücktritt gegeben. Der amtierende Bundestrainer war dadurch vor seinem Urteil nie sicher. Noch im April 1968 notierte Herberger zum Spiel gegen die Schweiz: »Bei uns war alles nur Stückwerk.« Mit der Zeit ließ die Energie aber nach, und anläßlich eines Länderspiels gegen Schottland 1970 mußte er resigniert feststellen: »Bin heute nicht mehr über unsere Gegner so im Bilde, wie ich es war, als ich Trainer war.«

»Hinter der Querlatte im Tor«

Auszug aus einem Brief Herbergers vom 8. August 1969 an einen Mannheimer Bekannten, in dem er – drei Jahre nach dem WM-Endspiel 1966 – betont, daß auch er das berühmte »Wembley-Tor« der Engländer in der Verlängerung als korrekt gegeben betrachtete – entgegen der Meinung der gesamten deutschen Öffentlichkeit. Herberger war bei dieser WM vor Ort und konnte sich dabei nur schwer in eine passive Zuschauerrolle fügen. Sein Urteil fiel trotz des zweiten Platzes dementsprechend aus: »Wenn man nicht alles bedenkt, dann hat man auch die Mannschaft nicht in der Hand. So ähnlich ist es uns in England gegangen. Die Vorbereitung war zu mangelhaft.«

Für mich war es höchst interessant, in Ihrem Briefe an Herrn Werner Pietsch die Bestätigung dafür zu erhalten, was ich selbst glaubte, von meinem Platz (Ehrenloge) gesehen zu haben. Danach war der Ball auch fürmich hinter der Querlatte im Tor. Aber was nützt das alles. Die Entscheidung des Schiedsrichters gilt und die Spieler unserer Mannschaft haben für ihr ausgezeichnetes vorbildliches und sportliches Verhalten höchstes Lob verdient.
Ich habe mich gefreut, Sie kennenzulernen und hoffe, daß wir uns bei passender Gelegenheit recht bald einmal wiedersehen.

Mit freundlichen Grüßen

Ihr Sepp Herberger

»Lieber Helmut, Du gehst einen schweren Gang!«

Auszüge aus dem Protokoll eines Telefonats von Sepp Herberger mit Helmut Schön am 5. März 1965. Darin besprechen beide die mögliche Aufstellung für das Länderspiel gegen Italien am 13. März. Derartige Konsultationen Herbergers durch Schön fanden in dieser Zeit regelmäßig statt. Sein Nachfolger lud ihn auch immer wieder zu Lehrgängen ein. So weit wollte Herberger dann doch nicht gehen, aber er setzte stillschweigend eine gewisse Verpflichtung seines Nachfolgers voraus, sich mit ihm abzusprechen. Im vorliegenden Fall stellte er pikiert fest, daß die Aufstellung schon vor dem Telefonat festgestanden hatte, ein Umstand, den er gerne auf seine Abwesenheit wegen einer USA-Reise zurückführen würde. Zweifel blieben aber: »Ob er mich gefragt hätte, wenn ich schon früher zurückgekommen wäre?«

- 2 -

Belastunv für die Jungen ,
bedeutet ein Vabanqspiel mit der Aufbauarbeit
und kann nur so veranden werden, als ob er beweisen wolle, dass er auch Hart sein könne.
Lieber Helmut, Du gehst einen schweren Gang !

Dann nennt er mir die Mannschaft gegen Italien. Sie steht also schon fest. Ob er micht gefragt hätte, wenn ich schon früher aus den USA. zurückgekommen wäre ?
Nun, wie dem auch sei, die Mannschaft steht aus jeden Fall.

Sie lautet:

Tilokowski 22

Piontek o — Patzke o

Höttges o — Sieloff 1 — Weber 4

Heiss 2 — Küppers 1 — Brunnemier 1 — Konietzka 7 — Hornig o

Kommentar:

Eine Aufstellung in der 4 Neulinge stehen,
3 Spieler mit je einem Spiel
1 " mit zwei Spielen
1 " " vier "
1 " " sieben "
Tilkowski " 22 "
und dds gegen einen Gegner wie Italien.

Dabei sind Patzke, Sieloff und Weber Spieler, die mit der richtigen Umgebu leicht einzubauen wären und sicherlich schnell auch einen Stammplatz in der Mannschaft gewinnen würden.

Auch höttges rechte ich zu den ganz grossen Talenten. Praktisch ist die Abwehr mit 5 Neulingen besetzt, weil sieloff und weber noch mit sich selbst zu tun haben werden um sich durchzusetzen und deshalb kaum die Kraft und Erfahrung besitzen um auch noch und schon helfen geschweige denn führen zu können.

Die drei Mümchener sind ein grosses Fragezeichen. Über alle drei waren wirduns eigentlich schon klar, dass sie keine Stammspieler der Nationalmannschaft werden würden. Und hier war es gerade Helmut der immer seine Stimme gegen diese erhob.

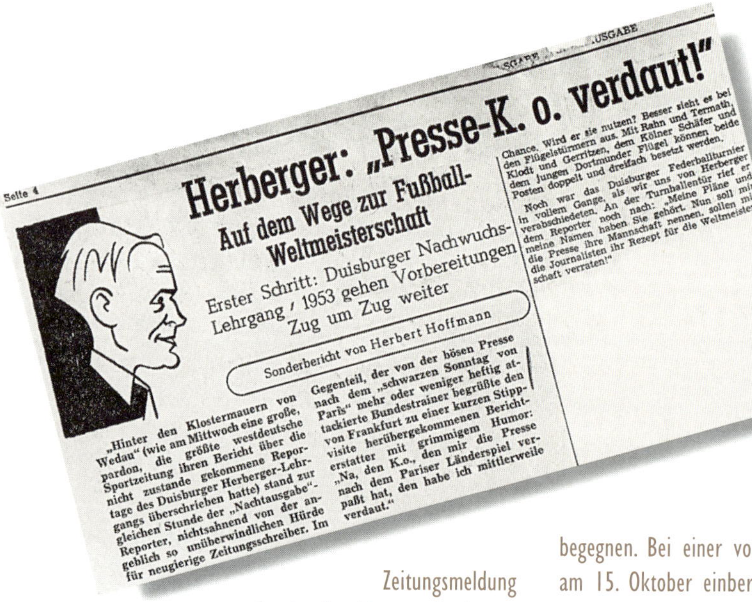

Seite 4

Herberger: „Presse-K. o. verdaut!"

Auf dem Wege zur Fußball-Weltmeisterschaft

Erster Schritt: Duisburger Nachwuchs-Lehrgang / 1953 gehen Vorbereitungen Zug um Zug weiter

Sonderbericht von Herbert Hoffmann

„Hinter den Klostermauern von Wedau" (wie am Mittwoch eine große, pardon, die größte westdeutsche Sportzeitung ihren Bericht über die nicht zustande gekommene Reportage des Duisburger Herberger-Lehrgangs überschrieben hatte) stand zur gleichen Stunde der „Nachtausgabe"-Reporter, nichtsahnend von der angeblich so unüberwindlichen Hürde für neugierige Zeitungsschreiber. Im Gegenteil, der von der bösen Presse nach dem „schwarzen Sonntag von Paris" mehr oder weniger heftig attackierte Bundestrainer begrüßte den von Frankfurt zu einer kurzen Stippvisite herübergekommenen Berichterstatter mit grimmigem Humor: „Na, den K.o., den mir die Presse nach dem Pariser Länderspiel verpaßt hat, den habe ich mittlerweile verdaut."

Chance. Wird er sie nutzen? Besser sieht es bei den Flügelstürmern aus. Mit Rahn und Termath, Klodt und Gerritzen, dem Kölner Schäfer und dem jungen Dortmunder Flügel können beide Posten doppelt und dreifach besetzt werden.

Noch war das Duisburger Federballturnier in vollem Gange, als wir uns von Herberger verabschiedeten. An der Turnhallentür rief er dem Reporter noch nach: „Meine Pläne und meine Namen haben Sie gehört. Nun soll mir die Presse ihre Mannschaft nennen, sollen mir die Journalisten ihr Rezept für die Weltmeisterschaft verraten!"

Zeitungsmeldung in der Frankfurter »Nachtausgabe« vom Oktober 1952 anläßlich der Beendigung des Konflikts um das verlorene Länderspiel gegen Frankreich. Den massiven Angriffen aufgrund der 1:3-Niederlage vom 5. Oktober versuchte Herberger durch eine offene Informationspolitik zu begegnen. Bei einer von ihm am 15. Oktober einberufenen Pressekonferenz in Duisburg erläuterte er detailliert die Gründe für jede einzelne Position der Aufstellung von Paris. Herberger notierte als Reaktion: »Betroffenes Schweigen!« Die Journalisten fühlten sich ernst genommen, und das Verhältnis war bereinigt.

Zu den Medien hatte Sepp Herberger ein zwar persönliches, aber trotzdem äußerst professionelles Verhältnis. Gerade die Tatsache, daß er sie nicht von vornherein als Gegner begriff, sondern als Förderer einer gemeinsamen Sache, eröffnete ihm große Möglichkeiten der Einflußnahme. Herberger erkannte die spezielle Interessenlage der Presse an und wußte, daß diese sich nicht unbedingt mit der seinen deckte. Er verstand aber auch, daß er bei einem ausbalancierten Verhältnis von Geben und Nehmen die Medienöffentlichkeit für seine Zwecke nutzen konnte. Sorgsam pflegte Herberger seine Beziehungen zu den Journalisten. Er vertraute vor allem jenen, die selbst Fußball gespielt hatten, wie »Kicker« Chefredakteur Karl-Heinz Heimann oder dem Chefredakteur des »Sport-Magazins« Hans Fiederer, einem ehemaligen Nationalspieler. Die Presse wiederum schätzte seinen hohen Unterhaltungswert, nicht nur wegen des Verkaufswerts seiner Person, sondern auch, weil Herberger immer unterhaltsame Begegnungen garantierte. Da sah man dann auch über manche oberlehrerhafte Bemerkung hinweg.

Pressegespräch mit Sepp Herberger. Er schätzte den direkten Kontakt mit den Journalisten, da er sie mit Gesten und Randbemerkungen einfacher für sich vereinnahmen konnte. Darüber hinaus suggerierte die direkte Gesprächssituation den Medienleuten, daß sie Informationen aus erster Hand erhielten.

»Größtes Verständnis für ihre Aufgaben und Interessen«

Auszüge aus einer Ansprache Herbergers anläßlich einer Konferenz der Deutschen Sportpresse am 12. November 1950 in Frankfurt/M. Herberger wollte bei diesem Anlaß rechtzeitig vor dem ersten Nachkriegsländerspiel das Verhältnis zur Presse ins Lot bringen. Diese hatte ihm »Geheimniskrämerei« vorgeworfen, weil er keinerlei Mitteilungen an die Journalisten weitergab. Herberger begründete diese Maßnahme in seinem Vortrag und betonte ausdrücklich sein Interesse an einer Zusammenarbeit. Die gewünschte Wirkung blieb nicht aus. Ein Teilnehmer schrieb: »Auf der genannten Konferenz sprach Herberger weit über eine Stunde. Presseleute haben zwei Todfeinde: den ausbleibenden Geldbriefträger und die Dauerredner. Diesem Redner aber hätte jeder der Anwesenden noch eine weitere Stunde zugehört.«

Frankfurt 12.11.50

Als ich zu Beginn des Jahres in Stuttgart Gelegenheit hatte zu Jhnen zu sprechen, habe ich damals schon zum Ausdruck gebracht, was ich heute hier nochmals und mit Nachdruck wiederholen möchte: ich habe grösstes Verständnis für Jhre Aufgaben und Jnteressen und es ist mir persönlich und auch im Jnteresse meiner Aufgabe als Trainer der Nationalmannschaft aufrichtig darum zu tun ein recht gutes und enges Einvernehmen mit der Presse also mit Jhnen, die sie ja zum grossen Teil zu meinen Bekannten und Freunden aus früherer Zeiz zählen, zu haben.

Wenn man mich in recht verständnisvoller Art zum grossen Schweiger gestempelt hat, dann möchte ich hierzu – um recht verstanden zu werden, sagen, dass mir jed Geheimsniskrämerei um unsere Nationalmannschaft, meine Arbeit und meine Aufgaben fern liegt. Wenn ich in diesen Wochen mich in all' meinen Äusserungen äusserst zurückhielt, dann deshalb, weil ich einmal keinen von Jhnen gegenüber einem anderen bevorzugen wollte und zum anderen, weil ich die ruhige XXXXXXXXXXXXXXXXXXXXXXXXXXXXXX Entwicklung unserer Vorbereitung nicht stören wollte. Jch kann mir nicht vorstellen, dass einer von Jhnen in meiner Rolle anders gehandelt hätte. Es war von Anfang an mein Wunsch, dass zu gegebener Zeit vor dem Stuttgarter Spiel wieder eine Zusammenkunft zwischen Jhnen und mir stattfinden möge, und es scheint mir, dass dervTermin hierzu kaum f üher hätte gewählt werden können. Jch schlage Jhnen nun vor, dass ich zunächst über den Gang und den Stand unserer Vorbereitung etwas sage und um dann darüberhinaus Rede und Antwort auf die Fragen zu stehen XXX – soweit ich dazu in der Lage bin -- die Sie gerne beantwortet haben möchten.

»Lasse mir Fritz Walter aufschwätzen«

Notiz Herbergers vom 15. Januar 1958. Um gegen die Rückkehr Fritz Walters in die Nationalmannschaft für die WM 1958, die er von langer Hand vorbereitet hatte, keinen Widerstand aufkommen zu lassen, lenkte er die Aufmerksamkeit der Presse langsam auf dieses Thema – ohne sich jedoch festzulegen. Seine Ziel war die Aufforderung der Öffentlichkeit an ihn, Fritz Walter mitzunehmen. Der Coup gelang. Herberger verstand es geschickt, die Presse für seine Zwecke zu instrumentalisieren, z.B. auch durch Weitergabe von wichtigen Neuigkeiten an ausgewählte Journalisten oder indem er in Hintergrundgesprächen scheinbar vertrauliche Informationen streute.

Presse Hbg [illegible] 15.–16. I. 1958
bei 3tägigem Aufenthalt:

Mit F.W. längst alles klar.
Ich lasse ihn mir aber von der Presse „aufschwätzen"!

Das Sport-Echo

Herberger in Norwegen

Im Februar Vortragsabend in Oslo

Der Name Herberger ist für alle Fussballspieler ein Begriff; für die, denen er es nicht ist, sei gesagt, dass der Genannte Reichstrainer und der einzige Verantwortliche für alle Fussballfragen ist. In der letzten Montagsausgabe der «DZ» hiess es im Sportbericht «Rote Jäger wieder Sieger» noch, dass Herberger Zeuge der Auseinandersetzung der stärksten Luftwaffen-Fussballmannschaften in Hamburg war und am Freitag abend schon meldete sich bei einem Telefonanruf hier in Oslo auf der anderen Seite jemand mit «hier ist Reichstrainer Herberger». Es war natürlich selbstverständlich, dass ein Treffen vereinbart und nur über Fussball geklöhnt wurde. Alte Erinnerungen wurde wach und Neuigkeiten aus der Heimat debattiert. Nur allzu schnell verrannen die Stunden, und anderntags fuhr Herberger nach Südnorwegen weiter, um dort im Rahmen der Truppenbetreuung Sportvorträge zu halten. Wir sind gewiss, dass auch dort unser Seppel Herberger so aufmerksame und dankbare Hörer bei den Landsern finden wird, wie hier in Oslo, wo er schnell erkannt und mit allerlei Sportfragen bestürmt wurde, zumal er auch aktuelle Filme zeigen wird.

Uns Osloer wird er darüber aber nicht vergessen. Bereits am 2. Februar will er eine praktische Unterrichtsstunde geben, und am 5. Februar im Rahmen eines Kameradschaftsabends seinen Lichtbildervortrag halten. Deshalb halte man sich die genannten Termine frei, an denen auch die hiesige Fussballsportgemeinde mit dem beliebten und weit über die Reichsgrenzen hinaus bekannten Reichstrainer Herberger über die aktuellen Sportfragen plaudern kann.

»Das Interesse war unvorstellbar groß«

Zum Ende des Zweiten Weltkriegs verfiel man auf die Idee, Herbergers erzählerisches Talent zur moralischen Betreuung der kämpfenden Truppe zu nutzen. Zu diesem Zweck wurde der mittlerweile nicht mehr ausgefüllte Reichstrainer 1944 dreimal nach Norwegen und Dänemark zu den deutschen Besatzungstruppen geschickt. Er hielt dort Vorträge über den Fußball im allgemeinen und über die Situation der Nationalmannschaft; außerdem organisierte er kleinere Lehrgänge. Oben eine Aufnahme von einem Vortrag in Norwegen, links eine Zeitungsankündigung. Die Vorträge wurden zum Erfolgsschlager. Herberger riß die Leute mit und mußte oft nächtelang erzählen. »Der gesamte Standort – an die 600 Männer – war versammelt. Für die Aussprache, die im Anschluß an den Vortrag stattfand, war Urlaubsverlängerung gegeben worden. Ich wurde mit Fragen geradezu ausgequetscht.« In einem Zeitungsbericht hieß es dazu: »So interessant machten es aber auch wenige sonst, so volkstümlich, leicht faßbar und doch zugleich lehrreich ohne Aufdringlichkeit. Er weiß stets den richtigen Ton zu treffen, flicht ab und zu ein notwendiges Scherzwort ein.« Auch Herberger selbst genoß es: »Ich habe unvergeßlich schöne Tage hinter mir.«

Bei öffentlichen Auftritten hatte das Publikum manchmal die Gelegenheit, etwas von der Ausstrahlung Herbergers auf seine Spieler zu erahnen. Dies geschah immer dann, wenn Herberger die Möglichkeit zum Erzählen, zum Vortrag gegeben wurde. Seine leidenschaftliche Hingabe an die Sache machte seine Schilderungen zu Lebensbekenntnissen, denen sich kaum jemand entziehen konnte. Der Funke sprang über – auf Journalisten genauso wie auf den »Mann auf der Straße«. Er war ein begnadeter Redner, der die Leute elektrisieren und in das Reich des Fußballs entführen konnte. Herberger war in der Lage, auch diese Rolle perfekt zu spielen. Seine Glaubwürdigkeit war dabei sein größtes Potential.

Sehr verehrter, lieber Herr Herberger!

Es ist mir eine Herzenssache, Ihnen und Ihrer hochverehrten Gattin meine und meiner Familie beste Wünsche für ein frohes Weihnachtsfest und ein gutes, gesundes Neujahr zu entbieten.

Wir alle stehen noch ganz unter dem Eindruck der Fernsehsendung, die durch ihre Sachlichkeit und Überzeugungs= kraft begeisterte. Kein Wunder, daß Ihr (nach wie vor) unglaub= liches Feuer, Ihre mitreißende Begeisterungsfähigkeit die Mann= schaft zu solchen Leistungen entzündete. Da mußte ja alles förm= lich brennen und sich für den "Chef" zerreißen. Und wie leicht ist das gesagt!

Ich war und bin immer wieder fasziniert von dem jugendlichen Elan, der Ihrem Alter geradezu Hohn spricht und vielen der jün= geren Generation Vorbild sein sollte – und ist. Die Jugend spürt instinktiv in Ihrer großen Persönlichkeit, zu welchen Leistungen der Mensch fähig ist, wenn er alle Kräfte der Seele und des Kör= pers zu mobilisieren und seine Fähigkeiten richtig einzusetzen weiß. So zündete der Funke mitreißender Spielfreude und leiden= schaftlichen Einsatzes, den Sie zu ungeahnter Leistungshöhe zu entfachen vermochten. Ich weiß aus der damaligen Zeit die klein=

Horst S. Vetten entdeckte auf dem Bildschirm einen phänomenalen neuen Mann. Er behauptet von ihm:

Der sticht alles aus

Horst S. Vetten

Da ist zur Zeit ein Mann auf dem Bildschirm zu besichtigen, der sticht alles aus, was bisher an Fernseh-Männern bekannt geworden ist.

Der Mann hat zwar genau das, was man Ausstrahlung nennt, aber mit dem Fernsehen hatte er bislang kaum etwas zu tun. Er ist nicht schön, er ist nicht groß, er ist nicht einmal jung.

Aber all das ist ja manch anderer auch nicht. Nehmen Sie Maegerlein.

Was an dem neuen Mann gefällt, ist die lässige Sicherheit, mit der er Informationen und Unterhaltung verbreitet. Man sitzt vor dem Schirm, freut sich und denkt, das ist doch mal ein Kerl, der sich so gibt, wie er ist. Keine Sekunde kommt einem der Gedanke, der Mann spiele eine Rolle. Von dem Verdacht, ein Schauspieler zu sein, ist er frei.

Aber das sind andere auch. Nehmen Sie Lou.

Im Grunde spricht er nicht einmal richtig Deutsch. Er spricht Mundart, weil er es gar nicht anders kann. Der Schnabel ist ihm eben so gewachsen. Außerdem brauchte er für seinen früheren Beruf das Hochdeutsche nicht. Man merkt ihm die Herkunft an.

Aber die merkt man anderen enauso an. Nehmen Sie Otto öpfner.

Der neue Mann hat keine kaschierten Jacken nötig, keine Maskerade, keinen erhöhten Stimmaufwand. Der spricht so über seine Sache, daß man nicht weiß, spricht er nun gewichtig über eine unwichtige Sache oder unwichtig über eine gewichtige Sache.

Aber das tun andere auch. Nehmen Sie Müggenburg

Der neue Bildschirmstar gibt sich so ungezwungen, als sei er vor der Kamera zu Hause. Jeden Moment, so glaubt man, könnte er sich die Hemdsärmel aufkrempeln, den Schlips lockern und nach den Pantoffeln rufen. Natürlich täte er das alles nicht des Gags wegen. Kinkerlitzchen, die nichts mit seiner Sache zu tun haben, kommen bei ihm nicht in Frage. Beispielsweise, daß er einen Goldfisch nur des Effekts wegen mit vor die Kamera nähme oder einen Papagei.

Aber deswegen tun das ja andere auch nicht. Nehmen Sie Robert E.

Der neue Mann ist noch nicht einmal ganz siebzig Jahre alt, und dennoch will er seine erfolgreiche Fernseharbeit mit Schluß der Serie schon wieder beenden. Das ZDF sollte alles versuchen, ihn noch lange für weitere Aufgaben an sich zu binden. Es ist sowieso schade um die viele Zeit, die Sepp Herberger als Bundestrainer vertan hat. Was hätte der beim Fernsehen für eine Karriere machen können!

Autoren, die hier schreiben, geben ihre ganz persönliche Meinung wieder

Der neue Mann

Anläßlich seines siebzigsten Geburtstages 1967 drehte das ZDF mit Sepp Herberger eine sechsteilige Serie, in der er dem ZDF-Reporter Harry Valérien an Original-Schauplätzen aus seinem Leben erzählte. Die Serie »Sepp Herberger erzählt« kam beim Publikum außerordentlich gut an, auch wegen der Fähigkeit Herbergers, die vergangenen Ereignisse so hautnah zu schildern, als würde er sie noch einmal nacherleben. Links eine Beurteilung des Auftretens Herbergers durch den Journalisten Horst Vetten in der »Hör Zu«, oben ein Brief eines begeisterten Fernsehzuschauers.

Mitarbeiter

Zur großen Schar der Fußballbegeisterten hatte Herberger kein einfaches Verhältnis, schon allein wegen deren Kritikwütigkeit und Unberechenbarkeit. Einerseits war er der Meinung, daß ihm niemand vom fußballerischen Wissen her das Wasser reichen konnte, das Publikum schon gar nicht. Andererseits legte er großen Wert darauf, die Fußballfans von seinen Maßnahmen zu überzeugen. Zeugnis hiervon geben die Unzahl von Zuschriften mit Ratschlägen und taktischen Hinweisen von seinen »Mitarbeitern«, wie Herberger die Schar der Briefschreiber ironisierend nannte. Herberger hat eine Vielzahl davon in seinem Archiv aufbewahrt und offenkundig genau studiert. Ihm war wichtig, sich mit allen Vorschlägen auseinanderzusetzen und die passenden Argumente parat zu haben. Einen Hinweis auf einen bestimmten Stürmer kommentierte er z.B. handschriftlich: »Ja, wenn er schnell genug wäre!« Herberger versuchte die unbrauchbaren von den hilfreichen Tips zu trennen und nahm in diesem Zusammenhang Empfehlungen für Spieler tatsächlich ernst. Ausschlaggebend hierfür war vermutlich, daß Herberger die Verbindung zur Fußballgemeinde in »handgreiflicher Form« brauchte. Ein Beispiel ist die Situation nach dem vorzeitigen Ausscheiden bei der WM 1962. Allen, die ihm aufmunternde Brief schrieben, dankte er in persönlichen Schreiben – nicht aus Trotz gegenüber seinen Kritikern, sondern einfach, weil es ihm emotionale Sicherheit gab.

»Einen Strick kaufen und am nächsten Baum aufhängen«. Brief eines empörten Fußballfans an Sepp Herberger ins Quartier der deutschen Mannschaft in Spiez, der die ganze Wut nach der 3:8-Niederlage gegen Ungarn in der Vorrunde der Fußballweltmeisterschaft 1954 am 20. Juni in Basel erkennen läßt.

Es wird jetzt höchste Zeit, dass Sie verschwinden. Was Sie gestern den Anhängern des Fussballsportes vorgesetzt haben, war unter aller Kritik. Ein Glück, dass Sie sich gestern, unmittelbar nach dem Spiel nirgends blicken liessen, sonst hätten Ihre Nächsten heute Gelegenheit, Sie ausstopfen zu lassen.

Alle die da waren, waren aufs masslooseste empört und waren sich in ihrem Urteil einig, dass demjenigen oder denjenigen, die die Mannschaft zusammengestellt haben, aber auch jedes Verständnis gefehlt hat. Einen Torwart der vorgesetzten Klasse hätten Sie in Säckingen bei der B-Mannschaft holen können. Dann haben Sie die ganze Mannschaft zerrissen, die vorher aufeinander eingespielt war. Leute wie Morlock, Klodt und Schäfer durch 2. und 3. Garnituren zu ersetzen, war ein Verbrechen, das mit einer Freiheitsstrafe nicht unter einem Jahr bestraft werden müsste.

Den Fussballanhängern können Sie keinen grösseren Gefallen tun, als sofort zu verschwinden, denn Sie haben mit Ihrer Handlungsweise das Ansehen des deutschen Fussballsports auch im Ausland aufs schwerste geschädigt. Wenn Ungarn mit der 1. Garnitur sogar gegen Korea antritt, und das Risiko von Verletzungen und Erschöpfungen auf sich nimmt, dann hätte jeder Idiot nach diesem Beispiel gewusst, dass er nur mit der 1. Garnitur antreten kann.

Neben mir sassen 4 Herren aus Hamburg, die vom Samstag auf Sonntag in der Nacht durchgefahren sind. Als die Mannschaftsaufstellung bekannt gegeben wurde und als unsere 1. Garnitur im Trainingsanzug spazieren ging, verschwanden diese Herren mit der Äusserung, auf ein solches Spiel würden sie lieber verzichten, und sie hätten diese Reise nicht unternommen, um in Basel das Spiel einer B-Mannschaft anzusehen.

Wenn der Trainer einer Nationalmannschaft nicht weiss, was er in solchen Fällen dem Sportpublikum vorzusetzen hat, 2 dann soll er sich besser einen Strick kaufen und sich am nächsten Baum aufhängen, aber möglichst so, dass der Strick nicht zerreist, damit man diesen hinterher noch verwerten kann.

Sehr geehrter Herr Herberger!

Ich weiss nicht, ob Sie meinen Brief gelesen haben. Ich war gestern bei dem Spiel in Basel und kann Ihnen nicht sagen, wie begeistert alle und auch ich waren. Bei dem Spiel gegen Ungarn habe ich mir als Fussball-Enthusiast meine Gedanken gemacht und Ihnen aufgrund dessen geschrieben. Jetzt habe ich aber doch gesehen, dass Sie mit Ihrer Einstellung recht hatten und ich beglückwünsche Sie zu Ihrer Haltung und Ihrer Mannschaft. Jenen Brief schrieb ich Ihnen in der grössten Verbitterung, weil ich Bekannte aus Hamburg eingeladen hatte, die zu dem Spiel hierher gereist sind und von denen ich die bittersten Vorwürfe einstecken musste.

Die Deutsche Natioanl-Elf hat sich unter Ihrer Leitung zu förmlichen Fussballkünstlern entwickelt. Allen Beteiligten gebührt höchstes Lob. Das gestrige Spiel in Basel brachte ja alle aus dem Häuschen. An den Stammtischen hörte man nur ein Lob über unsere Mannschaft.

Was wäre es erst ein Glück, wenn unsere National-Elf Weltmeister würde!

Die Vorwürfe nehme ich also mit Bedauern zurück und gratuliere Ihnen und der ganzen Mannschaft zu den bisherigen grossen Erfolgen.

»Unter Ihrer Leitung zu förmlichen Fußballkünstlern entwickelt«

Weiterer Brief desselben Fußballfans an Herberger zehn Tage später nach dem 6:1-Sieg der Deutschen gegen Österreich im Halbfinale der Fußballweltmeisterschaft 1954.

Lieber Seppel

Nach Deinem Erfolg in der Schweiz da Sieg auf Sieg kam jetzt Niederlage auf Niederlage , das ist doch sehr komisch falst Du die Mannschaft nicht mehr weißt , dann sage ich Dir sie

Tor

Herkenrath

Verteidigung

Kohlmeyer? Posipal

Läuferreihe

Mai Liebrich Eckel

Sturm

F. Walter O. Walter? Morlock Rahn Schäfer

Ich verstehe ja das Du verzweifelt nach Nachwuchs suchst aber deshalb braucht man keine Jugendliche aufzunehmen (Stürmer Seeler) In den deutschen Spitzenmannschaften wie H. S.V. I FC K Eintr.Frank. Rot – Weiß– Essen sind so viele Tallente , aber Du gehst immer in die untersten Mannschaften warum denn?----- Und noch eins mit der Gelbsucht das finde ich nicht ganz astrein.! Ich weiß dassDu den Brief in den nächsten Papierkorb wirfst aber mach Dir darüber einmal Gedanken.

Der E M P Ö R T E .....!!!!!!

Popularität und Besessenheit

Vielfach findet man die Behauptung, Herbergers Anziehungskraft auf die Öffentlichkeit und seine immense Popularität hätten mit seinem kauzigen Wesen zu tun und mit seiner schrulligen Eigensinnigkeit, die ihn zu einer Figur machte, an der sich das Publikum reiben konnte. Dies stellt zwar eine etwas oberflächliche Einschätzung dar, aber die Faszination, die Herberger ausgeübt hat, wird damit wenigstens ein Stück der Aufklärung näher gebracht. Jedoch sind Eigenschaften wie Schrulligkeit oder auch Biederkeit, wie sie Herberger unterstellt wurden, keine originären Wesenszüge seiner Person gewesen. Dazu war er viel zu beherrscht und kontrolliert. Vieles, was in diese Richtung ausgelegt wird, entsprang kühler Berechnung. Zum anderen war Herberger ein sehr offener Mensch und alles andere als ein Spießbürger. Eine Eigendynamik, die er nicht kontrollieren konnte oder wollte, brachte die Leidenschaft für den Fußball in sein Wesen, der zu seinem Lebensinhalt geworden war. Das »Schrullige«, das Unerklärliche, das »Besessene« an ihm sind Eigenschaften, die sich allein aus dieser Leidenschaft erklären. Auch jene, die wenig mit Fußball zu tun hatten, fühlten, daß hier jemand war, der sich ohne Wenn und Aber einer Sache verschrieben hatte – im Dienste aller Fußballbegeisterten. Herberger ist in seiner Besessenheit das Kunststück gelungen, die Menschen glauben zu machen, daß das Leben aus Fußball bestehen kann und daß dieser es lebenswert macht.

Dringender Appell

Rundbrief Herbergers vom 5. Mai 1964 an die Nationalspieler zum Länderspiel gegen Schottland eine Woche später. Es ist das letzte Heim-Länderspiel Herbergers, anläßlich dessen er offiziell verabschiedet werden wird. Nichts ist von Rücktritt in dem Schreiben zu spüren. Herberger ist es allein darum getan, eine »gute Mannschaft« zu sehen, die sich für die Niederlage gegen die Tschechoslowakei sechs Tage zuvor rehabilitiert. Der Gedanke, daß der Weg in Zukunft ohne ihn gegangen wird, ficht ihn nicht an.

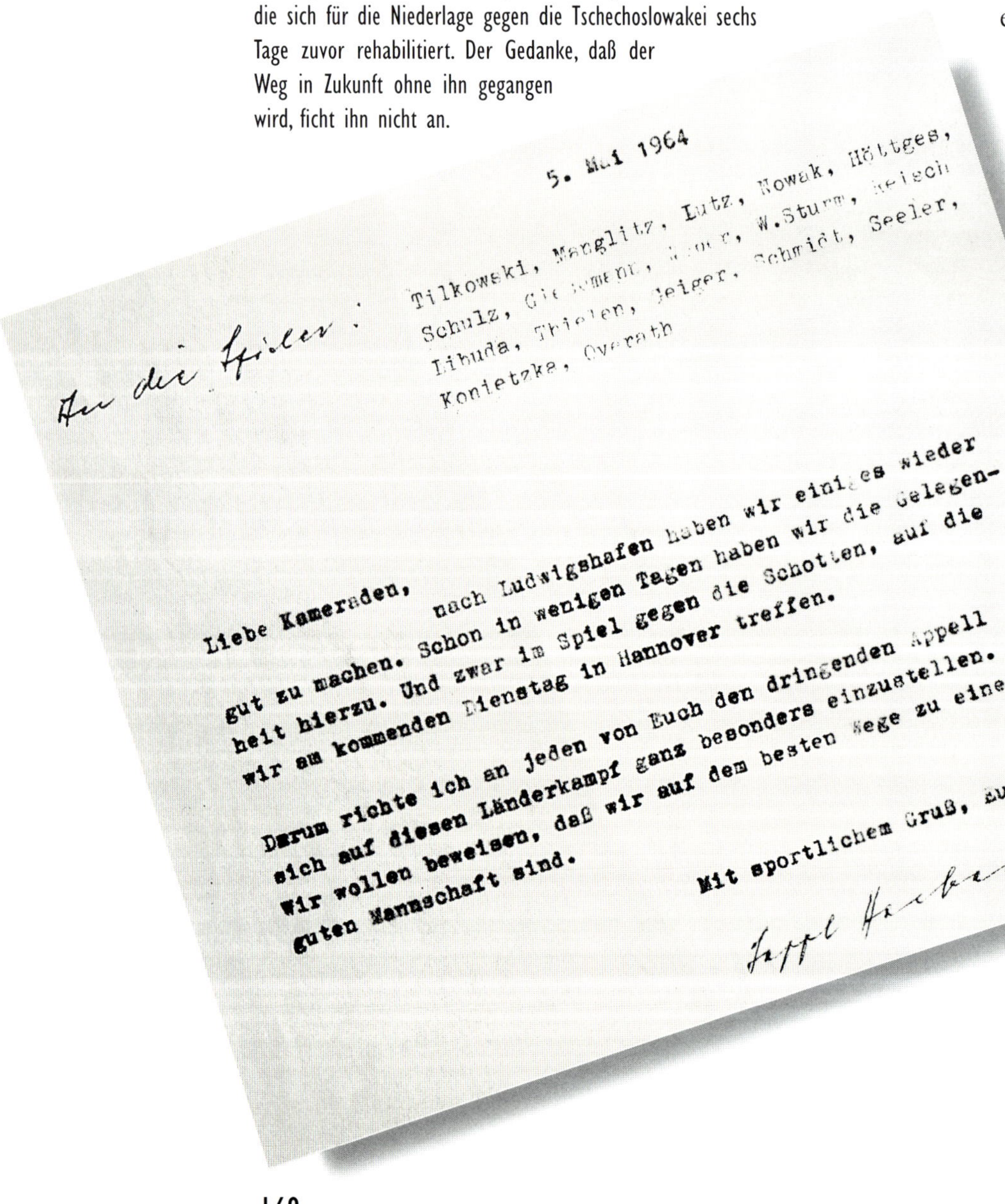

5. Mai 1964

An die Spieler: Tilkowski, Manglitz, Lutz, Nowak, Höttges, Schulz, Giesemann, [illegible], W.Sturm, Reisch, Libuda, Thielen, Geiger, Schmidt, Seeler, Konietzka, Overath

Liebe Kameraden,

nach Ludwigshafen haben wir einiges wieder gut zu machen. Schon in wenigen Tagen haben wir die Gelegenheit hierzu. Und zwar im Spiel gegen die Schotten, auf die wir am kommenden Dienstag in Hannover treffen.

Darum richte ich an jeden von Euch den dringenden Appell sich auf diesen Länderkampf ganz besonders einzustellen. Wir wollen beweisen, daß wir auf dem besten Wege zu einer guten Mannschaft sind.

Mit sportlichem Gruß, Euer

Sepp Herberger

»Ich glaube, ich war ein Besessener, einer, der nach letzter Erkenntnis aus war. Und der dann auch, weil ich mich damit beschäftigt habe, den Leuten einfach, verständlich und überzeugend etwas beibringen konnte. Ich glaube, daß es etwas ausgestrahlt hat.«

Chronologie 1897–1921

1897

28. März Sepp Herberger kommt um 9 Uhr 45 in Mannheim, Stadtteil Waldhof, in der Rue de France Nr. 171 zur Welt. Er ist nach drei Mädchen das vierte Kind des Ehepaars Josef Herberger (*16.10.1856) und Lina Herberger (*16.5.1858), geborene Kretzler. Aus erster Ehe hat Josef Herberger noch eine Tochter und einen Sohn, nach dessen Geburt die Mutter gestorben war.

1907

11. April An den Mannheimer Schulen wird das Verbot, Fußball zu spielen, aufgehoben.
Gründung des »Sportvereins Waldhof Mannheim 07« in der Gaststätte »Zum Tannenbaum«.

1909

21. August Herbergers Vater stirbt im Alter von dreiundfünfzig Jahren an den Folgen einer Grippe. Nach seinem Tod verschlechtert sich die wirtschaftliche Situation der Familie. Herberger muß die Bürgerschule verlassen und auf die Volksschule zurück. Nach dem Abschluß der Volksschule arbeitet Herberger als Hilfsarbeiter auf dem Bau; später findet er eine Anstellung bei der Firma Bopp & Reuther auf dem Waldhof.

1913

Herberger verläßt Bopp & Reuther und nimmt eine Stelle als »Expedient« in der Warenausgabe des Strebelwerks, einem metallverarbeitenden Großbetrieb, an. Später arbeitet er dort als Werkstattschreiber.

1914

1. Januar Herberger bestreitet mit knapp 17 Jahren sein erstes Spiel in der Seniorenmannschaft des SV Waldhof.

28. Juni Der SV Waldhof schafft den Aufstieg in die »Verbandsliga«, die zu dieser Zeit höchste Spielklasse. Der Kriegsbeginn aber führt zur Einstellung des Spielbetriebs; es werden nur noch private Turniere veranstaltet.

1915

20. Juni Der SV Waldhof schlägt den Lokalrivalen VfR Mannheim mit 2:1; erstmals erscheint Herbergers Name in der Aufstellung für ein »Pflichtspiel«.

1916

März/Juli Herberger wird zum Militär eingezogen und als Rekrut vereidigt. Im April wird er zum Landsturm versetzt, im Juli dem 1. Ersatzbataillon des 114. Infanterieregiments zugeteilt. Später erhält er auch eine Ausbildung zum Funker im brandenburgischen Neuruppin.

8. November Herberger wird zum 110. Infanterieregiment nach Mannheim versetzt. Bei den »Hundertzehnern« dienen mehrere Spieler aus der ersten Mannschaft des SV Waldhof; auch Karl Höger, der nach dem Krieg zum SV Waldhof wechseln und zusammen mit Hutter und Herberger den legendären »Drei-H-Sturm« bilden wird, ist dort stationiert. Vermutlich spielten Herberger und Höger zusammen in der Militärmannschaft.

1917

Erster Fronteinsatz während der Stellungskämpfe an der Westfront. Bis November 1918 nimmt Herberger an einem Dutzend Fronteinsätzen teil; vermutlich war er nicht in direkte Kampfhandlungen verwickelt, sondern tat Dienst beim Stab.

1919

4. Januar Herberger kehrt aus dem Krieg zurück auf den Waldhof.
Herberger lernt Otto Nerz kennen.

1920

In der Fachpresse beginnt die Diskussion um die »Berufsspielerfrage«. Spieler, die verdeckte Zuwendungen erhalten, werden gesperrt und moralisch desavouiert; die Sperren führen keine Änderung der Verhältnisse herbei, sondern fördern den Einfallsreichtum in der Frage der Umgehung der Statuten.
Herberger kann mit Waldhof Mannheim Erfolge verzeichnen; der »Drei-H-Sturm« zeichnet sich durch sein brillantes Kombinationsspiel aus, der Begriff der »Waldhof-Schule« bürgert sich ein.

28. März An seinem 23. Geburtstag erzielt Herberger im Entscheidungsspiel um die Odenwaldkreis-Meisterschaft beim 4:1-Sieg des SV Waldhof über den VfR Mannheim drei Tore.

April Waldhof spielt als Meister des Odenwaldkreises in der Vorrunde zur Süddeutschen Meisterschaft gegen den seit zwei Jahren ungeschlagenen 1.FC Nürnberg und gewinnt mit 2:1; beide Treffer erzielt Herberger. Das Spiel wird jedoch annulliert; das skandalumwitterte Wiederholungsspiel gewinnt Nürnberg mit 4:3. Der »Club« wird schließlich Deutscher Meister; der SV Waldhof aber wird als Nürnberg-Bezwinger bekannt.

1921

10. April Herberger spielt zum ersten Mal in der »Süddeutschen Auswahl« gegen Norddeutschland. Beim Rückspiel am 19. Juni in Hamburg ist Herberger erneut dabei. Neben anderen Auswahlspielen bestreitet er auch die Begegnung zwischen Süddeutschland und Berlin, die 2:1 endet und in der Herberger der Siegestreffer gelingt.

30. April Herberger heiratet die aus Weinheim stammende Eva Müller. Das Ehepaar Herberger zieht zu den Eltern der Braut nach Weinheim.
Der SV Waldhof wird erneut Meister der Odenwald-Liga; im Kampf um die Süddeutsche Meisterschaft scheitern sie erneut am 1.FC Nürnberg.

18. September Herberger spielt zum ersten Mal in der Nationalmannschaft; der »Drei-H-Sturm« tritt in Helsinki gegen Finnland an, das Spiel endet 3:3; Herberger erzielt zwei Tore. Auf der Reise nach Finnland lernt Herberger Felix Linnemann kennen.

In einem Vorbericht zum Länderspiel wird Herberger als Spieler des MFC 02 Phoenix Mannheim angeführt; somit gehört er nicht mehr zum SV Waldhof.

16. Oktober Herberger bestreitet das erste Punktspiel der Saison, nachdem er zu ihrem Auftakt des Länderspiels wegen nicht hatte antreten können. Er gehört nicht mehr dem SV Waldhof an, sondern spielt nun für den Lokalrivalen VfR Mannheim. Zunächst war Herberger zu Phoenix Mannheim gewechselt. Als der Wechsel beim VfR bekannt wird, beschließt man, seinerseits Herberger ein Angebot zu machen, das dieser annimmt. Dadurch gelangt Herberger für Phoenix gar nicht erst zum Einsatz.

November Herberger erhält auf Initiative von Max Rath, eines Textilgroßhändlers und Förderers des VfR Mannheim, eine Anstellung bei der Dresdner Bank in Mannheim.

Dezember Herberger wird wegen Verstoßes gegen den Amateurparagraphen des Deutschen Fußball-Bundes das »Recht als Amateur« abgesprochen und zum Berufsfußballer erklärt. Herbergers Karriere scheint beendet; später wird die Sperre auf 1 Jahr befristet.

1922

1. Oktober Aufhebung der Sperre; Herberger spielt wieder für den VfR Mannheim.

8. Oktober Erstes Spiel Herbergers nach der Sperre gegen Waldhof Mannheim. Der VfR gewinnt 1:0 durch ein Tor von Herberger.

1923

Umzug des Ehepaars Herberger in das Haus von Max Rath nach Mannheim.

1924

23. November Herberger spielt erstmals nach seiner Sperre wieder in der Nationalmannschaft: gegen Italien in Duisburg; das Spiel wird mit 0:1 verloren, Herberger bricht sich den Arm und wird in der zweiten Halbzeit ausgewechselt.

1925

15. Februar Herberger wird mit dem VfR Süddeutscher Meister. Beim entscheidenden Spiel gegen den 1. FC Nürnberg erzielt er das spielentscheidende Tor. In den acht Meisterschaftsspielen erzielt Herberger acht der insgesamt siebzehn Tore.

29. März Herberger absolviert sein drittes und letztes Länderspiel: gegen Holland in Amsterdam (1:2).

8. April - 5. Mai Herberger leitet in Vertretung des erkrankten Otto Nerz einen Trainerlehrgang an der »Hochschule für Leibesübungen« in Berlin. Carl Diem, der Prorektor, macht ihm daraufhin das Angebot, an der Hochschule ein Studium aufzunehmen. Herberger beschließt, nach Berlin zu gehen.

Juli Von Hertha BSC Berlin erhält Herberger ein Angebot, schließt aber dann auf Vermittlung von Otto Nerz mit Tennis Borussia einen Vertrag. Felix Linnemann wird DFB-Präsident.

1926

1. August Anstellung beim Bankhaus Fürstenberg & Klocke in Berlin mit einem Monatsgehalt von 350 Mark für die Dauer des Studiums.

19. September Herberger spielt zum letzten Mal für den VfR Mannheim.

26. September Herberger spielt zum ersten Mal für Tennis Borussia Berlin.

1927

Nach der Aufnahmeprüfung und (wegen des fehlenden Abiturs) mit einer Sondergenehmigung nimmt Herberger ab dem Wintersemester das Vollstudium an der »Hochschule für Leibesübungen« auf. Mit dreißig Jahren ist er der älteste Student. Außerdem trainiert er verschiedene Berliner Vereine.
Otto Nerz wird zum Reichstrainer berufen.

1928

Bei den Olympischen Spielen in Amsterdam scheidet die deutsche Fußball-Nationalmannschaft unter der Leitung von Otto Nerz in der Zwischenrunde aus (1:4 gegen Uruguay; gegen Rußland war noch ein 16:0-Sieg gelungen).

September Der DFB verlegt seine Geschäftsstelle nach Berlin.

1929

28. April Deutschland besiegt das favorisierte Italien in Turin mit 2:1.

1930

Januar Herberger absolviert sein letztes Punktspiel für Tennis Borussia Berlin.
Herberger reicht seine Diplomarbeit ein, die den Titel trägt: »Der Weg zur Höchstleistung im Fußballsport«. Er schließt mit dem Sommersemester sein Studium als Diplom-Sportlehrer und Jahrgangsbester ab, wofür er die »August-Bier-Plakette« erhält.

Juli In Uruguay findet die erste Fußball Weltmeisterschaft ohne Deutschland, Italien, Österreich und das »Mutterland« des Fußballs England statt; den Weltmeistertitel erringt Uruguay.

September Herberger wird für zwei Jahre Trainer von Tennis Borussia Berlin; am Ende seines Engagements schafft die Borussia die Berliner Meisterschaft.

1931

10. September Otto Nerz heiratet Ella Frieda Böhme, als Trauzeuge fungiert Sepp Herberger.

1932

1. September Herberger tritt die freigewordene Stelle des Verbands-Sportlehrers für Fußball beim »Westdeutschen Spielverband« (WSV) in Duisburg an; sein monatliches Salär beträgt für die Zeitverhältnisse bemerkenswerte 600 Mark.

1933

1. Januar Deutschland verliert gegen Italien 1:3.

Chronologie 1933–1938

19. März Die Nationalmannschaft bestreitet ihr erstes Länderspiel nach der Machtübernahme durch die Nationalsozialisten in Berlin gegen Frankreich. Die Spieler entbieten den Führergruß.

28. April Hans von Tschammer und Osten wird zum "Reichssportkommissar" ernannt.
Auflösung der Sportverbände; Eingliederung des Fußballbundes in den »Nationalsozialistischen Reichsbund für Leibesübungen« als »Fachamt Fußball«.

1. Mai Herberger tritt der NSDAP bei, er führt die Mitgliedsnummer 2208548.

22. Mai Das erste Auswahlspiel des WSV nach der Machtübernahme findet statt; es geht mit 1:4 gegen Luxemburg verloren. Als die Mannschaft den Hitlergruß zeigt, kommt es zu wütenden Protesten.

18. Juni Otto Nerz, bis Ende 1932 Mitglied der SPD, tritt der SA bei. Er nutzt die politische Situation, um die Einführung des sogenannten »WM-Systems« durchzusetzen, das aus England stammt und Nerz bestens bekannt ist.
Eine von Herberger betreute, rein westdeutsche Mannschaft besiegt Belgien mit 8:1 Toren.

1934

9.-15. April Erster Weltmeisterschafts-Lehrgang in Duisburg unter Otto Nerz mit Sepp Herberger als Assistent.

7.-19. Mai Hauptlehrgang zur Weltmeisterschaft unter Leitung von Otto Nerz in Duisburg, bei dem dieser das WM-System einführt.

27. Mai - 7. Juni Bei der zweiten Fußball-Weltmeisterschaft in Italien belegt die deutsche Nationalmannschaft unter der Leitung von Otto Nerz einen überraschenden dritten Platz. Deutschland besiegt im Spiel um den dritten Platz Österreich mit 3:2.

1935

18. Mai Herberger betreut zum ersten Mal selbständig eine deutsche B-Mannschaft, die in Sofia gegen Bulgarien spielt (0:2), während die A-Mannschaft in Dresden gegen die Tschechoslowakei antritt. In der B-Mannschaft spielt erstmals auch Helmut Schön. 1935 bestreitet die Nationalmannschaft 17 Spiele - so viele wie nie zuvor; nur drei Spiele gehen verloren, eines endet unentschieden.

1936

Otto Nerz, der zwischen 1927 und 1933 an der Universität Berlin ein Medizin-Studium absolviert und 1934 das Staatsexamen abgelegt hatte, wird - nach dem Erhalt der Approbation 1935 - zum Dr. med promoviert. Seine Doktorarbeit beschäftigt sich mit Knieverletzungen.

1. April Nerz wird an die »Reichsakademie« berufen, die als Nachfolgerin der »Hochschule für Leibesübungen« gegründet wird, deren Auflösung 1935 erfolgt war.

30. Juni - 19. Juli Herberger leitet in Duisburg den Vorbereitungslehrgang für die Olympischen Spiele. Nerz, der an der Hochschule engagiert ist, taucht nur sporadisch beim Training auf. Dann allerdings betreibt er mit den Spielern ein hartes, auf Leichtathletik abgestelltes Training.

4. August Die favorisierten Deutschen besiegen bei den Olympischen Spielen in Berlin Luxemburg mit 9:0.

7. August Die Nationalmannschaft verliert gegen Norwegen mit 0:2. In Anwesenheit Hitlers, der zum Besuch des Spiels überredet werden mußte, scheidet Deutschland aus dem Olympischen Fußball-Turnier aus; nachdem die Erwartungen auf die Goldmedaille gerichtet gewesen waren, kommt dieses Aus einer Katastrophe gleich. Italien wird Olympiasieger, Norwegen Dritter. Das Endspiel leitet Peco Bauwens.

13. September Herberger führt zum ersten Mal die Nationalmannschaft als Verantwortlicher in einem Länderspiel: gegen Polen in Warschau (1:1).

22. September Die Presse meldet die Berufung von Nerz an die Reichsakademie und die gleichzeitige Verpflichtung Herbergers zum »Reichstrainer«.

29. September Die »Berliner Zeitung« meldet, daß der DFB jede Verantwortung am Zustandekommen der Nachricht von der Verpflichtung Herbergers an Stelle von Nerz ablehnt.

30. September Herberger fragt Nerz in einem Brief: »Was ist denn eigentlich an der Nachricht, die mich zu Ihrem Nachfolger macht? Ich finde die Situation geradezu komisch: die ganze Welt weiß davon, von überall her bekomme ich Glückwünsche, nur ich habe keine Ahnung, was eigentlich los ist.«

24. Oktober Herbergers Mutter stirbt in Mannheim.

2. November Herberger wird offiziell »Reichstrainer des Fachamtes Fußball«; die Kompetenzen bleiben vorerst bei Otto Nerz, der als »Referent der Nationalmannschaft« fungiert; in der Praxis aber wird ein umfangreicher Briefwechsel zwischen Nerz und Herberger nötig, um die Zuständigkeiten neu zu ordnen.
Das berühmte »Notizbuch« Herbergers entsteht.

15. November Herbergers erstes Spiel, bei dem er offiziell als Reichstrainer fungiert: gegen Italien in Berlin (2:2).

1937

1. Mai Die gesamte Führungsspitze des Fachamts Fußball tritt kollektiv der NSDAP bei.

16. Mai Die Nationalmannschaft siegt in Breslau mit 8:0 gegen Dänemark. Dieses Spiel gilt als eines der besten, das eine deutsche Mannschaft je absolviert hat. Als »Breslauelf« geht diese Mannschaft in die Fußballgeschichte ein.

24. Oktober Das »Olympia-Revanchespiel« gegen Norwegen in Berlin endet 3:0 für die in der Breslauer Besetzung antretende deutsche Mannschaft: alle Tore schießt Otto Siffling vom SV Waldhof.

1. Juni Das Ehepaar Herberger zieht von Duisburg nach Berlin in die Bülowstr. 89.

1938

12.-15. März Annexion Österreichs, für die der Einmarsch der Wehrmacht die Voraussetzungen schafft; das Land wird dem deutschen Reichsgebiet als dessen »Ostmark« zugeschlagen.

Chronologie 1938–1945

14.-26. März Letzter Sichtungslehrgang im Hinblick auf die Weltmeisterschaft in Frankreich.

24. April Länderspiel gegen Portugal; zum letzten Mal spielt die Mannschaft des »Altreichs« zusammen (1:1). Otto Siffling spielt zum letzten Mal in der Nationalmannschaft.
Hatte Herberger bisher die »Breslauelf« als Kernstück der deutschen Ländermannschaft betrachtet, wird er nun genötigt, eine Fusion aus deutscher und österreichischer Mannschaft vorzunehmen. Felix Linnemann teilt Herberger den dementsprechenden Beschluß der Reichssportführung mit.

12. Mai Otto Nerz tritt zurück; Herberger ist nun offiziell Alleinverantwortlicher für die Nationalmannschaft.

4. Juni Das erste Weltmeisterschafts-Spiel der deutschen Nationalmannschaft gegen die Schweiz in Paris endet nach Verlängerung 1:1.

9. Juni Deutschland unterliegt gegen die Schweiz im Wiederholungsspiel mit 2:4 und scheidet aus dem Weltmeisterschafts-Turnier aus; Fußball-Weltmeister werden zum zweiten Mal nach 1934 die Italiener.

September/Oktober Länderspiele gegen Polen in Chemnitz und Rumänien in Bukarest, die beide mit 4:1 gewonnen werden. Im Spiel gegen Polen stellt die »Breslauelf« die Hintermannschaft, drei Österreicher stehen im Sturm; gegen Rumänien ist der »Länderproporz« zu Gunsten der Spieler aus der »Ostmark« verändert. Das Wechselsystem wird von politischer Seite akzeptiert.

1939

Herberger lernt Fritz Walter anläßlich eines Lehrgangs kennen.

August/September Wegen des Einmarsches in Polen vertagt das Fachamt Fußball eine Sitzung für Maßnahmen zur Einführung einer »Reichsliga«; schließlich muß das Projekt wegen der Kriegsentwicklung aufgegeben werden.
Ein für Anfang September geplantes Länderspiel gegen Schweden muß ebenfalls abgesagt werden.

24. September Ein Länderspiel gegen Ungarn geht 1:5 verloren. Rundschreiben Herbergers an die Heimatadressen aller Spieler, ihm die Anschriften ihrer militärischen Einheiten mitzuteilen.

9. November Herberger wird durch von Tschammer und Osten mit allen Befugnissen und Vollmachten für die Nationalmannschaft ausgestattet; niemand kann Herbergers Entscheidungen mehr rückgängig machen oder sie abändern. Damit ist zum ersten Mal ein Trainer der Nationalmannschaft unabhängig in seinen Entscheidungen.

26. November Deutschland besiegt den amtierenden Weltmeister Italien in Berlin mit 5:2 Toren.

1940

14. Juli Auf Vorschlag von Karl Hohmann, eines Altinternationalen und Gau-Trainers, erscheint Fritz Walter erstmals im Aufgebot.

1941

Januar Fritz Walter bestreitet gegen Rumänien sein erstes Spiel in der Nationalmannschaft (9:3); er erzielt drei Tore. Insgesamt wird Fritz Walter an 61 Länderspielen teilnehmen.

6. April Länderspiel gegen Ungarn, das 7:0 gewonnen wird.

20. April Niederlage gegen die Schweiz an »Führers Geburtstag«.

Juli/August Dreharbeiten zu dem Film »Das große Spiel« (Premiere 1942); Herberger versucht alle Nationalspieler als Komparsen einzusetzen und dadurch von der Front fernzuhalten. (Bei Kriegsende werden 34 Spieler aus dem Nationalmannschaftskreis als Soldaten umgekommen sein).

1942

Januar 25 Nationalspieler werden auf Initiative Herbergers von der Front vorübergehend zurückgeholt.

25. Mai-10. Juni Türkeireise von Admira Wien mit Nationalspielern verstärkt unter Herbergers Leitung.

22. November Letztes Kriegs-Länderspiel der deutschen Nationalmannschaft gegen die Slowakei in Preßburg (5:2). Es ist zugleich der 100. Sieg der Nationalmannschaft seit 1908.

1943

8.-15. Februar Nachwuchs-Lehrgang unter Herbergers Leitung in Frankfurt/M. (u.a. mit Turek, Morlock).

20. Februar Erlaß der Reichssportführung zur Einordnung des Sports in die »totale Kriegsführung«; ab sofort finden keine Länderspiele mehr statt.
Herberger reist zu den Vereinen überall in Deutschland, um ihnen bei der Sichtung von Spielern zu helfen und Lehrgänge zu organisieren.

1944

30. Januar Die Wohnung Herbergers wird ausgebombt; er verläßt Berlin; Weinheim wird neuer Wohnsitz. Herberger bereist als Vortragsreisender in Sachen Truppenbetreuung Nordeuropa.

März/April Lehrgänge in Luxemburg und Königshütte.

18. Juni Im mit 70.000 Zuschauern besetzten Berliner Olympiastadion findet das Endspiel um die Deutsche Meisterschaft zwischen dem Dresdner SC und dem Luftwaffen-Sportverein Hamburg statt. Es ist das letzte Meisterschafts-Endspiel bis 1948.

25. September-5. Oktober Herberger wird als Soldat eingezogen und dient wenige Tage auf dem Fliegerhorst Diewenov; Entlassung krankheitshalber.

1945

29. März Einen Tag nach Herbergers 48. Geburtstag besetzen amerikanische Truppen seine Heimatstadt Weinheim.
Ende des Jahres Anfrage durch Carl Diem, ob Herberger sich beim Aufbau einer Sporthochschule engagieren würde.

Chronologie 1946–1954

1946

Juni Herberger erhält von verschiedenen Vereinen Angebote, als Trainer tätig zu werden; er lehnt alle Ersuchen ab.
Herberger berät und betreut Vereine, bei denen Nationalmannschaftskandidaten spielen, so den 1.FC Kaiserslautern und Eintracht Frankfurt.
Herberger wird Mitglied der Technischen Kommission des Westdeutschen Fußballverbands.

1947

Mai Herberger tritt an der neugegründeten Sporthochschule in Köln eine Stelle als Dozent für das Fußballspiel an; gleichzeitig übernimmt er die Trainerausbildung.

3. November Erster Trainer-Lehrgang an der Sporthochschule mit 33 Bewerbern.

1948

11. März Felix Linnemann stirbt. Bei beim Spiel einer West- gegen eine Nordauswahl wird eine Gedenkminute eingelegt.

20. November Gründung des Westdeutschen Fußball-Verbands in Wuppertal.

1949

28./29. Januar Tagung des WFV; Herberger ist als »Technischer Berater« anwesend und hält ein Referat (»Wir stehen da, wo wir 1939 aufgehört haben.«). Es ergeht der Beschluß, einen Verbandstrainer zu bestellen; gleichzeitig wird Herberger als Kandidat vorgeschlagen.

26. Februar Tod von Otto Nerz im sowjetischen Internierungslager Sachsenhausen.

2./3. Oktober Berufung Herbergers zum Bundestrainer; ab diesem Zeitpunkt läuft offiziell der Wiederaufbau der Nationalmannschaft.

1950

17.-29. Juli
31. Juli - 11. August Lehrgänge für die neu zu bildende Nationalmannschaft; Paul Janes fungiert als Assistent.

22. November Auf den Tag genau acht Jahre nach dem letzten Spiel einer deutschen Nationalmannschaft findet das erste Länderspiel nach dem Krieg statt: Im Stuttgarter Neckarstadion gelingt gegen die Schweiz ein 1:0-Erfolg.

1951

15. April Rückspiel gegen die Schweiz, das mit 3:2 gewonnen wird; Fritz Walter schießt sein erstes Tor nach dem Krieg.

17. Juni Erste Länderspiel-Niederlage nach dem Krieg: 1:2 in Berlin gegen die Türkei; heftige öffentliche Kritik.

21. Nov. 2:0-Sieg über die Türkei.

1952

Juli Bei den Olympischen Spielen in Helsinki scheitert die deutsche Amateurmannschaft an Jugoslawien (1:3) und belegt den vierten Platz.

15. Oktober 1:3-Niederlage gegen Frankreich in Paris. Herbe Kritik an Herberger und den Spielern, vor allem an Fritz Walter. Der deutschen Mannschaft wird Überalterung vorgehalten; Fritz Walter erwägt seinen Rücktritt.

November 5:1-Sieg gegen die Schweiz in Augsburg.

Dezember 3:2-Sieg gegen Jugoslawien in Ludwigshafen.

1953

13.-17. August Vorbereitungslehrgang in Malente.

19. August Das erste Qualifikationsspiel zur Fußball-Weltmeisterschaft gegen Norwegen in Oslo endet 1:1. Fritz Walter spielt vorbildlich. Dennoch wieder heftige Kritik an einzelnen Spielern.

11. Oktober Qualifikationsspiel gegen das Saarland in Stuttgart endet mit einem 3:0-Sieg.

22. November Qualifikationsspiel gegen Norwegen in Hamburg wird mit 5:1 Toren gewonnen.

30. November Ungarn besiegt England im »Wembley-Stadion« mit 6:3 Toren; Herberger ist als Zuschauer bei dem historischen Sieg anwesend.

1954

28. März In Saarbrücken endet das letzte Qualifikationsspiel gegen das Saarland mit einem Sieg der deutschen Nationalmannschaft (3:1), die sich damit für die Fußball-Weltmeisterschaft qualifiziert hat.

23. Mai Endspiel um die Deutsche Meisterschaft zwischen dem 1. FC Kaiserslautern und Hannover 96 in Hamburg; die hoch favorisierten Lauterer verlieren 1:5.

25. Mai - 3. Juni WM-Vorbereitungslehrgang in München-Grünwald. Herberger benennt die 22 Spieler, die an der WM teilnehmen.

17. Juni Erstes WM-Spiel gegen die Türkei endet mit einem 4:1-Sieg der deutschen Mannschaft.

20. Juni Deutschland verliert gegen Ungarn 3:8; Herberger setzt aus taktischen Gründen nicht die Bestbesetzung ein. Empörte Reaktion der Öffentlichkeit.

23. Juni Zweites und entscheidendes Spiel gegen die Türkei. Deutschland gewinnt 7:2 und erreicht das Viertelfinale.

27. Juni 2:0-Sieg über Jugoslawien, der den Einzug in das Halbfinale bringt.

30. Juni WM-Halbfinale gegen Österreich. Deutschland gewinnt mit 6:1 und steht damit im Finale.

4. Juli Endspiel um die Fußball-Weltmeisterschaft zwischen Deutschland und Ungarn in Bern; Deutschland gewinnt mit 3:2.
Triumphale Heimreise der deutschen Mannschaft und ihres Trainers Herberger.

Herbst/Winter Die ersten drei Länderspiele nach dem Gewinn der WM gegen Belgien (0:2), Frankreich (1:3) und England (1:3) gehen verloren. Es hagelt verheerende Kritiken.
Einige Spieler aus der WM-Elf erkranken an Gelbsucht; Gerüchte über Doping entstehen. Es beginnt, wie Herberger es nennt, der Weg durch die »Talsohle«; bis 1956 werden von 18 Länderspielen zwölf verloren gehen.

Chronologie 1955–1977

1955

21. August Länderspiel in Moskau gegen die Sowjetunion endet mit einem 3:2-Sieg.

1956

30. Juni Deutschland - Schweden 2:2.

15. September Länderspiel Deutschland - Sowjetunion endet 1:2; Herberger nimmt die Niederlage zum Anlaß, auf das mangelhafte Leistungsniveau in den Oberligen hinzuweisen.

1957

Zu seinem sechzigsten Geburtstag erhält Herberger den »Goldenen Verdienstorden« des DFB, die höchste Auszeichnung, die der Deutsche Fußball-Bund zu vergeben hat.

1958

8.-24. Juni Fußball-Weltmeisterschaft in Schweden. Die deutsche Mannschaft ist als Weltmeister automatisch qualifiziert.

8. Juni Deutschland gegen Argentinien 3:1.

11. Juni Deutschland gegen CSR 2:2.

15. Juni Deutschland gegen Nordirland 2:2; Deutschland ist damit als Gruppenerster für das Viertelfinale qualifiziert.

19. Juni Deutschland besiegt Jugoslawien mit 1:0 und ist damit für das Halbfinale qualifiziert.

24. Juni Deutschland gegen Schweden 1:3 (n.V.). Das Spiel um den dritten Platz verliert die ersatzgeschwächte deutsche Mannschaft gegen Frankreich mit 3:6 Toren. Weltmeister wird Brasilien, das im Endspiel Schweden mit 5:2 besiegt.

29. Juni Die deutsche Mannschaft und Herberger werden in Hamburg mit Jubel empfangen.

1960

26. Oktober Qualifikationsspiel in Belfast zur WM in Chile: Deutschland gegen Nordirland 4:3.

20. November WM-Qualifikationsspiel Deutschland gegen Griechenland 3:0 in Athen.

1961

10. Mai WM-Qualifikationsspiel Deutschland gegen Nordirland 2:1 in Berlin.

22. Oktober WM-Qualifikationsspiel Deutschland gegen Griechenland 2:1 in Augsburg.

1962

Zu seinem 65. Geburtstag erhält Herberger das Bundesverdienstkreuz Erster Klasse.

31. Mai Erstes WM-Gruppenspiel gegen Italien 0:0.

3. Juni Zweites WM-Gruppenspiel gegen die Schweiz 2:1.

6. Juni Drittes Vorrundenspiel gegen Chile 3:0; Deutschland ist damit für das Viertelfinale qualifiziert.

10. Juni WM-Viertelfinale gegen Jugoslawien 0:1; Deutschland scheidet aus dem WM-Turnier aus.

1963

23. November Der DFB setzt in einer Presseerklärung unter der Überschrift »Sepp Herberger nimmt Abschied« die Öffentlichkeit über den Rücktritt des Bundestrainers in Kenntnis.

1964

12. Mai Anläßlich des Länderspiels Deutschland gegen Schottland in Hannover (2:2) nimmt Herberger vom deutschen Publikum Abschied.

7. Juni Letztes Länderspiel Herbergers als Trainer der Nationalmannschaft gegen Finnland in Helsinki endet mit einem 4:1-Sieg. Von den 167 Länderspielen unter seiner Leitung wurden 94 gewonnen, 27 gingen unentschieden aus, es gab 46 Niederlagen.

1966

Juli Herberger ist als Gast des DFB Zuschauer bei der Fußballweltmeisterschaft in England und verfolgt kritisch die Arbeit seines Nachfolgers.

1966

Zum siebzigsten Geburtstag erhält Herberger das große Verdienstkreuz der Bundesrepublik zum Verdienstorden.

1977

21. Januar Herberger erleidet eine Herzattacke und muß ins Krankenhaus.

28. März Herberger feiert seinen achtzigsten Geburtstag im Mannheimer Schloß zusammen mit 300 Gästen. Die Bundespost legt einen Sonderstempel auf; die Stadt Mannheim verleiht Herberger den Ehrenring.

28. April Herberger erliegt einem Herzanfall, nachdem er sich am Abend zuvor noch das Fußball-Länderspiel Deutschland gegen Nordirland angesehen hat.

1989

27. April Ev' Herberger stirbt.

Quelle: Karl-Heinz Schwarz-Pich, Der Ball ist rund – Eine Seppl Herberger Biographie, Ubstadt-Weiher 1996

Bildnachweis

Seite 23: »Kicker«-Archiv, Nürnberg
Seite 47: Sven Simon Bildagentur, Essen
Seite 115: Bodo Goeke, Dortmund
Seite 169: Sven Simon Bildagentur, Essen

Die Abbildungen in diesem Band wurden unter Berücksichtigung aller dem Verlag und dem Herausgeber bekannten Urheberrechte veröffentlicht. Bei nicht in diesem Bildnachweis berücksichtigten Urheberrechten bittet der Verlag um Benachrichtigung.

ihe Macht
sei.
apan kommt er zu mir
Besprechung mitzu-
November
45. Woche
45th week
3 Sonntag Sunday
4 Montag Monday
5 Dienstag Tuesday
6 Mittwoch Wednesday
45. Woche
45th week
7 Donnerstag Thursday
8 Freitag Friday
Notizen Notes
Fall, daß es am Sonntag vor d
sollte, hatte ich mir für das
vor dem Spiel auch eine klein
hingshalle, unter der Tribüne ge
ichert. Da der Platzwart in den S
und während des Spieles mit ande
ben voll und ganz beschäftigt sch
ch mir den Schlüssel zu dieser Hal
auch eine klei
unter der Tribüne ge
Da der Platzwart in den St
während des Spieles mit andere,
und ganz beschäftigt schien,
len Schlüssel zu dieser Halle gle
Abb. 12. Spannstoß II.
e der Platzwart in der
les mit an
SEPTEMBER
Montag
19
September
OKT
8 Uhr
9
10
11
12